# DIS-MOI POURQUOI, MAMAN

# DIS-MOI POURQUOI, MAMAN

DAVID THOMAS

Traduit de l'anglais
par Karine Xaragai

City
*Témoignage*

Publié pour la première fois en anglais par HarperCollins Ltd
sous le titre *Tell my why mummy*.
Couverture : Shutterstock/Studio City

ISBN : 978-2-8246-1619-3
Code Hachette : 29 3773 5

Collection dirigée par Christian English et Frédéric Thibaud
Catalogues et manuscrits : city-editions.com



Dépôt légal : Janvier 2020

*À mes enfants, Corinne et Matthew, et à Alison,*
*qui m'a fait découvrir que le plus grand bonheur*
*qui existe au monde, c'est d'être parent.*

# Prologue

*Elle a recommencé à boire, je le sais. Je l'entends se cogner aux meubles, à l'étage. Et soudain, elle est là, à l'entrée de la cuisine. Elle tient à peine sur ses jambes. Elle tente d'arriver jusqu'à moi en prenant appui sur les placards sales.*

*Moi, je joue avec mes petites briques de construction sur le sol en lino. Elle chancelle, s'écroule et se traîne pour s'allonger à côté de moi. Toute nue, les yeux vitreux, le regard flou, elle émet un faible geignement aviné.*

*—David..., dit-elle, alternant entre gémissement inaudible et braillement d'ivrogne. Viens !*

*Elle ne semble pas se rendre compte que je suis déjà tout près d'elle. Chaque fois qu'elle me dit de faire quelque chose, j'obéis toujours sur-le-champ. J'adore lui faire plaisir et je déteste la contrarier. Et puis, si je ne lui obéis pas, elle risque de ne plus m'aimer. Elle ne me giflera pas, non, elle ne me fera pas de mal, mais à mon avis, elle sera fâchée. Du coup, je me lève, puis me rassieds, pour qu'elle voie bien que je suis là, à côté d'elle.*

*Son regard se pose enfin sur moi et elle m'attire à elle. Puis, elle prend ma main et la glisse entre ses jambes écartées. Ça me fait tout bizarre, je ne comprends pas pourquoi elle fait ça. Elle fait aller et venir ma main de bas en haut entre ses cuisses et recommence à gémir. Elle pousse un soupir, continue à se frotter avec ma main et, je ne sais pas pourquoi ni comment, je comprends que ses gémissements de plus en plus forts ne sont pas, comme je l'ai tout d'abord cru, des manifestations de détresse, mais de plaisir.*

*Tout content, et puisqu'elle continue à gémir, j'en conclus que c'est un super jeu et je veux bien y jouer, autant qu'elle le veut. Elle continue à se frotter avec ma main jusqu'au moment où elle en a assez.*

*Alors, ma mère me repousse et, sans un mot, ramasse sa bouteille et repart en titubant vers l'escalier, tandis que je reprends mon jeu de construction sur le lino.*

# Première partie

# L'ÉLU

# 1

# MA VIE DANS L'OMBRE

La plupart du temps, tu es la meilleure maman du monde. Et puis des fois, tu te transformes. Tu te mets en colère et tu me fais faire des choses que je ne comprends pas. Pourquoi tu veux que je fasse ces choses-là ? S'il te plaît, dis-moi pourquoi. Pourquoi tu ne peux pas chasser ma Méchante Maman ? Elle me fait peur, celle-là. Tu ne vois pas ce qu'elle m'oblige à faire ? Pourquoi tu fais semblant de ne pas savoir ?

Je n'ai que cinq ans, mais déjà une montagne de questions écrase mon cœur de petit garçon. Parfois, j'ai même du mal à respirer. Il n'y a jamais aucune réponse, juste des questions qui se rajoutent encore aux autres. J'ignore si j'aurai un jour des réponses. Tout ce que je sais, c'est que les questions s'accumulent en moi. J'essaie de les refouler, mais il y en a trop. Je me sens comme une grenade dégoupillée.

La maison où je suis né, le 6 avril 1968, se situe dans un cadre idyllique : le petit village campagnard de Calder Bridge, près d'Halifax, dans le West Yorkshire. Mon village ressemble à une carte postale avec ses jolis cottages en pierre du Yorkshire, son petit pub rural et son petit bureau de poste, le tout niché dans le paysage magnifiquement vallonné de la chaîne des Pennines. J'adore ce décor champêtre : les grands espaces, les champs onduleux, les forêts luxuriantes, la sensation de liberté. J'ai beau n'avoir que trois ou quatre ans, ma mère me laisse jouer dans les bois avec les autres enfants. Tout le monde se connaît, ici, et la solidarité villageoise n'est pas un vain mot.

Notre maison est plutôt isolée, cependant. Elle se dresse à l'embranchement d'un chemin de campagne, c'est la première d'une rangée de quatre. Notre maison est en pierre gris anthracite, envahie de chaque côté par du lierre vert foncé et entourée d'arbres. Bâtie au-dessus d'un profond ravin, elle surplombe une rivière étincelante qui court sur les pierres et les rochers moussus. En façade, les cottages ont un aspect tout ramassé : on imagine des pièces exiguës où la lumière ne pénètre jamais. Mais à l'arrière, le terrain descend en pente douce vers le ravin. Du coup, s'il n'y a que deux étages sur le devant, il y en a deux de plus à l'arrière qui surplombent la rivière. Même en été, la maison reste lugubre et mystérieuse, une vraie demeure gothique.

Mes premiers souvenirs sont faits de cet étrange contraste : des moments d'intimité douillette quand je joue avec ma mère et des moments de noire et froide solitude quand surviennent des changements, dans ma vie de famille comme dans mon environnement.

Dans le temps, il y avait une filature de coton, à une centaine de mètres de là. On peut encore en voir les vestiges le long des berges en brique de la rivière. Entre l'ancien emplacement de la filature et chez moi, il y a un vieux terrain à ferraille, peut-être le plus beau terrain à ferraille du monde, car il est littéralement suspendu au-dessus de la rivière.

Ce terrain, c'est ma deuxième maison. J'adore contempler tous ces merveilleux débris de métal qui s'entassent à perte de vue. L'endroit est sale et graisseux : le paradis pour un petit garçon. Avec Jeff, le fils du ferrailleur, nous jouons à cache-cache parmi les piles de pneus, les poubelles, les portes décapées, les tas de treillages, les tuyaux en plomb, les lavabos et les baignoires en fonte ébréchée, les pièces détachées, les épaves de voiture et tous ces débris inutiles qui se sont imbriqués les uns dans les autres en couches successives, telles les strates géologiques d'un merveilleux royaume du métal. Le père de Jeff est un natif du Yorkshire, bourru mais brave. Il lui arrive de sourire, et même s'il a son franc-parler, il est plutôt du genre taiseux.

Quand je ne suis pas avec Jeff, je joue seul ou avec George, un garçon de mon âge qui habite à quelques champs de là, et dont la maman s'entend bien avec la mienne. Du plus loin que je me souvienne, j'ai l'impression d'avoir toujours joué dehors. J'ai beau ne pas être un enfant très téméraire, mon naturel curieux fait que je passe mon temps à observer les animaux, les oiseaux dans les champs et les poissons dans la rivière.

Un jour, en jouant dans la ferraille, je tombe par hasard sur un nid, logé entre de gros blocs de métal rouillé. Du haut de mes quatre ans, je suis émerveillé par les trésors de ténacité, de résistance et d'adaptation que déploie la nature : dans ce lieu *a priori* si hostile, une chose aussi fragile qu'un nid d'oiseau, ferme à l'extérieur et douillettement garni à l'intérieur, a réussi à se faire une place ! Je suis ému de voir comment la vie se développe et prospère dans l'ombre, en silence.

Lorsque je vais revoir le nid, les oisillons sont sortis de l'œuf. Je contemple les coquilles brisées avec stupéfaction. Hier encore, c'était de tout petits œufs en forme de poire, fragiles, aux motifs délicats. Quand je reviens un peu plus tard, toutes les coquilles ont disparu.

Je demande au ferrailleur ce qu'elles sont devenues.

—Oh, ben ça… c'est la mère qui les a mangées, mon p'tit gars, ou alors, elle s'en est débarrassée, me répond-il. Les oiseaux, tu sais, ça aime que tout soit bien propre et rangé.

—Moi, je les aimais bien, les œufs…

—Pour sûr, p'tit gars, mais tu sais ce qu'on dit : on fait pas d'omelette sans casser des œufs.

Je pense à cet Homme Lette… Combien d'œufs faut-il casser pour en faire un ? Tous les oisillons sont-ils des bébés Hommes Lettes ? Et la maman des Hommes Lettes, qu'est-elle devenue ? Restent-ils tous ensemble au nid ou s'envolent-ils chacun de leur côté pour ne plus jamais se revoir ?

Je prends l'habitude d'aller voir le nid tous les jours, afin d'observer les oisillons.

Un matin, je trouve le nid vide. Qu'est-il arrivé aux oisillons ? Où sont-ils partis ? Ils ont dû se transformer en Hommes Lettes et s'envoler très loin d'ici.

Papa possède un garage près du terrain de ferraille, un garage fermé à clef où il entrepose quelque chose de très rare et de très précieux. Un jour, il me montre ce que c'est : une Volvo P1800 rouge. Je suis surexcité, c'est la voiture de Simon Templar, le héros de la série qui passe à la télé, *Le Saint !* La Volvo est d'une beauté folle avec ses courbes amples et son design si exotique. Capable de rivaliser avec n'importe quelle autre voiture que je vois passer sur la route. Nous avons aussi une Rover prénommée Jacinthe, que Papa gare sur un emplacement herbeux, contre la maison. C'est une très belle voiture, celle-là aussi, le genre de voiture que conduit Jim Callaghan [1], et Maman dit que Jim Callaghan est quelqu'un de très important. Un jour, il pourrait même devenir Premier ministre.

Mon père, Keith, est grand et fort : il dépasse ma mère de trente centimètres. Il a un visage large, des lunettes à monture de corne, de courts cheveux noirs qu'il peigne en arrière et une épaisse barbe noire. Mais pas de moustache. Du coup, lorsque je me remémorerai la barbe de mon père, des années plus tard, elle m'évoquera irrésistiblement ces postiches que l'on se colle sur le menton pour se déguiser en singe ou en rabbin.

Il aime bien faire des blagues, mon Papa, mais d'un autre côté, il peut se montrer assez froid dans nos rapports. Il n'est pas du tout affectueux avec moi et ce n'est pas non plus un papa qui joue à la bagarre. S'il fait preuve de douceur et de patience à mon égard, il est également très strict sur l'éducation : sévère, mais juste. Contrairement à ma mère, il n'est ni sociable ni grégaire. Il ne sourit pas beaucoup.

Papa est dessinateur industriel, mais sa véritable passion, ce sont ses motos et ses moteurs. Nous avons beaucoup de place chez nous, il y a même un garage sous la maison, rien que pour ses motos qu'il prend sur les chemins des environs. Ce n'est pas lui qui l'a construit, mais il l'a aménagé à sa guise. En bas, dans le garage, il me laisse le regarder démonter un moteur. Fasciné par son savoir et son habileté, je le bombarde de questions.

—Tu fais quoi, Papa ?

—Je change l'huile de la boîte de vitesses.

—Pourquoi, Papa ?

—Pour que les vitesses passent en douceur, fiston.

—Et comment tu fais ?

---

1. Jim Callaghan (1912-2005) : homme d'État britannique issu du parti travailliste, plusieurs fois ministre et Premier ministre du Royaume-Uni de 1976 à 1979.

—Eh bien, tu vois, il faut d'abord ôter le bouchon de vidange de la boîte de vitesses, laisser l'huile sale s'écouler, puis on dévisse le bouchon de remplissage et on remplit la boîte de vitesses d'huile propre. Ensuite, tu essuies les gouttes d'huile si jamais tu en as versé à côté pour que tout soit bien propre et enfin, tu remets la protection du châssis…

Il m'explique tout ce qu'il fait, geste par geste, sans cesser de travailler. Mais je ne comprends pas trop ce qu'il raconte. Après avoir changé l'huile de la boîte, il s'attaque aux écrous et aux boulons.

—Je peux t'aider, Papa ?

—Oui, mon garçon, tu peux me passer cette clef.

—À quoi ça sert ?

—À serrer les écrous autour des boulons… Tiens, regarde. Mais tu ne dois pas trop les serrer non plus. Sinon, tu ne pourras plus les dévisser en cas de besoin. Il ne faut pas forcer, tu vois...

Il resserre les écrous, complètement absorbé par sa tâche. Ensuite, il polit les chromes jusqu'à ce qu'ils brillent comme le soleil au-dessus de la rivière.

Notre cottage fait partie d'une rangée de quatre. Au fur et à mesure que les trois autres sont mis vente, Papa les achète. Le truc bizarre, pourtant, c'est que certaines de ces maisons appartiennent ou ont appartenu il y a longtemps à la famille de Maman. Cela veut-il dire que mon Papa est de plus en plus riche alors que la famille de ma Maman est de plus en plus pauvre ? Pour moi, toutes ces choses-là restent un mystère. Je ne saurai peut-être jamais la vérité.

Cette maison au-dessus de la rivière, c'est notre petit coin de paradis. Nous n'avons pas de voisins directs, mais il y a un fermier qui habite en haut de la route et qui s'arrête pour nous dire un mot chaque fois qu'il passe devant chez nous, ce qu'il fait plusieurs fois par jour. Pour finir, nous devenons propriétaires des quatre maisons de la rangée, mais la chose la plus étrange, c'est que nous n'en occupons qu'une seule, celle qui est toujours sombre à l'intérieur. C'est dû à tous ces arbres qui lui font de l'ombre, mais aussi à l'exiguïté des pièces et des fenêtres qui laissent entrer très peu de lumière.

À l'intérieur, les murs sont nus et le mobilier spartiate : la cuisine est équipée d'un minimum de placards en aggloméré et le sol est recouvert de lino. Ce n'est pas la seule cuisine du village à avoir du lino, notre famille n'est donc pas différente des autres, du moins en ce qui concerne le revêtement de sol. Mais si je repense au lino de la cuisine, c'est pour une tout autre raison, bien plus étrange.

Mes parents se sont rencontrés par le biais de l'Église méthodiste. Ils chantaient tous les deux dans la chorale et, comme ma mère se plaît à le souligner, à l'époque de leur mariage, en 1966, ils étaient aussi innocents que l'agneau qui vient de naître. Mais quand je vois ce qui se passe chez mon copain George et que je compare avec ce qui se passe entre ma Maman, mon Papa et moi, je comprends déjà que notre dynamique n'est pas celle d'une famille normale : nous ne faisons jamais rien ensemble. Soit je suis avec Papa qui s'occupe de ses voitures et de ses motos, soit je reste avec Maman qui peut être très drôle quand elle le veut.

Avant d'épouser mon Papa, ma Maman s'appelait Carol Stones. Elle est née en mars 1945. Dans notre salon, il y a une photo d'elle petite fille avec son frère aîné Jim, dans un grand cadre en bois foncé : elle sourit en me regardant droit dans les yeux. Elle est très mignonne avec son petit air effronté. Jim, lui, est beaucoup plus grand qu'elle et il a les cheveux bruns. Il y a d'autres photos de Maman dans la maison : sur l'une d'elles, elle tient sa poupée et ressemble elle-même à une maman poupée tenant son petit poupon – ils ont les mêmes boucles dorées. Sur une autre photo, elle a les cheveux beaucoup plus raides, blonds comme les blés. On lui a fait des tresses et elle pose debout avec d'autres enfants de sa classe. D'autres la montrent nageant dans la mer ; à califourchon sur un âne ; promenant son chien… Sur une autre encore, elle ressemble à une princesse de conte de fées avec son bouquet de roses et son diadème d'argent – je crois qu'elle est demoiselle d'honneur, mais je ne sais pas qui est la mariée.

Sur toutes ces photos, Maman arbore le même visage rond, les mêmes joues poupines et le même air polisson. Comme le disait toujours mon grand-père, c'est-à-dire son père : « Jeune fille, c'était une beauté. »

Il y a une autre photo dans un cadre en plastique, plus léger. Sur celle-là, elle est plus grande, elle s'est muée en adolescente aux cheveux blond vénitien. Là encore, elle me sourit avec gaieté et chaleur. Sur une autre photo, c'est devenu une grande personne – il me semble qu'elle est à nouveau demoiselle d'honneur. Son chignon s'orne d'un ruban bleu clair assorti à sa robe et elle porte des escarpins blancs tout pointus. Il y a aussi une photo grisâtre qui montre Maman en uniforme d'infirmière, sauf que sur celle-là, elle ne sourit pas.

Il y a aussi des photos du mariage de Papa et de Maman, à l'église méthodiste. Elle est tout en blanc et lui tout en noir. Son visage est moins poupin que sur les autres photos et on la devine changée – plus douce et plus fragile – mais surtout très heureuse. Papa, lui, arbore un grand sourire, comme s'il venait de manger la cerise sur le gâteau.

Enfin, il y a une photo de Papa et Maman ensemble que j'adore regarder. Ils sont au zoo et ont l'air de beaucoup s'amuser. Papa, dans son imper noir en PVC brillant, enlace Maman d'un bras, tandis que sous son autre bras, on aperçoit un tout petit singe noir. Maman, quant à elle, présente un gros perroquet perché sur son coude et qui les regarde tous deux d'un œil inquisiteur. J'aime me dire qu'ils auront au moins vécu quelques bons moments ensemble.

Plus tard, à l'adolescence, je prends soudain conscience que quand j'étais petit, Maman était toujours un peu négligée, jamais très bien coiffée, les cheveux un peu dans tous les sens… Elle n'était pas belle, mais elle avait une jolie peau (semée de taches de rousseur) et c'était une femme encore séduisante. À ma naissance, elle avait opté pour une permanente aux boucles serrées, coiffure qu'elle a conservée toute sa vie. Elle se maquillait peu et, au fil des ans, elle a presque perdu tout sens de l'élégance et de la mode. Mais quand elle était heureuse, elle avait un sourire magnifique et un rire communicatif.

Ma mère avait vingt-trois ans à ma naissance. Elle ne parle jamais de sa petite enfance avec son frère et ses parents, mais de temps en temps elle fait allusion à certains épisodes de son adolescence. La première fois qu'elle a fait de la moto avec son petit ami, par exemple, ça lui a énormément plu.

D'aussi loin que je me souvienne, je l'accompagne chez des habitants du village et nous partons aussi souvent nous promener dans les bois. Maman aime me désigner toutes les fleurs que nous cueillons ensemble. Elle est chaleureuse et affectueuse avec moi, très sociable envers les autres. Mon père aussi est sociable, mais pas de façon aussi chaleureuse. Maman est douée d'un formidable sens de l'humour, à condition que l'on ne se paie pas sa tête. L'autodérision n'est pas son fort.

Les gens répondent toujours aux saluts de Maman. Il faut dire qu'elle serait capable de parler à un réverbère et qu'elle a le don d'amener les autres à lui ouvrir leur cœur.

Les gens ont l'impression qu'ils peuvent se confier à elle et elle compte quelques solides amitiés de longue date. Elle peut passer des heures à bavarder de sujets intimes – de personnes qu'elle connaît, de leur vie, de leurs problèmes – mais ses propos sont aussi mystérieux pour moi que ceux de Papa quand il me parle de ses motos et de ses moteurs.

Mais l'existence de ma mère est scindée en deux parties bien distinctes : elle a une double personnalité. D'un côté, c'est une femme aimante, attentionnée, affectueuse, présente et qui peut être drôle, sympathique et d'une conversation agréable.

Mais elle a aussi une face sombre et lorsque c'est ce côté-là qui apparaît, c'est l'enfer qui s'ouvre sous nos pieds – pour elle, mais pour moi aussi par ricochet. Ce n'est pas que déplaisant, c'est carrément épouvantable. Ma mère se transforme en quelqu'un d'autre : une femme mauvaise, méchante, vindicative, perverse, insensible et sans-gêne. En temps normal, Maman ne dit jamais de gros mots et trouve extrêmement mal élevé de péter ou de roter, mais quand elle se mue en furie, les grossièretés fusent de sa bouche.

Tant que je suis tout petit, les gros mots n'ont aucun sens pour moi en eux-mêmes, mais la façon dont elle me les crache à la figure ou les adresse aux murs et au mobilier quand elle se cogne dedans me fait très très peur.

Je devine que ce comportement est en lien direct avec le fait que ma Maman boit, car je l'ai vue boire des quantités d'un liquide qui sent mauvais – du brandy, ça s'appelle. Elle le boit très, très vite, jusqu'à ce qu'elle soit comme endormie. Sauf qu'elle ne dort pas vraiment. Au contraire, elle est bien éveillée et c'est à ce moment-là qu'elle me fait peur.

Quand elle boit du brandy, c'est déjà terrible, mais il y a pire. Quand elle a trop bu, elle vient me trouver et se colle contre moi. Jamais je n'oublierai la première fois où ma Maman m'a fait ça, et pourtant, je n'ai que quatre ans.

*Elle a bu, comme d'habitude, et même à quatre ans, je devine qu'elle est incontrôlable lorsqu'elle vient m'ordonner de jouer avec elle sur le lino de la cuisine.*

*Sans rien comprendre à ce qui se passe ni à ce qui pousse Maman à se mettre dans un tel état, je sais pourtant que ce n'est pas la même personne qui se promène avec moi dans les bois et ça me terrifie. Alors que son visage se rapproche du mien, son haleine forte et âcre m'agresse les narines. Ses mouvements sont maladroits, brusques, incontrôlés. Moi, je veux juste que cette Méchante Maman s'en aille et que ma Gentille Maman revienne, mais je n'y crois plus dès qu'elle m'attrape la main et la place entre ses jambes.*

*Elle fait aller et venir, aller et venir ma main entre ses cuisses, contre cette chose douce et poilue qu'elle appelle sa minette. Prisonnier de ma peur, je suis anxieux de lui plaire, désespéré même. À l'affût du moindre signe qui la rende heureuse, pourvu que je puisse éteindre la colère qui fait rage en elle. Alors, je continue à faire aller et venir ma main dans sa minette jusqu'à ce qu'enfin, elle la repousse.*

À mon grand soulagement, elle s'est calmée. D'une certaine façon, je sais que j'ai sûrement agi comme il le fallait : Maman a cessé de se conduire bizarrement, et c'est moi qui l'ai apaisée. J'en éprouve un étrange sentiment de triomphe, d'accomplissement. J'ai l'impression qu'elle a besoin de moi et que j'ai la capacité de la protéger des vilaines choses qui l'agressent.

*Je suis toujours terrifié, mais je suis aussi fier d'avoir été choisi : ma Maman m'a demandé de jouer avec elle et c'est moi qu'elle a choisi pour ce jeu. Je suis l'élu.*

Ce matin, Papa et Maman se disputent. Papa est de plus en plus souvent en déplacement pour son travail, et même quand il est à la maison, il n'est pas vraiment présent. Ils ne restent jamais ensemble et quand ça arrive, ils n'ont pas l'air heureux.

Papa ne se fâche jamais, il ne perd jamais son sang-froid. La preuve, ce matin, au beau milieu de cette affreuse dispute, il continue à boire tranquillement son café, assis dans la pièce de devant. Je ne sais pas si Maman a bu ou pas, mais elle est très en colère, et ça empire de seconde en seconde. Elle hurle après Papa d'une voix suraiguë, lui jette des objets à la tête sans que je sache ce qu'elle lui reproche. Je me demande même s'il le sait lui-même.

J'aimerais qu'ils arrêtent de se disputer, mais je pense qu'ils n'ont même pas conscience de ma présence. Soudain, Maman lui jette son café au visage. Sans un mot, Papa se lève, sort de la pièce, sort de la maison.

Il devient de plus en plus évident pour moi que Maman a un problème avec l'alcool. Quand elle boit, je perçois une immense rage qui l'habite et je commence à comprendre à quel point c'est dur pour Papa de vivre avec elle, parce que je sais ce que c'est, moi, d'être enfermé avec Maman lorsqu'elle se transforme en quelqu'un d'autre – en quelqu'un qui me fait peur.

Les jours et les semaines passent, et Papa voyage de plus en plus pour son travail. Je cesse de demander à Maman quand il va revenir.

Et enfin, un jour, je comprends qu'il ne reviendra plus jamais à la maison quand Maman m'annonce que Papa et elle ne peuvent plus vivre ensemble et qu'à partir de maintenant, nous ne serons plus que tous les deux.

—Pourquoi est-ce que Papa ne veut pas vivre avec nous, Maman ?

—Parce qu'il ne veut pas, David, c'est tout, répond-elle d'un ton morne.

D'après moi, elle espère me décourager de continuer à la questionner. Elle fait de la confiture dans la cuisine, chose qui lui plaît beaucoup, mais ce matin, je sens qu'elle ne le fait que pour s'occuper les mains et ne pas s'effondrer.

—Mais pourquoi ? Dis-moi pourquoi, Maman.

—Parce qu'on est malheureux ensemble, parce que… *arrête de me poser des questions !*

Je connais trop bien ce ton-là pour insister. Je file me cacher sur le terrain de ferraille. Recroquevillé dans cette grotte de métal, je pense à mon Papa qui me parle de ses motos, de ses voitures, qui fait parfois des blagues que je ne comprends pas toujours et qui ne rentrera plus jamais à la maison.

Je me mets à pleurer quand j'entends des pas se rapprocher.

—Dave, t'es là ? fait la voix du fils du ferrailleur.

—J'arrive, Jeff.

Je m'extirpe de ma cachette et vais jouer avec lui. De toute façon, mon père ne reviendra pas et il ne sert à rien de réclamer des explications.

Sauf que je me trompe. Non seulement Papa revient à la maison, mais en plus il y reste. C'est Maman et moi qui déménageons. En fait, nous n'allons pas bien loin puisque nous nous installons dans le quatrième cottage de la rangée. Les deux maisons se ressemblent beaucoup. En tout cas, elles sont meublées et équipées de la même façon, plutôt spartiate donc.

Du coup, Papa vit à un bout de la rangée et Maman et moi à l'autre. Durant les mois qui suivent, je fais la navette entre les deux, passant énormément de temps avec Maman, très peu avec Papa. Il est souvent occupé, fréquemment en déplacement, n'entretient aucune complicité avec moi et n'aborde jamais de sujets concernant Maman, notre famille élargie ou notre vie à deux. En revanche, il continue de me parler de mécanique, de voitures et de motos.

Chaque fois que je le vois, je rêve d'avoir un vrai rapport père-fils avec lui, mais cet espoir est toujours déçu. J'aimerais qu'il me câline ou qu'il me prenne sur ses genoux, mais à ma grande tristesse il ne le fait presque jamais.

J'ai cinq ans au moment où mes parents se séparent, vers 1973. Leur mariage battait de l'aile depuis un moment, me confiera Papa des années plus tard, mais il lui a fallu un certain temps pour pouvoir en discuter au calme avec Maman. Elle se mettait à boire et tout échange devenait alors impossible.

Je n'ai que cinq ans, mais déjà un véritable gouffre s'ouvre dans ma vie. Quand Maman m'aide à le combler en s'intéressant à moi, tout va bien. Elle ne m'oblige pas à la caresser tous les jours, il peut même se passer des semaines sans qu'elle vienne me demander de « jouer avec elle ». Mais lorsque ça lui arrive, nous y trouvons tous les deux une certaine satisfaction.

Maman en a besoin pour des raisons que je ne suis pas en âge de comprendre. Quant à moi, c'est très simple : je suis en manque d'attention. Dans ma tête de tout petit enfant, ce jeu est une manière de créer du lien entre ma mère et moi. Et vu que, désormais, c'est elle qui m'élève seule, je saisis d'instinct l'importance cruciale de notre relation.

Quand nous avons fini de jouer et qu'elle ne veut plus que je la touche, elle ne me dit jamais merci, mais elle ne me repousse pas vraiment non plus. Ça deviendra bientôt la norme entre nous et ça me convient très bien.

Je me suis toujours efforcé d'éviter les critiques plutôt que de rechercher les compliments.

Je suis trop petit pour comprendre qu'en réalité, ma mère profite de mon caractère soumis pour commettre le pire abus de pouvoir qu'un parent puisse infliger à son enfant. J'en prendrai bientôt conscience et c'est à ce moment-là que les vrais problèmes commenceront.

## 2

## MA MÉCHANTE MAMAN

En 1973, j'entre à l'école à l'âge de cinq ans. L'école primaire de Calder Bridge est un grand bâtiment construit à l'ancienne, doté de hautes fenêtres et entouré d'arbres qui prennent toute la lumière. Même en été, il y fait froid et sombre, on dirait une vieille baraque de film d'horreur. Pour moi qui suis de nature nerveuse, cet endroit est tout sauf engageant.

Pour ne rien arranger, Maman m'accompagne le premier jour, mais ensuite, elle me met dans le bus. Le trajet n'est pas bien long et elle demande à une élève plus âgée de veiller sur moi. Lizzie a beau être très gentille, cette organisation m'angoisse : je ne comprends pas pourquoi ma maman ne veut pas monter avec moi dans le bus.

—S'il te plaît, Maman, emmène-moi à l'école, lui dis-je alors que le bus arrive au détour de la route.

—Tout va bien se passer, réplique-t-elle en me mettant dans le bus. Allez, c'est parti !

Ce n'est pas un départ encourageant vers cette nouvelle école ; je me sens seul et vulnérable parmi tous ces visages inconnus. Tous les autres enfants sont accompagnés par un parent, voire les deux.

Je ne connais personne ; j'ai du mal à aborder les autres enfants et à me faire des amis. Durant ma première année de primaire, je me fais embêter par une fille qui s'appelle Karen, et qui a deux ou trois ans de plus que moi.

Elle est grande et me domine de toute sa taille. Moi, je suis roux et elle découvre vite que je suis affublé d'un léger zézaiement. À partir de là, elle se met à me harceler sans pitié. Je m'ingénie à tenter de l'éviter, mais elle parvient toujours à me débusquer.

—Z'est quoi ton problème, Zozo la Carotte, t'as fait caca dans ton zlip ? me lance-t-elle dans la cour de récré. Qu'est-ze qu'elle va dire maman ? Ze parie qu'elle va faire panpan cucul à Zozo la Carotte !

—Va-t'en ! Laisse-moi tranquille ! dis-je misérablement. Je t'ai rien fait !

—Oooh, pauvre bébé… Zozo la Carotte a bobo chagrin… Zozo va faire pipi au pantalon pazqu'il est trop triste. Bou hou ! Bou hou hou ! T'as qu'à aller voir maman pour qu'elle te faze un bisou !

Ses moqueries font mouche. Je ne sais pas comment, mais cette fille a tout de suite trouvé mon point faible. Je ne comprends pas bien ce qui se passe chez moi, mais je sais que Maman me fait peur quand elle ne se contrôle plus et les railleries cruelles de cette petite fille m'humilient et me blessent profondément.

Je vire à l'écarlate.

—Oh, regardez Bébé Carotte ! Il est tout rouze ! Z'est pas une carotte, z'est une tomate. Il est rouze de partout !

Ses copines ricanent. Moi, je prie pour qu'elle ait eu sa dose de rigolade pour la journée et qu'elle me laisse enfin tranquille. Bien sûr, elle sait que je ne me plaindrai pas à Maman. Je ne peux pas parler de ça à ma mère ni à personne d'autre.

La maltraitance de Karen n'est pas physique, mais c'est la première fois que je me fais rudoyer et j'ai horreur de ça. Ses moqueries sapent ma confiance en moi et me rendent profondément malheureux. À partir de là, je me renferme sur moi-même, me cantonnant au rôle de spectateur. Je reste à l'écart des autres et ne parle qu'aux enfants calmes.

Je n'ai pas l'habitude que l'on m'agresse gratuitement. Ce n'est que bien plus tard que je comprendrai que j'ai été harcelé à l'école et qu'à la maison, ma mère abusait de moi. Mais à cinq ans, je suis incapable de nommer ce qui m'arrive. Tout ce que je sais, c'est qu'à l'école, Karen me fait une vie d'enfer et qu'à la maison, deux mamans coexistent : la Gentille Maman, tendre, attentionnée, affectueuse, et la Méchante Maman, celle qui me fait peur quand elle boit et perd tout contrôle sur elle-même.

Mais même quand c'est la Méchante Maman qui vient me voir, je peux toujours me rassurer en me disant qu'au moins je lui fais plaisir. Savoir qu'elle est contente de moi me console de tout. D'ailleurs, elle ne me fait pas mal, c'est ça le plus important.

J'ignore si Maman est au courant de ces brimades, mais au bout de quelques semaines, je me mets à inventer toutes les excuses possibles pour ne pas aller à l'école. « J'ai mal à la tête/aux dents/à l'oreille/au ventre/au pied/au coude… »

En règle générale, Maman n'est pas dupe : du moment que je peux me lever et avaler mon petit déjeuner, je peux aussi aller à l'école. Et puis un jour, miracle ! J'attrape une mauvaise angine et Maman me garde plus d'une semaine à la maison.

Mais au moment de retourner à l'école, je me retrouve plus angoissé que jamais. Par chance, Karen s'est lassée de moi et à part une ou deux gifles verbales, ses persécutions cessent peu à peu, à mon grand soulagement. Sans doute a-t-elle trouvé une autre cible… Toujours est-il qu'elle me laisse tranquille.

Du reste, ma situation commence à s'améliorer. Karen est-elle revenue sur son comportement ? Y réfléchit-elle maintenant à deux fois avant de s'en prendre à moi ? Je n'en sais rien, mais elle est passée à autre chose et moi aussi.

Ce qui a surtout changé, c'est que j'ai appris à me défendre, et mes sabots y sont pour beaucoup. Il se trouve que l'on fabrique des sabots à quelques kilomètres de chez nous, et vu qu'ils sont robustes et durables, Maman trouve pratique et sensé de me chausser ainsi.

Le bout d'un sabot, c'est très dur, très douloureux au contact, et je décide de m'en servir d'arme dans la cour de récré. Je me mets à distribuer des coups de pied dès que l'on me cherche noise. En voulant me protéger des brimades, je suis devenu moi-même agressif.

Les autres enfants commencent à me craindre. Mes coups de pied les font hurler de douleur et je me retrouve traîné de force devant l'institutrice. J'ai beau protester, invoquer la légitime défense, rien n'y fait. Je me fais gronder. Ces incidents restent rares et espacés, mais je n'en éprouve aucun remords, ce qui n'est jamais une bonne chose.

—Mais, madame, c'est eux qui ont commencé !

—Ça m'est égal, David, tu ne dois plus porter ces sabots à l'école.

Les réprimandes de mon institutrice me blessant plus que les brimades des autres élèves, j'essaie de me contrôler. Et puis je déteste rentrer le soir et dire à Maman que je me suis fait gronder à l'école.

Il ne me vient jamais à l'idée qu'il puisse y avoir quoi que ce soit de hautement répréhensible dans mes rapports avec ma mère. Pour moi, notre intimité physique très particulière est un « moment à nous » que je vis comme le câlin d'une mère normale ferait à son enfant. Je ne veux surtout pas gâcher ce lien unique entre nous. Du coup, je deviens un élève modèle qui se tient à carreau en classe, n'écope presque jamais d'heure de retenue et n'est jamais renvoyé chez lui.

Je cesse de donner des coups de pied et j'évite les conflits. Si jamais quelqu'un me dit de faire quelque chose – que ce soit un adulte ou un enfant –, j'obéis ou j'esquive, après m'être assuré que la personne ne sera ni fâchée ni triste à cause de moi. Je ne veux pas souffrir et je ne veux pas me faire gronder pour avoir fait souffrir quelqu'un d'autre. Je redoute le harcèlement et c'est dans ma nature d'être soumis. Mais cette attitude va m'attirer de plus gros problèmes encore.

Au cours de ma première année scolaire à Calder Bridge, je remporte une « étoile dorée » qui m'est remise par madame la directrice. J'exulte. Je viens de découvrir que j'adorais être au centre des regards. J'aime exceller dans un domaine ou du moins en avoir l'impression. Aussi, lorsque quelques semaines plus tard, un autre garçon, plus grand que moi, attire toute l'attention sur lui à l'occasion de son anniversaire, j'en éprouve une violente jalousie. J'ai l'impression que l'on me vole la vedette. C'est à cette période que je découvre un autre pan de ma personnalité.

En rentrant de l'école avec un autre garçon, je fais la course avec lui et je le bats.

J'adore battre mon adversaire et j'adore gagner.

À la maison, nous vivons avec très peu de moyens. Certes, Papa paie une pension alimentaire, mais d'après Maman, elle se monte à pas grand-chose, bien que j'ignore comment ils se sont partagé l'argent des maisons. Comme je n'ai jamais rien connu d'autre, je suis très content de ce que j'ai ou de ce que l'on me donne. Pourtant, je n'ai pas beaucoup de jouets. Des livres, des jeux de société, des Lego, des petites voitures… la plupart d'occasion. À cette époque, à savoir les années 1974-1975, Maman fait partie du groupe « pain d'épices » d'Halifax : ce sont des parents célibataires qui organisent à tour de rôle une soirée pain d'épices chez eux. Elle se fait des amies qui ont des enfants et il arrive qu'elle rentre à la maison avec des jouets pour moi, ce qui me met en joie.

Nous ne roulons pas sur l'or, mais Maman veille à ce que je ne manque de rien, et ce durant toute mon enfance. Un jour, mon copain George, qui vit au-delà des champs, me donne un vélo. Maman n'a pas les moyens de m'acheter un vélo neuf, c'est trop cher. J'espère parfois que Papa aura l'idée de m'en offrir un, étant donné sa passion pour les engins à deux roues, mais il n'est pas très présent pour moi depuis quelque temps, sans doute pris par ses propres soucis.

Inutile donc de réclamer un vélo neuf, je n'en aurai pas. Du coup, je me contente du vieux vélo de George ; c'est un pis-aller, mais c'est toujours mieux que rien. Le vélo est beige et vert clair, il n'a plus de selle, ce qui ne me facilite pas la vie, mais tout ça m'est égal, je le trouve super ! De toute façon, la route qui passe devant chez nous est en pente douce. Je n'ai qu'à me tenir debout sur les pédales en descente, et une fois en bas, je saute à terre et remonte en poussant le vélo.

Pour mes six ans, Maman m'offre un petit semi-remorque rouge. Neuf, pas d'occasion ! Fou de joie, je l'emporte à l'école pour le montrer aux autres enfants. C'est génial d'être le centre de tous les regards, pour une fois. Je suis gonflé de fierté. Mais en voulant me le prendre, un petit garçon me fait lâcher mon jouet. Le semi-remorque se casse en plusieurs morceaux. Les enfants poussent un murmure horrifié et s'enfuient à toutes jambes de peur de se faire gronder.

Je reste seul, pleurant toutes les larmes de mon corps, non pas à cause de mon camion cassé, mais parce que je sais que je n'aurai jamais d'autre jouet neuf. Je le cache au fond de mon cartable et ne dis rien à Maman.

Quand Maman ne boit pas, elle veut ce qu'il y a de mieux pour moi et ça passe par une éducation très stricte. En particulier, elle tient à ce que je réussisse à l'école. Du coup, quand il nous arrive de sortir du West Yorkshire, voire d'aller au bord de la mer, à Blackpool, nous faisons la tournée des lieux historiques. Sans aller jusqu'à piquer des colères, j'avoue que je traîne un peu les pieds – je préférerais m'amuser et c'est tout. Mais comme sa mère Sandra l'a fait pour elle, Maman me pousse à apprendre et suit de près mon travail scolaire.

Alors qu'elle enfreint toutes les règles lorsqu'elle a bu, à jeun elle ne tolère aucun écart de conduite. Elle me fait toujours me laver les mains avant le repas et je dois demander la permission de me lever de table. Maman est une fervente adepte des bonnes manières. Ainsi, je ne dois pas faire de caprice dans les lieux publics, au risque qu'elle m'inflige des corrections humiliantes. Il faut dire qu'une fois que Maman a décidé quelque chose, elle n'y revient plus.

Un samedi, tandis que nous faisons des courses à Halifax, elle m'achète des pastilles aux fruits. J'en goûte une et aussitôt je fais la grimace. Berk, elle est au cassis. Je la recrache discrètement dans ma main.

—Allez, David, est en train de dire Maman, il faut rentrer, maintenant.

—On peut aller voir le train électrique au magasin de jouets, Maman ?

—Non, je viens de te dire qu'il fallait rentrer, maintenant.

Maman a pris sa décision et me traîne vers l'arrêt de bus. Mais moi, je veux à tout prix aller voir le train électrique et, dans un accès de colère, je jette ma pastille par terre.

Le centre-ville d'Halifax grouille de passants, il y a même des enfants de mon école. Mais il en faut plus pour déranger Maman : elle me baisse mon pantalon et me donne une fessée devant tout le monde.

Quand Maman a décidé quelque chose, elle l'édicte en principe définitif et ne tolère aucune discussion.

Un soir, elle prépare du *kadgeree*, un gratin de poisson au riz. Or si Maman est une excellente pâtissière, c'est une piètre cuisinière. Le *kadgeree* est l'un des rares plats qu'elle réussit, aussi en fait-elle souvent. Bien que j'arrive à le manger, le *kadgeree* est sans doute l'une des choses que j'aime le moins. Ce soir-là, j'en avale autant que mon estomac me le permet et je laisse le reste.

—Tu ne finis pas ton assiette ? me demande Maman.

—Non, j'ai plus faim.

—Très bien, dans ce cas, tu le finiras demain pour ton petit déjeuner.

Quand elle dit ce genre de choses, je sais qu'elle ne plaisante pas. Je vais devoir manger du *kadgeree* demain matin.

Le gratin n'était déjà pas bon à la sortie du four, mais du riz et du poisson froid de la veille pour le petit déjeuner, c'est carrément dégoûtant. Pourtant, le lendemain matin, mon assiette de *kadgeree* m'attend sur la table. Je l'ingurgite tant bien que mal, luttant contre mon envie de vomir.

En tout cas, je retiens la leçon : ne jamais contrarier Maman et toujours faire ce que l'on me dit. Dorénavant, j'obéirai de mon mieux, par crainte des représailles et pour me rapprocher de ma mère. Je la provoque rarement, car rien ne me rend plus heureux qu'un compliment de sa part.

Pour notre premier Noël à deux dans la maison du bout de la rangée, Maman se met en quatre pour que la fête soit inoubliable. Nous fabriquons des guirlandes en papier crépon et ornons le sapin de jolies boules brillantes. Nos décorations sont bon marché mais nombreuses, et nous en accrochons dans toute la maison. Pour les cadeaux, Maman enveloppe de petites bricoles comme des barres chocolatées dans du papier de Noël. Ce n'est peut-être pas tout à fait pareil qu'un vrai jouet, mais à l'arrivée, il y a un énorme sac rempli de cadeaux au pied du sapin, et pour moi, c'est tout ce qui compte.

Le matin de Noël, de bonne heure, je descends à pas de loup et commence à déballer mes cadeaux. Le cœur réchauffé par une douce euphorie, je voudrais que cette journée dure toute la vie. Hélas, je sais bien qu'elle aura une fin et que, tôt ou tard, la Méchante Maman, celle qui vient me trouver la nuit quand elle est ivre, va réapparaître. Mais surtout, du haut de mes six ans, je prends peu à peu conscience que ce qu'elle me demande de lui faire, c'est très mal.

Car ma mère boit de plus en plus ; je le sais parce qu'elle sollicite de plus en plus souvent mes caresses. Pour que cela se produise, il faut qu'elle soit complètement soûle, ce qui arrive très vite dès qu'elle se met à boire du brandy.

Le déroulement est toujours le même. Elle veut que je lui fasse plaisir en lui caressant sa minette. De son côté, elle ne me touche jamais le zizi et ne s'intéresse à rien d'autre.

Elle me prend la main et la fait aller et venir entre ses cuisses.

Une chose a changé, cependant. Avant, elle devait guider ma main. Maintenant que j'ai grandi, je sais le faire presque tout seul. On dirait que ça la rend encore plus heureuse et moi aussi, par la même occasion.

Je n'ai aucune conscience des implications sexuelles et morales de ce que je fais. Je me réjouis simplement que Maman moi ayons une activité intime qui n'appartient qu'à nous. Je suis un petit garçon affectueux et tactile, qui aime câliner et être câliné. Pour moi, ce qui s'est passé entre Maman et moi n'est qu'un prolongement naturel de la tendresse que nous éprouvons l'un pour l'autre. En revanche, pourquoi faut-il qu'elle boive et pourquoi me fait-elle faire ça ? C'est une énigme.

En même temps, je me rends bien compte que Maman est très seule depuis qu'elle et Papa ont divorcé. Sa situation n'est pas facile, mais je pense que c'est elle qui l'a fait fuir par son comportement. D'après moi, elle l'aimait vraiment et pensait finir ses jours auprès de lui. À présent, elle est seule responsable de mon éducation, et ce sans emploi ni revenus pour subvenir à nos besoins.

Maman va sur ses trente ans et elle peut être de merveilleuse compagnie. Je surprends parfois sur elle le regard des hommes qui brûlent de l'aborder, mais avec le recul, j'ai conscience qu'il lui aurait fallu rencontrer quelqu'un d'exceptionnel pour l'accepter avec tous ses problèmes et un garçon de six ans en prime.

À cette période, je commence à me rendre compte que Maman fréquente toujours des hommes beaucoup plus âgés qu'elle. Il semblerait que ce sont les seuls capables de la supporter quand elle a bu. Et c'est vers cette époque-là que se produit un incident terrible, conséquence directe de ses excès d'alcool et dont je me souviendrai toute ma vie.

Maman a un ami du nom de Charlie qui habite une petite maison mitoyenne dans le village de Mystendyke, non loin de chez nous. Charlie est barbu, grand et maigre. Il me semble très vieux, mais en réalité il doit avoir la soixantaine (ce qui est sûr, c'est qu'il est beaucoup plus âgé que Maman). Je ne sais pas trop quelle est la nature de leur relation, mais j'aime bien aller chez lui, car il est de bonne compagnie et se montre toujours très gentil avec moi. Il a toujours des blagues et des histoires à me raconter.

Un soir, alors que nous sommes chez lui, Maman se soûle. Comme elle a le vin mauvais, l'ambiance vire à l'aigre et leur conversation commence à chauffer. Malgré mon jeune âge, j'ai déjà été plusieurs fois témoin de ce genre de scène et je sais ce qui va se passer. Ils commencent à se disputer et la situation s'envenime de minute en minute.

Maman est folle de rage. Quand elle a bu, elle n'a plus conscience de son environnement et perd le contrôle de ses actes. À partir de là, tout peut arriver, et c'est d'ailleurs souvent ce qui se produit.

En état d'ébriété avancée, elle ne s'intéresse plus à moi. Quand elle est à jeun, elle n'a rien d'une mère insensible et distante, mais ce soir-là, je sens bien que je suis de trop. C'est alors que survient quelque chose qui change tout. Au cours de la dispute, elle se retrouve je ne sais comment enfermée dehors.

Elle se met à hurler des gros mots, à cogner à grands coups contre la fenêtre. Assis à l'intérieur, je la regarde en pleurant, en état de sidération. Bien sûr, Maman est incapable de m'expliquer ce qui se passe, mais moi, tout ce que je veux, c'est que l'on ne la laisse pas dehors.

—S'il te plaît, Charlie, dis-je entre mes larmes, laisse rentrer ma maman !

—Non ! crie-t-il. Pas question !

Maman, au bord de l'explosion, hurle derrière le carreau :

—Laisse-moi rentrer, vieux salaud !

—Tu peux toujours courir ! réplique-t-il de l'intérieur.

Maman tambourine de plus en plus fort à la fenêtre et

soudain, son poing traverse la vitre avec fracas. À l'intérieur, le sol est jonché d'éclats de verre. La tête de ma mère s'encadre alors dans le trou du carreau ; le sang de sa main toute tailladée dégouline sur le rebord de la fenêtre.

Lorsque des années plus tard, je verrai un Jack Nicholson halluciné interpréter Jack Torrance, l'écrivain à la dérive dans l'adaptation par Stanley Kubrick du *Shining* de Stephen King, je ne pourrai qu'être frappé par la similitude de la scène dans laquelle Nicholson défonce une porte à la hache, passe la tête par la brèche et lance d'un ton railleur à sa femme épouvantée : « C'est Johnny ! »

Mais à six ans, voir jaillir le poing ensanglanté de ma mère, puis découvrir son expression hystérique à travers un carreau brisé est bien plus terrifiant que n'importe quel film. C'est une vision qui me hantera jusqu'à ma mort.

Le doigt pointé sur Charlie, elle l'agonit d'injures d'une voix suraiguë, en lui ordonnant de la laisser rentrer.

Face à son refus, elle se tourne vers moi.

—David, ouvre cette porte ! Tout de suite !

Conscient du drame qui se joue, même si la situation me dépasse, je veux à tout prix lui venir en aide. Je me précipite sur la porte pour atteindre le verrou, mais il est trop haut pour moi.

—Allez, David ! me crie-t-elle de l'autre côté de la porte. Allez, ouvre !

À ma troisième tentative, je réussis enfin à tirer le verrou. Comme Maman pesait de tout son poids contre la porte, celle-ci s'ouvre à la volée avant que je n'aie pu m'écarter. Je suis projeté au sol, écrasé par le corps de ma mère. Ivre de rage et d'alcool, elle ne me voit même pas. Elle avance en titubant vers Charlie, se tenant aux meubles, le sang de sa main dégoulinant sur le tapis.

—Espèce d'enfoiré de merde ! Pourquoi tu voulais pas me laisser rentrer ?

Avant qu'il n'ait pu répondre, elle se jette sur lui et le bourre de coups de poing. Elle n'a pas beaucoup de force, mais Charlie est âgé. Assis sur sa chaise, il peut à peine se défendre. Tout ce dont il est capable, c'est rentrer la tête en tentant de repousser les moulinets imprécis de ma mère.

Il est trop vieux pour riposter.

Elle est trop soûle pour entendre raison.

Je suis trop effrayé pour intervenir.

Tout ce que j'ai voulu faire, c'est venir en aide à ma Maman, mais on dirait qu'à cause de moi la situation s'est au contraire aggravée. Et maintenant, Charlie en est lui aussi la victime.

Le plus effrayant pour moi, c'est la versatilité de ma mère. Quand elle a bu, elle devient imprévisible et tout peut arriver : pour ce que j'en sais, elle aurait pu se tuer, tuer Charlie, et même me tuer moi, dans sa fureur d'ivrogne.

Je suis tellement choqué que je ne prononce plus un mot de toute la soirée. Même le lendemain, je me surprends à garder mes distances avec ma mère, du moins dans ma tête. Je la vois sous un autre jour depuis cette scène qui a définitivement modifié quelque chose en moi.

Ai-je perdu un peu de mon innocence et de ma confiance en la vie ? Sans doute. Mais ce qui est sûr, c'est que quelque chose s'est cassé en moi. J'ai pris conscience de mon incapacité à sauver ma mère et à faire d'elle la Gentille Maman que je voudrais tant qu'elle soit.

À partir de ce soir-là, ma Méchante Maman ne sera jamais bien loin.

La vie avec Maman, c'est un parcours de montagnes russes. J'ai six ans quand Papa rencontre une autre femme. La même année, il part vivre avec elle à des kilomètres de notre village du Yorkshire, et cet éloignement ne fait que compliquer un peu plus notre situation.

Sa nouvelle compagne s'appelle Maureen. Elle vit à Manchester avec ses deux fils, Harry et Alex, qui ont deux et quatre ans de plus que moi.

Un matin, en descendant l'escalier, pendant les grandes vacances de l'année 1974, je trouve Maman en train de pleurer. Assise à la table de la cuisine, elle remplit un grand formulaire administratif de son écriture appliquée d'écolière.

—Qu'est-ce qu'il y a, Maman ? Pourquoi tu pleures ?

—Ce n'est rien, David, mange ton petit déjeuner.

—Qu'est-ce que tu écris ?

—Très bien, si tu tiens à tout savoir, je remplis une demande d'aide juridique. Il n'y a que comme ça que je pourrai me payer des avocats.

—Tu veux acheter des avocats ?

—Laisse tomber, David, un jour tu comprendras.

Il me faut un moment pour saisir que Papa et Maman ne sont plus mariés légalement. Nous sommes en 1975 quand Maman m'apprend que Papa a épousé Maureen à Manchester. Je ne comprends pas pourquoi nous n'avons pas été invités au mariage, Maman et moi. Après tout, nous sommes toujours sa famille. Pourquoi ne voudrait-il pas de nous, là-bas ?

Maureen n'a joué aucun rôle dans la séparation de mes parents, mais ça n'empêche pas Maman de la haïr avec passion. Elle s'est débrouillée pour se procurer sa photo au dos de laquelle elle a écrit : *Salope !*

Je n'ai aucune animosité envers ma toute nouvelle belle-mère. Après tout, je ne la connais pas, je ne l'ai même jamais rencontrée. Maman non plus, à ce que je sache, alors comment se fait-il qu'elle la déteste à ce point ?

Un jour, Maman et moi nous promenons près de la maison quand, à une cinquantaine de mètres, nous apercevons

Rastus, notre colley roux de cinq ans, sur la colline d'en face. Maman l'appelle et aussitôt, Rastus dévale la pente en courant vers nous. Arrivé en bas, il traverse la route sans s'arrêter et se fait percuter sous nos yeux par une voiture, à cinq mètres de là.

La voiture stoppe dans un terrible hurlement de freins, vingt mètres plus loin. Mais il est trop tard : notre Rastus adoré est mort sur le coup.

Je ne comprends pas bien ce qui vient de se passer. C'est la première fois que je suis confronté à la mort, et passé le premier choc, je suis inconsolable. De toute façon, nous n'aurions rien pu faire, mais je n'arrête pas de me repasser l'accident en boucle dans ma tête, comme si je pouvais appuyer sur « Pause » avant que Rastus ne traverse la route.

Je pleure durant des jours.

Maman aussi pleure Rastus, elle adore les animaux, et les nôtres par-dessus tout. Mais malgré sa tristesse, elle réagit avec calme et dignité. Je ne sais pas pourquoi, mais son attitude me surprend. Je m'attendais à ce qu'elle pique une crise d'hystérie, comme quand elle a bu. Je suis frappé aujourd'hui par le soin avec lequel elle maîtrisait ses émotions quand elle était à jeun.

Une fois par mois, Papa revient à Halifax et m'emmène voir sa mère, ma grand-mère. Ils ne parlent jamais de son père – mon grand-père paternel – et je m'interroge souvent à son sujet. On dirait que Papa a surtout été élevé par sa mère et quand il me parle de son enfance, c'est avec affection.

Grand-mère est aux petits soins pour moi. Elle me brosse les cheveux, ce qui me plaît beaucoup, et m'entoure d'attentions, ce que je trouve merveilleux. Elle me témoigne un amour inconditionnel, différent de celui de ma mère.

L'attention que me porte Maman n'a rien de conditionnel quand elle est à jeun, mais quand elle a bu, elle ne s'intéresse à moi que pour que je la caresse. Quoi que je fasse, c'est elle qui décide du moment et de la manière dont elle me montre de l'affection. Cet état de fait, je ne le comprends pas très bien, mais je le ressens. Grand-mère, elle, a un comportement de mamie : elle est extrêmement attentive à moi, durant un bref laps de temps.

Mais Grand-mère a elle aussi un côté étrange. Elle vit seule et c'est une femme calme, affectueuse, excentrique, aux opinions très originales. Elle n'est pas très grande, marche légèrement voûtée et coiffe ses longs cheveux gris en chignon. Sa maison ressemble à une brocante, où s'entassent joyeusement livres, meubles et tout un bric-à-brac bizarre et exotique, comme les trois singes en bois qui se couvrent les yeux, la bouche et les oreilles.

—Ça veut dire : ne rien voir, ne rien dire et ne rien entendre de vilain, m'explique Grand-mère.

Avec moi, elle aborde des sujets dont je n'ai jamais entendu parler : elle est fascinante, je bois ses paroles. C'est qu'elle connaît des tas de choses, Grand-mère, son savoir m'impressionne et m'intrigue. Je me demande quelle mère elle a été pour Papa et l'influence qu'elle a eue sur son caractère puisqu'il a grandi seul avec elle. Je me demande aussi ce qu'il pense de ce qu'elle me raconte lors de nos visites. Mais Papa reste assis sans rien dire dans un fauteuil, au milieu des palmiers en pot et des plumes de paon. Il semble écouter les propos de Grand-mère avec un vague ennui, comme s'il avait entendu ça toute sa vie.

Pourtant, en dépit de ses idées bizarres, j'adore ma grand-mère, ce qui épargne à Papa l'effort de me distraire.

J'ai parfois l'impression que Papa n'est père que de façon assez machinale. Je lève les yeux sur lui, souhaitant à tout prix qu'il s'implique davantage dans ma vie. Mais il semble s'être éloigné de moi aussi bien géographiquement que sentimentalement, jusqu'au point de non-retour. Il a choisi d'être un père à distance et de ne plus intervenir dans mon quotidien. Je ne comprends pas pourquoi. Est-ce une totale absence d'intérêt de sa part, une volonté de fuir les problèmes ? À moins tout simplement qu'il n'ait pas la fibre paternelle.

C'est donc à Maman qu'il incombe de subvenir à mes besoins et de veiller à ce que je ne manque de rien, sur le plan matériel et affectif. Mais elle en est incapable. Elle s'efforce de mener notre barque au mieux, mais nous tanguons violemment, d'un extrême à l'autre.

En revanche, elle est très forte pour se faire des amies. L'une d'elles habite juste à l'angle de l'école, à Calder Bridge. La nouvelle amie de Maman a une fille de mon âge qui s'appelle Katie. Katie est très jolie, elle a un beau sourire, de longs cheveux bruns et elle porte des lunettes. Je joue souvent avec elle et, toujours désireux de faire plaisir, je me plie volontiers à ses quatre volontés.

Un soir, alors que nous sommes seuls dans sa maison, je décide de lui faire ce que je fais avec Maman : je passe ma main sous sa jupe. Sa minette est différente au toucher. Elle est plus petite et n'a pas de poils. Je commence à la frotter comme je le fais avec Maman, mais Katie ne manifeste aucune réaction. Son indifférence me laisse perplexe. Maman, elle, réagit toujours, surtout quand je m'applique.

Assez vite, Katie repousse ma main et nous jouons à autre chose. Ça ne me dérange pas, puisque dans mon esprit, nous n'avons rien fait de mal. Pour moi, ce n'est qu'un jeu parmi d'autres et si elle n'a pas envie d'y jouer, on passe à autre chose.

À sept ans, je sais que Maman se soûle de façon régulière. Pas tout le temps et certainement pas tous les jours. Beaucoup de choses demeurent mystérieuses pour moi. En premier lieu, je ne vois jamais le moment où elle commence à boire ; je ne vois que le résultat, lorsque la bouteille est vide. Ensuite, elle n'est jamais un peu éméchée : soit elle est à jeun, soit elle est complètement bourrée.

Des années plus tard, dans un moment de rare confidence, elle m'avouera que son plus gros problème, c'est que lorsqu'elle ouvre une bouteille de brandy, elle ne peut s'empêcher de la vider.

Une fois ivre, elle perd tout contrôle de ses émotions, mais aussi de son corps.

Et ce n'est pas la seule chose qui se produit lorsqu'elle boit trop le soir. Je me souviens de la première fois où c'est arrivé…

*D'habitude, Maman me prépare mon repas quand je rentre de l'école, mais un jour, rien ne se passe normalement. Elle m'ouvre la porte, puis monte à l'étage.*

*J'ai l'impression qu'elle reste très, très longtemps là-haut. Je commence à avoir très faim et elle n'est toujours pas redescendue.*

*Je finis par l'appeler :*

*—Maman, tu es où ? Maman, on mange ?*

*—J'arrive tout de suite, David, me répond-elle au bout d'un moment.*

*Les minutes passent ; Maman n'est toujours pas redescendue.*

*Enfin, elle revient.*

*Elle est à moitié nue et bien qu'elle essaie de marcher normalement, c'est en titubant qu'elle entre dans le salon où je l'attends.*

*Sur la cheminée, la pendule indique sept heures dix. L'heure du coucher est arrivée, mais Maman n'a pas l'air de s'en apercevoir.*

*— David ! s'écrie-t-elle en me voyant.*

*Elle vient vers moi d'un pas chancelant et me serre dans ses bras.*

*— David, fais un câlin à ta mère.*

*Elle a la voix pâteuse et son haleine empeste le brandy.*

*— On peut manger, Maman ? J'ai faim.*

*— Oui, on va manger... Je vais faire à manger, dit-elle, et elle se dirige en titubant vers la cuisine.*

*Je la suis, effrayé à présent, sans trop savoir pourquoi. C'est la première fois que l'alcool lui fait oublier de préparer le repas.*

*Elle tente d'ouvrir une boîte de haricots blancs et s'énerve parce que l'ouvre-boîte refuse de lui obéir.*

*Elle repose violemment la boîte de conserve sur la table de la cuisine et entreprend de chercher une casserole dans le placard du bas. Mais en se baissant, elle s'affale par terre.*

*— David, viens me faire un bisou ! crie-t-elle avec colère, oubliant qu'elle cherchait une casserole.*

*— Oh, Maman... on peut pas manger, plutôt ?*

*— David, obéis à ta mère !*

*Je ne suis pas assez fou pour lui désobéir.*

*Aussi, je m'assieds par terre et elle m'attire contre elle.*

*— Fais-moi un bisou, David.*

*Je m'exécute, mais tout de suite, je suis agressé par l'odeur et le goût du brandy sur sa bouche. Un peu écœuré, je finis par m'écarter.*

*— Maman, je suis fatigué. On peut manger, maintenant ?*

*— Oui, c'est ça... mangeons, grogne-t-elle en tentant de se relever.*

*Mais elle s'écroule de nouveau sur le sol de la cuisine...*

*Maman ne parviendra jamais à me faire à manger ce soir-là, c'est la première fois que ça lui arrive. Elle semble avoir complètement oublié le dîner, et paraît même m'avoir complètement oublié, moi.*

*Pour finir, je me fais un sandwich à la confiture et vais me coucher, mais je reste longtemps les yeux ouverts dans mon lit, attendant de l'entendre monter l'escalier.*

*Au bout de ce qui me semble une heure ou plus, je l'entends tituber vers sa chambre et s'enfermer en claquant la porte.*

*Ce n'est qu'à cet instant que je m'autorise à sombrer dans le sommeil.*

Mes sept premières années à Calder Bridge sont un mélange contrasté d'ombre et de lumière. Je revois mes jeux dans ce cadre idyllique, merveilleux pour un enfant, les joyeuses parties dans les bois et les champs ou sur le terrain du ferrailleur, en bas du chemin, et je me rappelle aussi cet unique Noël heureux. Mais je me souviens aussi des attouchements sexuels… de l'alcool, des sautes d'humeur, de la violence, du sang, des jurons et des souffrances. Calder Bridge aura été pour moi une source de bons souvenirs, mais aussi de mauvais. Et ce sont eux qui me hantent.

Bientôt, nous allons de nouveau déménager, mais nos problèmes n'en seront pas résolus pour autant, loin de là. Le pire est à venir…

# 3

# UN CERTAIN REG

J'ai sept ans quand un jour, Maman m'emmène voir quelqu'un. Reginald Arthur Brownstone est un vieux monsieur gros et chauve, avec une énorme barbe rousse. Maman m'apprend qu'elle fait le ménage chez lui. Je ne sais pas du tout ce que nous faisons là. Sans doute Maman veut-elle me présenter un de ses amis... Sous le soleil, la maison me semble très imposante. C'est une grande construction individuelle, située dans un très beau cadre, à flanc de colline, avec vue sur la vallée.

Reg a quitté l'école à douze ans pour aider son père à la ferme. À l'époque où Maman me le présente, il travaille dans une usine textile, mais il va prendre sa retraite quelques mois plus tard, au bout de cinquante-trois ans d'activité. C'est un homme d'apparence joviale, doté d'un sens aigu de l'humour. En tout cas, il fait rire Maman et c'est suffisamment rare pour être souligné.

De retour chez nous, Maman me demande ce que je pense de Reg. Je lui réponds qu'il m'a l'air bien. Elle s'illumine, ce qui me rend tout content aussi. Je devine une sorte de lien entre elle et ce Reg qui me semble tout à fait gentil et sympathique.

En avril 1975, nous quittons notre maison de Calder Bridge pour emménager chez lui, à Ludden Vale, près du village de Bradling. À l'époque, Reg a déjà soixante-cinq ans, et Maman trente. Mais leur différence d'âge ne me tracasse pas et j'accueille ce déménagement avec enthousiasme. Reg va me faire office de figure de père et il va rendre Maman heureuse. Nous avons une nouvelle maison et l'avenir s'annonce radieux pour nous trois.

Hélas, Reg n'est pas celui qu'il paraît être.

À la suite du déménagement, Maman m'inscrit à une nouvelle école, l'école primaire de Bradling. Je m'y plais tout de suite. Il faut dire qu'elle ne présente pas les inconvénients de Calder Bridge. C'est un bâtiment clair et aéré, avec de grandes classes et des enseignants sympathiques. Il y a aussi beaucoup d'enfants dans le coin où nous habitons. Notre nouvel environnement est très rural, avec seulement douze habitations alentour, mais rien que dans notre voisinage immédiat, il y a déjà huit gamins qui n'ont pas plus de deux ans d'écart avec moi. Nous commençons donc à traîner ensemble.

Notre maison n'est qu'à deux ou trois champs de logements sociaux où vivent beaucoup d'enfants de l'école. Cette petite cité est très agréable et les habitations sont bien entretenues. Cela dit, je mesure par comparaison tous les avantages de notre nouvelle maison et la chance que nous avons d'y vivre.

Vue de l'extérieur, notre nouvelle demeure à flanc de colline est idyllique. En réalité, il s'agit de trois cottages du début de l'époque victorienne, chacun constitué d'une pièce en haut et d'une pièce en bas, qui ont été réunis en un seul, ce qui donne beaucoup de cachet à l'ensemble. Les trois pièces d'en bas forment une enfilade, celle du milieu (que nous appelons la pièce du milieu) servant de salle à manger. La maison, entourée de champs et de bois, possède un grand jardin débordant de fruits, de légumes, de fleurs et de buissons. À l'étage et à l'arrière, la vue est à couper le souffle, on y embrasse toute la vallée. À l'intérieur, cependant, la maison est franchement décrépite, vieillotte. Reg, qui y vit seul, n'a pas fait de travaux depuis des lustres. Mais Maman, qui a tout de suite repéré le potentiel du cottage, va prendre le chantier à bras-le-corps.

La vie à Ludden Vale est aussi agréable que celle à Calder Bridge, mais elle a surtout l'avantage de ne pas abriter de mauvais souvenirs, du moins au début. On remet les compteurs à zéro, on prend un nouveau départ. Tous les trois, nous formons une vraie famille dans une belle et grande maison.

Maman, qui a appris la dactylographie grâce à des cours du soir, trouve rapidement un emploi à temps complet dans le secrétariat. Son salaire n'est pas très élevé, mais Maman est une gestionnaire hors pair qui fait des miracles avec trois fois rien. Nous partons en vacances chaque année, nous changeons de voiture tous les trois ou cinq ans (toujours de très bonnes occasions) et elle parvient encore à dégager un budget pour les travaux. Reg et Maman adorent les animaux, nous en aurons toujours à la maison. Il faut les nourrir et les soigner. Maman fume comme un pompier et bien sûr, elle continue de boire. Comment se débrouille-t-elle pour tout financer avec le peu d'argent du ménage ? C'est un véritable tour de force. Bien sûr, le fait que Reg soit propriétaire de la maison y est pour beaucoup : pas de loyer à payer ni de prêt immobilier à rembourser.

Malgré tout, en y repensant aujourd'hui, je continue de m'émerveiller qu'elle ait réussi à ne jamais s'endetter, du moins à ma connaissance. Surtout quand on songe à la double peine que représentaient un faible revenu et des dépenses d'alcool qui devaient lui laisser le porte-monnaie à plat.

Au moment de notre emménagement chez Reg, les visites de Maman – ces « moments à nous » que j'en suis venu à redouter – cessent brusquement, à mon grand soulagement. À sept ans, je comprends un peu pourquoi : Maman partage une chambre avec Reg et n'a plus besoin de moi comme avant. Et surtout, je comprends aussi pourquoi elle a commencé à venir me trouver.

Ce qui est sûr, c'est qu'au cours de nos derniers mois à Calder Bridge, les choses avaient déjà commencé à évoluer. J'ai une perception et une conscience beaucoup plus claire du bien et du mal et, forcément, j'assume plus difficilement ce que ma mère me fait faire quand elle a bu. Je sens que c'est mal et j'ai d'ailleurs commencé à lui résister. Malgré tout, jusqu'à maintenant, j'ai toujours fini par lui céder, d'autant que l'alcool renforce son obstination et son agressivité.

Je pense aussi qu'elle boit moins. Avec Reg, elle a redécouvert le bonheur et la stabilité. Or c'est le stress et le chagrin qui la poussent à boire. Par ricochet, elle n'a plus d'exigences déplacées envers moi. J'ai un nouveau « père », Maman boit moins… j'ai l'impression de prendre un nouveau départ. Ce déménagement semble avoir résolu tous les problèmes de ma petite enfance. Nous profitons désormais de la sécurité, de la stabilité et du quotidien douillet d'une famille unie.

Du moins, en apparence.

Les premiers mois, Maman nage dans le bonheur. Elle adore jardiner et décide de tirer le maximum du potager. Pour ma part, je trouve que ce jardin part dans tous les sens et que nos cultures ne remporteront jamais aucun prix, mais Maman fait pousser des tas de choses au potager : en été, de la rhubarbe, des groseilles à maquereau, des groseilles rouges, du cassis, des pommes de terre, des choux-fleurs et des petits pois ; en hiver, des tomates sous serre, des plantes aromatiques et son propre houx qui donne de vraies petites baies rouges pour décorer la maison à Noël. Elle plante aussi beaucoup de fleurs, en particulier des pois de senteur et des arbustes d'ornement.

Nous avons aussi une petite pelouse et l'ensemble du jardin est clôturé par des murs de pierre sèche qui le protègent des regards indiscrets et en font un lieu agréable et intime. Pour l'enfant de sept ans que je suis, c'est le paradis. Toutefois, il a bien besoin d'être repris en main et c'est Maman, adepte du jardinage, qui s'y attelle petit à petit. Quand elle ne cueille pas les fruits, elle passe le week-end et ses soirées d'été à ramasser des mûres et des myrtilles dans la campagne environnante. En été, elle se rend tous les samedis au marché d'Halifax. Elle y va en fin de journée afin d'acheter à bas prix des cageots de fraises qui sinon finiraient à la poubelle. Les marchands les bradent volontiers, car, bien qu'elles soient toujours mangeables, elles ne tiendraient pas jusqu'au lundi.

Maman adore les fruits, les faire pousser, les ramasser et les transformer en confitures et en gelées. Elle en fait au moins une centaine de pots par an et notre maison regorge de toutes les variétés de confitures possibles et imaginables. Elle fait aussi des fruits en bocaux qu'elle garde pour de futures tartes. Il faut dire que Maman est une excellente pâtissière et qu'elle confectionne des gâteaux tous les week-ends. Les boîtes en fer-blanc sont toujours pleines de scones aux fruits, de gâteaux au gingembre, de galettes d'avoine, de beignets de toutes sortes, de biscuits et de tartelettes aux fruits. La confiture et les pâtisseries font partie des bases de notre alimentation. Chaque fois que j'ai faim, Maman me dit « d'aller me chercher du pain et de la confiture », ce qui pour moi est un vrai plaisir gourmand.

Dans ces conditions, il n'est guère étonnant que j'aie développé un goût certain pour le sucré.

La vie à la maison est très agréable, mais en plus nous avons désormais une famille élargie. En effet, Pauline, la fille de Reg, vit à deux cents mètres de chez nous avec son mari et leurs enfants. C'est une femme maussade, qui sourit rarement et porte lunettes et chignon. Au début, je me méfie un peu d'elle, mais nous sommes accueillis très simplement dans sa famille.

Le frère de Reg, Bert, vient lui rendre visite deux ou trois fois par an. Bert ne frappe jamais à la porte et n'entre jamais dans la maison. Il reste assis dans sa camionnette et attend que Reg vienne lui parler. C'est un homme encore plus taiseux que Reg, brusque et distant, au point que je me suis souvent demandé pourquoi il prenait la peine de faire toute cette route pour venir voir son frère.

—Ça va, Bert ? demande Reg.

—Bah, oui, répond Bert.

—Bah, je me plains pas non plus.

—Mmm...

—Va pleuvoir.

—Pour sûr.

Le plus jeune fils de Pauline, Andrew, qui a un an de plus que moi, est tout le temps fourré chez nous. On s'amuse bien avec Andrew. Il est un peu plus grand que moi et arbore souvent un air rigolard, derrière lequel je devine parfois une pointe de malice. C'est un gamin polisson, ce qui le rend encore un peu plus énigmatique à mes yeux. Dans le salon, il y a un fauteuil qui pivote à 360 degrés. On ne doit pas se faire pincer en train de le faire tourner trop fort, mais Andrew ne s'en prive pas et écope de la punition promise.

C'est chouette d'avoir tout près de chez moi quelqu'un que je peux considérer comme un cousin. Mon père est fils unique et ma mère n'a qu'un seul frère aîné, mon oncle Jim. Je sais que ce dernier s'est marié au moins une fois et que j'ai des cousins quelque part, mais je ne les connais pas. J'ai même découvert qu'une de mes cousines est née le même jour que moi, ce qui me fascine et me donne envie de la rencontrer. Mais comme je ne vois jamais cet oncle qui collectionne les enfants, Andrew comble un certain manque. C'est mon voisin et mon ami.

Notre lien se renforce au moment de trouver un « nom » à Reg. Le grand-père d'Andrew est mon nouveau père et notre cousinage est scellé une bonne fois pour toutes lorsque nous nous mettons d'accord pour que j'appelle Reg « Papy », à l'instar de ses autres petits-enfants.

Durant ces premiers mois, Reg peut se montrer très gentil avec moi. Quand il a du temps, le week-end, il m'apprend à pédaler sur un vieux vélo.

—Vas-y mollo sur les freins, p'tit gars ! Tout en douceur… et si tu veux ralentir sans t'arrêter, relâche-les de la même façon, en douceur.

Je suis ses conseils et ça change tout ! Je prends confiance en moi et très vite, je pédale à fond de train autour de Ludden Vale et de Bradling.

Je n'en reviens pas de la chance que j'ai ! Décidément, Reg est vraiment un type super.

Mais c'est trop beau pour durer.

Le premier accroc se produit quand Maman et Reg décident de construire une autre chambre. Jusqu'ici, j'ai dormi dans la pièce attenante à la leur. C'est une sorte de débarras au centre duquel se trouve un lit de camp. La pièce en elle-même est plus grande que mon ancienne chambre à Calder Bridge, mais vu qu'elle est encombrée de tout un bazar de meubles cassés, d'outils de jardin et de vieux vêtements qui doivent avoir appartenu aux parents de Reg, on a à peine la place de bouger. Par ailleurs, même si je m'en accommode, le lit de camp n'est pas des plus confortables.

Au cours de ce premier été à Ludden Vale, Reg et Terry, un de ses amis maçon, montent un étage au-dessus de la cuisine, afin de me faire une chambre à moi. L'espèce de débarras dans lequel j'ai dormi jusqu'ici – qui deviendra « la pièce du milieu d'en haut » – doit être reconvertie en second salon, mais en réalité, ce sera la pièce de Maman où elle pourra s'isoler un peu, parfois de Reg car elle a pris l'habitude de vivre seule depuis le départ de Papa.

C'est un spectacle fascinant de voir les murs se construire et je passe l'été à aider Reg et Terry. Tous deux sont à la retraite et âgés de plus de soixante-cinq ans, c'est un sacré boulot pour eux ! Du coup, je fais tout mon possible pour les soulager. Ce que je préfère, c'est quand Reg m'envoie chercher des pierres. Je prends mon propre mètre-ruban et je cours partout pour en dénicher une qui a la hauteur requise.

Je suis ébloui et abasourdi par les travaux. Pour moi, c'est presque de la magie de voir qu'à partir de ces briques, de ces pierres et de ce mortier, nous – Reg, Terry et moi – avons réussi à ajouter à la maison un étage qui, à mes yeux, semble avoir toujours été là. J'en suis très fier.

Je découvre également à quel point Maman est intelligente : elle a le chic pour tirer parti du moindre sou. Elle trouve l'argent pour construire ma chambre, rénover le reste de la maison, installer une cuisine équipée et changer toutes les moquettes et les papiers peints. Elle fait aussi entrer de nouveaux meubles. Ils ne sont peut-être pas neufs, mais ça ne fait rien. Elle a le coup pour dénicher du mobilier d'occasion de qualité à moindre coût, et tout ça avec son salaire de secrétaire et la retraite de Reg.

J'ai adoré travailler sur ce chantier et recevoir des compliments. J'ai l'impression que Reg se réjouit de ma présence et pour la première fois, je ressens un lien père-fils que je n'ai jamais connu avec mon propre père. Pourtant, la construction de cet étage renferme une tout autre réalité : je vais avoir ma propre chambre.

Cette nouvelle pièce va être la pire source de souffrances de ma vie, même si pour le moment, je suis enchanté d'avoir ma chambre à moi. Car l'un des obstacles qui empêchaient ma mère de me rejoindre la nuit a été ôté.

Il s'est produit un autre changement depuis que nous habitons à Ludden Vale : nous prenons nos premières vacances en famille. À partir de maintenant, le mot « vacances » équivaudra pour moi à coucher sous la tente.

J'ai horreur de faire du camping, d'autant plus que les premières fois, nous partons avec un équipement de mauvaise qualité. Camper, c'est rude dans le meilleur des cas, mais quand on se retrouve à trois, serrés comme des sardines, sous une petite tente sans double-toit imperméable, ça devient franchement misérable, surtout quand la météo n'y met pas du sien. Dans les années qui viennent, nous allons sillonner le pays en camping, même si pour ces premières vacances avec Reg, nous allons enfreindre la règle en passant deux nuits dans un hôtel de Paignton, dans le Devon. Quel luxe ! Surtout que la maison de Ludden Vale n'a pas encore été rénovée. J'adore l'air de la mer, c'est une véritable aventure pour moi de partir si loin.

La mer, je connais bien, car Maman m'a déjà emmené à Blackpool, la station balnéaire au nord-ouest de l'Angleterre, pour voir les illuminations. Mais le Devon, c'est autre chose. Un endroit sauvage et exotique.

Nous sommes bien décidés à profiter au maximum de nos vacances. Des photos nous montrent en train de nous amuser sur le sable et de barboter dans l'eau. Ce sont mes premières vacances en famille, vu que je ne me souviens pas d'en avoir passé avec Papa et Maman du temps de Calder Bridge.

Mais il y a une chose qui n'a pas changé à Ludden Vale : très vite, Maman se remet à boire énormément. Sa dépendance est trop forte et elle doit penser que Reg n'y verra que du feu ou qu'il la laissera faire – après tout, il a soixante-six ans et elle seulement trente et un. Plus tard, je comprendrai que si elle a choisi de vivre avec un homme aussi âgé, c'est justement parce qu'elle faisait ce qu'elle voulait de lui.

La première année, Reg ne boit pas beaucoup, et par la suite, il arrête complètement l'alcool. J'ignore si c'est pour aider Maman quand elle est ivre morte ou si c'est une décision personnelle. Ce qui est sûr, c'est que Reg n'est pas du genre à passer son temps au pub avec ses copains, je ne pense donc pas que ça lui pose problème ou lui manque. En tout cas, il ne boit pas comme Maman, et je lui en suis très reconnaissant.

Lors de notre deuxième nuit à l'hôtel, cependant, Maman se soûle et cet incident va marquer un tournant dans ma vie.

*Je suis couché depuis quelque temps quand elle entre dans ma chambre en titubant, complètement ivre. Elle allume et s'assied au bout de mon lit.*

*—David, murmure-t-elle.*

*Je continue à dormir.*

*Elle reprend plus fort :*

*—David !*

*Je me réveille en sursaut, tout désorienté. Qu'est-ce qui se passe ? Je ne sais pas l'heure qu'il est, mais si je me fie au schéma d'alcoolisation de Maman, il doit être autour de dix heures du soir.*

*Je cligne des yeux dans la lumière et me frotte les yeux.*

*— Qu'est-ce qui se passe, Maman ?*

*— Rien, David. Je veux juste savoir si tu m'aimes.*

*— Oui, Maman.*

*Moi, je ne souhaite qu'une chose : me tourner sur le côté et me rendormir.*

*— Alors, fais-moi un bisou.*

*— Oh, Maman, c'est obligé ?*

*— Oui. Allez. Fais-moi un bisou, sur la bouche.*

*Elle se penche au-dessus de moi, les lèvres entrouvertes. Son haleine alcoolisée me retourne l'estomac. Elle tente de m'embrasser et l'espace d'un instant, je sens sa langue sur la mienne. C'est une drôle de sensation, duveteuse, étrange, et mon premier réflexe est de m'écarter d'elle. Mais je sais que le plus important, c'est de faire plaisir à ma Maman, alors je lui donne le baiser qu'elle me demande. Tout ce que je veux, moi, c'est me rendormir et tout oublier.*

*Après, je m'essuie la bouche, mais elle ne s'en aperçoit même pas. Elle est montée sur mon lit et tire sur ma main.*

*— Joue avec moi, David, joue avec ta maman. Maman veut que tu joues avec elle.*

*Elle me force à la frotter, là, et se met à gémir. Comme d'habitude, je fais ce qu'elle veut que je fasse.*

*Au moins, je peux me dire qu'elle a ce qu'elle désire. Sans un mot, elle se lève et sort de ma chambre en éteignant la lumière.*

La grande différence entre cet incident et ce qui se passait à Calder Bridge, avant notre déménagement à Ludden Vale, c'est qu'il s'est écoulé un intervalle pendant lequel elle m'avait laissé tranquille. Et durant ces quelques mois de tranquillité, j'ai changé. J'ai la conviction, désormais, que ce qu'elle me fait faire est mal, et pourtant, plus que jamais, je me sens tenu de lui faire plaisir et de la satisfaire, tant je crains les conséquences si jamais je ne lui obéis pas comme avant.

Les jours, les semaines et les mois passent, maman continue de boire et elle prend de plus en plus d'ascendant sur Reg. Il est clair que dans sa gratitude envers cette jolie femme de trente-cinq ans sa cadette, il est prêt à s'accommoder de toutes ses frasques. Je suis toujours sidéré de voir à quel point il est malléable entre les mains de Maman qui le domine en tout et pour tout. Une grande majorité d'hommes trouverait inacceptable la conduite de ma mère, mais Reg est prêt à fermer les yeux pourvu qu'elle reste avec lui. Depuis qu'il est à la retraite, il s'est transformé *de facto* en un père au foyer qui s'occupe de moi quand je rentre de l'école et qui accomplit toutes les tâches ménagères – pas facile pour un homme de son âge.

Chaque soir, Reg va ouvrir le garage qui se trouve en haut d'une petite côte. Quand Maman s'engage sur le chemin, elle donne un coup de klaxon et Reg doit alors tout lâcher pour se précipiter vers le garage. Pendant ce temps, elle fait demi-tour et il faut que les portes du garage soient ouvertes au moment où elle est prête à s'y engager. J'ai beau avoir maintenant huit ans, je ne comprends toujours pas pourquoi Reg doit courir pour lui ouvrir le garage et pourquoi elle ne peut pas le faire elle-même. Une fois rentré, il doit lui préparer une tasse de thé et s'asseoir à table avec elle pendant qu'elle lui raconte sa journée. Pour Maman, ça équivaut inévitablement à se plaindre de quelqu'un du bureau.

Avec la famille et les amis, chez le vétérinaire ou dans d'autres champs de la vie sociale, Maman adore frayer avec les autres, elle est bavarde comme une pie. En revanche, elle semble moins à l'aise au travail. En rentrant, elle se plaint souvent des autres filles du bureau. J'ai l'impression qu'elle est un peu à l'écart. Je ne pense pas qu'elle va boire un verre avec ses collègues à la fin de la journée ou qu'elle se joint à elles pour des occasions spéciales. À mon avis, le travail en équipe la stresse plus qu'autre chose.

À la maison, la moindre vétille est prétexte à des disputes. Reg est vieux et il a souvent l'air de planer, de partir dans son monde à lui. En particulier, il oublie régulièrement de fermer la porte, ce qui a le don de mettre Maman hors d'elle, surtout s'il ne bondit pas de sa chaise pour aller s'en occuper immédiatement.

—Reg, tu as laissé la porte ouverte.

—Ah… Eh bien, puisque tu es debout, tu peux aller la fermer, s'il te plaît ?

—Et pourquoi ce serait à moi de fermer la porte ? C'est toi qui l'as laissée ouverte.

—Mais, Carol, tu es déjà debout. Va la fermer, c'est tout.

—Il est hors de question que je ferme la porte à ta place. C'est toi qui l'as laissée ouverte, comme d'habitude.

—Mais là, je suis assis. S'il te plaît, Carol, va fermer la porte.

À présent, elle est verte de rage.

—*Reg !* Lève-toi et va fermer cette porte *tout de suite !*

À l'âge qu'il a, Reg est fatigué de la vie, et il n'a ni la force ni l'envie de se disputer pour une porte laissée ouverte. Alors, il se lève, jette un regard noir à ma mère et ferme la porte en la claquant ostensiblement.

Maman a besoin de contrôler chaque compartiment de notre vie – de celle de Reg comme de la mienne – même quand elle est à jeun. C'est elle qui décide du jour où il faut aller faire les courses, qui organise les vacances, qui décrète ce qu'il faut acheter pour la maison, ce que l'on va regarder à la télévision et même l'heure à laquelle Reg et elle vont se coucher. Lui se contente de filer droit. Devenu adulte, je prendrai conscience que la plupart des hommes n'auraient jamais supporté une telle dictature, mais Reg, lui, s'en accommode fort bien.

Maman m'inflige la même pression. Je dois lui obéir au doigt et à l'œil. Au détail près. La plupart du temps, ça signifie être à l'heure et m'acquitter de certaines corvées. Quand je joue dehors, je vais souvent chez Andrew, je m'aventure même jusqu'à la cité. Maman ne se soucie guère de l'endroit où je vais du moment que je rentre à l'heure. Si jamais j'arrive avec un tout petit peu de retard, je m'affole et commence à stresser à mort. Je préfère courir à en cracher mes poumons plutôt que de ne pas être rentré à l'heure. Si jamais je suis en retard, ma mère en fait toute une histoire et mes sorties sont restreintes.

Le ménage, c'est l'une des tâches que Maman m'a assignées. Tout jeune, j'ai une chose par jour à faire. Le vendredi, par exemple, je dois nettoyer la cuisinière. Ça ne me dérange pas, sauf que Maman semble ne jamais la nettoyer les autres jours, du coup il ne s'agit pas de donner un simple coup d'éponge, il faut la récurer à fond. Tous les jours, je dois cirer mes chaussures sur du papier journal qu'elle étale sur le sol de la cuisine, et dès que je suis plus grand, elle m'apprend à repasser.

Une fois adolescent, je devrai repasser tous mes vêtements et accomplir de nombreuses tâches ménagères à la maison. Nul doute qu'elle m'enseigne tout cela pour que je puisse lui épargner certaines corvées, mais ce faisant, elle m'aide à développer des compétences qui vont forger mon autonomie.

Pour ce qui est de l'attitude autoritaire de ma mère, Reg est ravi de s'en accommoder et je suis trop petit pour m'en plaindre ou m'y opposer. En plus, le tout crée une chose que je n'avais jamais connue jusque-là : une véritable vie de famille. Nous vivons comme une vraie petite famille dans une maison agréable.

Mais cela ne peut pas durer. L'image d'Épinal commence à se fissurer. La première ombre au tableau, c'est l'attitude de Reg envers moi. Très vite, il se désintéresse de son rôle de père de substitution. De son côté, Maman boit de plus en plus et quand elle est ivre, son comportement est aussi imprévisible que lorsque nous vivions à Calder Bridge. Moi qui croyais avoir laissé tous ces mauvais souvenirs derrière moi, je comprends très vite qu'en réalité, ils m'ont suivi jusqu'ici et que d'autres souvenirs, bien pires, vont bientôt grossir leurs rangs.

Maman m'a dit un jour qu'avec Papa, tout n'avait pas été rose dans sa vie. C'est peut-être ça qui l'a poussée à se tourner vers moi dans sa quête d'amour physique. Je n'ai aucun souvenir de quelconques marques de tendresse entre mes parents, ni que Papa ne m'ait jamais témoigné de l'affection. La plupart des gens ont au moins *un* bon parent. Moi, maintenant, j'en ai trois mauvais : un père absent qui me montre peu d'amour ou d'affection, une mère dont les exigences tout sauf maternelles vont hélas encore monter d'un cran, et un beau-père dont l'attitude envers moi va changer d'une manière aussi inattendue qu'irrationnelle.

Je n'ai personne vers qui me tourner, personne à qui me confier, personne pour me soutenir dans ces sombres moments. C'est seul que je dois faire face à tout ce qui m'arrive. Le quotidien devient une torture pour le petit garçon que je suis et me transforme en un enfant solitaire, perturbé, agressif, ce qui va avoir de graves conséquences à long terme, pour moi et pour mon entourage.

# 4

# LE RÊVE VOLE EN ÉCLATS

Les douze premiers mois à Ludden Vale me font l'effet d'un paradis. Reg nous a procuré une belle maison et, entre Maman et lui, l'entente semble parfaite. C'est un homme pragmatique, toujours en train de bricoler pour améliorer le confort de notre maison. Lors d'une de ses visites mensuelles, Papa va jusqu'à lui exprimer sa reconnaissance pour avoir donné un foyer à son fils et admet qu'il lui doit beaucoup. Et à cette époque, Papa a tout à fait raison : grâce à Reg, nous menons au fil des saisons une existence différente et plus riche. Quant à notre environnement, sa beauté contribue autant à notre qualité de vie que la maison en soi.

Notre premier automne et notre premier hiver à Ludden Vale ne ressemblent à rien de ce que j'ai connu jusque-là. L'anniversaire de la « conspiration des Poudres », le soir du 5 novembre [1], est pour moi le plus beau jour de l'année, après Noël. Nous allons ramasser du bois pour faire un feu de joie dans le jardin. Avec tous les bois qui nous

1. Commémoration traditionnelle de la tentative manquée de Guy Fawkes de faire sauter le Parlement, le 5 novembre 1805.

entourent, nous ne manquons jamais de branchages, ce qui nous permet de faire d'énormes flambées. Tous les voisins se joignent à nous, à l'occasion de cette soirée de fête. Maman, qui adore recevoir, se déchaîne aux fourneaux et nous fournit les traditionnels accompagnements d'un feu de joie : hot-dogs, caramels mous, galettes à l'avoine et gâteaux au gingembre – un véritable festin ! Ce soir-là, je m'empiffre, c'est bien meilleur que notre régime habituel, assez frugal. Maman a acheté une grosse boîte de feux d'artifice et Reg organise un vrai spectacle. Vu la taille du jardin, nous pouvons nous permettre de tirer toute la panoplie pyrotechnique : cierges magiques, pétards, fusées et même rampes automatiques que l'on fixe à la table où se nourrissent les oiseaux et qui tournent tels des moulins à vent. Le jardin s'embrase de mille feux dans un concert de déflagrations : c'est vraiment une nuit magique.

L'hiver est toujours la saison la plus belle à Ludden Vale. À flanc de colline, nous sommes idéalement placés pour faire du traîneau. Dès la première année, il neige, et avec Andrew, le petit-fils de Reg, nous passons d'heureux moments à dévaler les pentes et à les remonter, trempés comme des soupes. Nous n'avons pas les moyens d'acheter un traîneau en plastique comme les autres enfants, mais ça ne fait rien : Reg nous en a fabriqué un. En fait, je suis très fier d'avoir un « père » ou un « grand-père » qui nous aime assez pour nous fabriquer un traîneau à partir de vieilles planches équipées de patins en plastique. Notre traîneau file à toute vitesse sur la neige et si jamais on l'abîme un peu, Reg nous le répare.

Le jour de Noël, c'est pour moi l'événement de l'année : tout le monde se donne du mal pour que la fête soit réussie et je me sens la vedette du jour. Maman fait attention à ne pas trop boire et pour les cadeaux, elle sort le grand jeu. Elle ne fait jamais de grosses dépenses, mais s'arrange toujours pour dénicher de petits présents qu'elle emballe joliment, de manière qu'à l'arrivée, ils forment un tas non négligeable au pied de l'arbre. Je comprends rapidement que je ne reçois pas de « vrais » cadeaux et que certains sont même tout petits, mais c'est quand même très excitant de les ouvrir. Reg et Maman travaillent en cuisine toute la matinée et en début d'après-midi, nous dégustons un véritable festin dans la plus pure tradition de Noël. Deux années d'affilée, Grand-mère viendra passer la journée chez nous et restera assise sur sa chaise toute la journée, sans bouger un cil.

Noël dans cette maison, c'est le bonheur, mais tous les caramels et les branches de houx de la terre ne peuvent masquer les problèmes qui vont faire voler ce rêve en éclats.

Le premier gros changement se produit chez Reg. Il semble avoir perdu tout intérêt pour moi et se montre négligent et revêche à mon égard. Comme s'il ne m'aimait plus et ne souhaitait plus ma présence chez lui. C'est très perturbant, surtout que je suis à l'âge où l'on est très curieux du monde qui nous entoure. J'aime poser des questions sur tout, mais Reg n'a pas envie de me fournir des réponses. Néanmoins, depuis qu'il est à la retraite et que Maman travaille à temps plein, il est censé s'occuper de moi à mon retour de l'école. Du coup, dès que je rentre, il est la première personne que je vois.

—Devine ce qu'on a appris aujourd'hui, Papy ! dis-je, tout excité, en accrochant mon imperméable près de la véranda.

Reg pousse un gros soupir, mais ne répond pas.

Sans me démonter, je poursuis :

—On a appris comment se fabrique la pluie. Tu sais d'où vient la pluie, Papy ?

Mais Reg s'est déjà installé près du feu et, le nez dans le journal du soir, il cherche les résultats des courses.

—Elle vient de la mer ! Le soleil réchauffe la mer, ça s'appelle l'évaporation et ensuite, ça se transforme en nuages, et puis quand il y a des tas de nuages, ça fait de la condensation *et là, ça donne de la pluie !* dis-je, triomphant.

Mais Reg ne lève pas les yeux de son journal.

Le déclic se fait alors dans ma tête : ce que j'ai appris à l'école ne l'intéresse pas. En fait, rien de ce que j'ai à lui dire ne l'intéresse. Très vite, il devient évident qu'il me considère comme un boulet et qu'il veut en faire le moins possible pour moi. Tout ce qui l'intéresse, en fait, c'est Maman. Je sais qu'elle et lui ont une relation étrange, imparfaite, mais ce qui est sûr, c'est qu'ils semblent s'aimer. Moi, à l'inverse, je suis de trop, en tout cas pour Reg. Et peu de temps après, je découvre à quel point ma présence l'insupporte.

Un soir, après l'école, je suis en train de jouer devant la télévision, lorsque, sans crier gare, Reg se met à me hurler que j'ai fait quelque chose de mal. C'est la première fois qu'il m'agresse comme ça. C'est la première fois qu'il élève la voix. Je l'ai déjà vu s'emporter contre Maman quand ils se disputent, mais jamais contre moi. Je ne sais toujours pas ce que j'ai fait, mais après ce soir-là, lorsqu'il m'appellera et que j'aurai le malheur de ne pas me précipiter sur-le-champ, il entrera dans une rage folle, tout comme Maman lorsqu'il ne lui obéit pas au doigt et à l'œil.

Je le dévisage, horrifié. Je ne sais pas ce qui se passe, mais je comprends que c'est très grave. Reg recommence à me crier après et se dirige vers moi, les yeux lançant des éclairs, les poings serrés. D'un bond, je file me réfugier à l'étage. Je m'enferme dans ma chambre en appuyant de toutes mes forces contre la porte, espérant dans ma candeur enfantine que je pourrai l'empêcher d'entrer si jamais il monte l'escalier.

J'entends Reg, cet homme proche des soixante-dix ans, en surpoids, gravir les marches laborieusement, la respiration sifflante. Il s'arrête en haut de l'escalier pour reprendre son souffle, hésite, puis avance lentement, d'un pas lourd, vers ma chambre, actionne la poignée et tente d'ouvrir d'un coup d'épaule. Il n'y arrive pas, vu que de l'autre côté, je pousse de toutes mes forces. Il s'appuie de nouveau contre la porte, mais cette fois, en pesant de tout son poids. Incapable de résister, je suis projeté au milieu de la chambre.

Recroquevillé sur le sol, je regarde Reg dans les yeux et j'y lis une rage noire. J'ignore ce que j'ai fait pour le mettre dans une telle fureur, mais je sais qu'il faut à tout prix que je me protège de lui. Je me jette dans le coin opposé de la pièce, me ratatinant le plus possible contre le mur ; je me mets en boule, d'instinct. J'ignore d'où vient ma peur. Après tout, Reg n'a jamais levé la main sur moi. Je pense qu'il va me crier dessus, mais je tiens quand même à me mettre en position de défense, au cas où. Il traverse la chambre et se penche au-dessus de moi, les yeux flamboyants.

—Tu crois que tu peux m'échapper, hein ? ahane-t-il, toujours essoufflé d'avoir monté l'escalier.

—Non, dis-je, sans oser le regarder de peur d'attiser sa colère.

—Eh bien, tu ne m'échapperas pas ! Tiens, prends ça !

D'un geste vif, il me donne un violent coup de poing dans le bras, au niveau de l'épaule.

Je laisse échapper un cri de douleur.

—Arrête, Papy ! S'il te plaît, arrête !

—Je vais te filer une bonne leçon, moi !

Cette phrase, je n'ai pas fini de l'entendre.

Reg me met alors une gauche dans l'estomac. Je veux me protéger le ventre, mais il en profite pour me donner un autre coup de poing dans le bras. Tandis qu'il continue à cogner, je fais de mon mieux pour parer les coups, mais je ne peux pas être partout à la fois et il me frappe aux endroits que je ne protège pas. Au bout de dix ou quinze coups de poing, il s'arrête et me regarde.

— Et maintenant plus de bêtises ou tu t'en reprendras une !

Je ne sais toujours pas ce que j'ai fait de mal, mais apparemment, ce déchaînement de violence a éteint sa colère.

Il retourne en bas, à pas lents. À chaque marche, je l'entends haleter, le souffle court.

À partir de ce jour, chaque fois qu'il me frappera, je prierai pour qu'il n'ait plus d'air du tout et qu'il s'écroule dans l'escalier. De toute façon, à chaque raclée qu'il me donne, il semble toujours au bord de l'attaque ou de la crise cardiaque. Ce serait un châtiment approprié, me dis-je, pour cet homme qui s'en prend à un petit garçon pour trois fois rien.

Je reste dans ma chambre le temps qu'il se calme. Je n'ose redescendre que lorsque je suis à peu près sûr que sa fureur est retombée.

J'essaie de comprendre ce qui se passe, de comprendre ce qui a pu déclencher une telle colère et un tel déchaînement de violence. Mais d'abord, il faut que j'aie moins mal. C'est la première fois que l'on me frappe aussi fort, la douleur est énorme. J'ai les bras qui m'élancent et l'estomac tout endolori. Je reste recroquevillé dans le coin de ma chambre, à sangloter sans bruit, me balançant d'avant en arrière en enserrant mon corps meurtri.

J'ai huit ans et pas la moindre idée de ce qui a pu provoquer ce déferlement de rage. Je n'ai rien fait de mal.

Depuis toujours, ma mère m'a appris à lui être extrêmement soumis et j'adopte la même attitude envers Reg. Je cherche à lui plaire, à le satisfaire, pas à le mettre en colère. En plus, Maman m'a déjà mis les points sur les « i » : je dois être sage quand elle n'est pas à la maison, puisqu'elle doit travailler pour subvenir aux besoins de la famille. Je le comprends, et je ne veux surtout pas faire de vagues. Je me dis que j'ai sûrement été vilain et que je mérite d'être puni.

Quand je réfléchis au coup de folie de Reg, je me demande si c'est lié à son éducation ou à son vécu. C'est un homme en surpoids, mais grand et fort pour son âge. Reg est un travailleur manuel qui a trimé toute sa vie : à la ferme, à l'usine et sur les chantiers. Il a perdu la vue d'un œil à cause d'une pompe à vélo et une scie circulaire lui a même sectionné un doigt. Il a des poings énormes, durs comme l'acier.

Reg a perdu sa mère à l'âge de douze ans ; c'est son père qui l'a élevé, à la ferme. Il m'a raconté que petit, il travaillait jusqu'à la nuit. Il m'a aussi parlé des bagarres auxquelles il se mêlait, jeune homme. Il a l'art de raconter les histoires, mais de toute évidence, il a très vite dû apprendre à se débrouiller tout seul, sur le tas. Il a grandi à l'école de la vie, à la dure, alors que moi, je suis un petit garçon encore très tendre. Il pense peut-être que j'ai besoin de m'endurcir. Quoi qu'il en soit, une chose est sûre. Je ne suis pas un garçon difficile qu'il faut sans cesse punir. Comme tous les enfants, je fais de temps en temps des bêtises, mais je ne suis ni méchant ni vicieux et je ne suis pas non plus raisonneur ou agressif. Mes bulletins scolaires parlent d'un élève bien élevé, jamais grossier, ni insolent.

Je me reproche peut-être aussi ma faiblesse et ma soumission ; au fond, c'est peut-être moi qui ai permis à Reg de me tabasser, comme si je l'avais invité à le faire, et il en va peut-être de même, d'une certaine manière, pour ce qui se passe entre Maman et moi. Ce sont peut-être ces « moments à nous » qui me dévalorisent à mes propres yeux : certes, je veux lui faire plaisir, mais c'est par lâcheté, de crainte de la contrarier.

Quand Reg me donne une raclée, ce qui se produit régulièrement, il ne me frappe jamais au visage. Pour que Maman ne s'en aperçoive pas, sans doute. Cela dit, comme elle me voit parfois tout nu, j'ai peine à croire que ce soit une stratégie efficace, mais là n'est pas la question. Quand sa rage intérieure le submerge, Reg perd tout contrôle sur lui-même. Il a besoin de se défouler sur moi, c'est encore ce qui le calme le mieux. Son regard en dit long sur le dégoût, la rancœur et la haine qu'il éprouve envers moi. Quoi que j'aie pu faire pour lui inspirer de tels sentiments, ça ne va pas s'arranger d'un claquement de doigts.

Néanmoins, il n'est pas fou au point de laisser Maman me voir avec un visage meurtri, ce serait aller trop loin, il s'en rend compte lui-même.

Les raclées augmentent à une fréquence régulière. Reg ne me bat pas tous les jours, mais c'est souvent, et ça fait mal. Il n'a plus aucun frein et maintenant, j'ai peur de me retrouver seul avec lui à la maison. En dépit de tous les problèmes que j'ai avec Maman, elle ne lève jamais la main sur moi et Reg ne me touche pas en sa présence. Du coup, je reste souvent dans ma chambre après l'école, j'attends à la fenêtre de voir sa voiture remonter la route et je dévale l'escalier pour aller l'accueillir. Son retour me rassure : au moins, aujourd'hui, j'échapperai à la raclée.

Malgré tout, Reg peut être gentil avec moi lorsqu'il est bien luné et j'apprécie beaucoup sa compagnie. L'ennui, c'est que je ne peux jamais savoir de quelle humeur il va être à mon retour de l'école. Je prie pour que ce soit l'homme gentil qui me préparera mon goûter quand je pousserai la porte. La double personnalité de ma mère me complique déjà considérablement l'existence, et voilà maintenant que Reg se met lui aussi à alterner le chaud et le froid ! Cette incertitude me fait vivre dans l'angoisse et la terreur. Devoir sans cesse tendre l'oreille pour tenter de jauger l'humeur de Reg, c'est presque impossible pour un enfant de mon âge.

Je n'oublierai jamais les battements de mon cœur quand je poussais la porte de la maison, chaque soir, en me demandant quel accueil j'allais trouver.

Maman s'est coulée dans une relation confortable avec Reg et elle se conduit en très bonne mère. Elle peut être aimante, et pour moi qui suis en demande d'affection, c'est merveilleux, surtout qu'elle ne me demande plus de lui faire des choses. D'un autre côté, je suis toujours sur le qui-vive vis-à-vis de sa consommation d'alcool, car je sais ce que ça signifie : un changement radical et immédiat dans son comportement.

En dépit de tout ce qui s'est passé entre nous, elle essaie d'être une mère responsable en veillant à ce que je ne manque de rien. Elle m'encourage à devenir louveteau au village d'à côté. J'entre donc chez les scouts à l'âge de onze ans et ça me plaît tellement que je m'y rends tous les vendredis soir. Le week-end, je pars camper, je fais des parcours d'orientation et des veillées autour d'un feu de camp. Alors qu'en famille, le camping me fait l'effet de vacances du pauvre doublées d'un ennui mortel, camper avec les scouts, c'est tout l'inverse. C'est toute une aventure d'être dans un groupe de garçons qui font des activités toute la journée et des jeux jusqu'à minuit.

Ma mère examine mes bulletins scolaires à la loupe ; si jamais quelque chose lui déplaît vaguement, elle fonce à l'école pour y mettre bon ordre. Pour ma part, j'estime qu'il y a du bon et du mauvais là-dedans. Le côté positif, c'est que Maman se soucie de moi. En revanche, je suis toujours inquiet quand elle prend connaissance de mes résultats et il m'arrive de trouver ses interventions auprès de l'école excessive et gênante – elle fait un sacré foin. Mais je fais avec, d'abord parce que je n'ai pas le choix, ensuite parce que je sais qu'elle n'agit que dans mon intérêt.

À l'école, on a cours d'histoire une fois par semaine et un jour, notre enseignante nous parle de gens que l'on appelle des « dictateurs. » Il y a Adolf Hitler, par exemple, qui était le chef des nazis et contre lequel la Grande-Bretagne a combattu durant la dernière guerre, sous Winston Churchill. Il y a aussi Joseph Staline, le dictateur impitoyable de l'Union soviétique, même s'il n'était pas tout à fait aussi méchant qu'Hitler. Ensuite, il y a Mussolini, que mon enseignante appelle un dictateur d'opérette. Ce sont ceux qui veulent être aussi grands et aussi puissants que les méchants dictateurs, mais qui n'y arrivent pas vraiment.

Enfin, il y a les autres, dit l'institutrice, les bons dictateurs. Elle les appelle les dictateurs « bienveillants » parce que bien qu'ils soient très stricts, ils veulent améliorer le quotidien de leur peuple. Parmi eux, dit-elle, il y a le leader cubain Fidel Castro, dont elle nous montre la photo. Je me dis que Maman a sûrement un côté dictateur bienveillant. Je me demande si Fidel Castro se soûle lui aussi, le soir.

En ce qui concerne la lecture, en tout cas, Maman est un dictateur bienveillant. Lectrice insatiable, elle m'emmène une fois par semaine à la bibliothèque municipale. Elle me laisse une totale liberté de choix, mais je suis obligé de prendre un livre et de le lire. Mon préféré, ce sont les aventures de Billy Bunter.

Maman est un dictateur bienveillant au sujet de ma santé. C'est pour elle un souci constant. Elle reste à côté de moi pour vérifier que je me brosse correctement les dents et je ne manque jamais un rendez-vous chez le dentiste ou chez le médecin. Enfin, tous les samedis, nous allons tous les deux en ville, à Halifax. Reg ne nous accompagne jamais, ce qui rend la sortie encore plus agréable.

Nous allons d'abord au magasin « Comme neuf » de Clare Road. Maman m'habille toujours en friperie, c'est un moyen simple et efficace pour que j'aie toujours plein de vêtements. Du moment qu'ils sont en bon état, ça lui va. Elle est aussi très douée en tricot. Le soir et le week-end, elle me tricote des tas de pulls. Les seules choses qu'elle achète toujours neuves, ce sont les chaussures. Durant cette période – au milieu des années 1970 –, les chaussures en plastique sont très en vogue, car peu coûteuses, mais Maman tient à ce que j'aie des chaussures en cuir, quitte à y mettre le prix, car elles épousent mieux la forme du pied.

Après un passage par la piscine d'Halifax, nous allons à la bibliothèque et ensuite, il est temps d'aller déjeuner dans un café. J'hésite des heures sur la carte du menu. Il y a des tas de plats que nous ne mangeons jamais à la maison ni à l'école. Je prends toujours des toasts à la margarine : chez nous, il n'y a que du beurre et je préfère de loin le goût de la margarine, bien que ce soit considéré comme un aliment de moindre qualité. Enfin, nous nous rendons au marché couvert d'Halifax pour acheter des produits frais : viande, fruits et légumes. J'adore la joyeuse animation qui y règne avec les marchands qui débitent leur baratin et vantent leurs offres exceptionnelles !

Ces jours-là, j'éprouve les sentiments normaux d'un fils envers ma mère, comme si c'était la plus merveilleuse maman au monde. Mais elle a beau savoir donner, elle peut aussi prendre sans hésitation et sans préavis. Je le sais depuis l'époque de Calder Bridge : j'ai des souvenirs très nets de nos « moments à nous » et de ses cuites nocturnes. Le comportement de Maman peut passer d'un extrême à l'autre en une seconde. Mais je sais aussi que c'est l'alcool l'élément déclencheur ; or elle ne boit pas beaucoup en ce moment.

C'est sur le point de changer.

Le côté sombre de Maman n'est jamais bien loin et c'était certainement trop espérer de croire qu'il avait disparu pour de bon.

Je ne sais pas ce qui a déclenché son nouvel accès d'alcoolisation, mais c'est reparti de plus belle. Ma mère n'a jamais réussi à contrôler sa consommation d'alcool et cette fois, elle replonge pour de bon. Elle a développé un schéma d'alcoolisation bien défini qu'elle suivra tout au long de sa vie. J'en connais les étapes par cœur.

Quand je rentre de l'école ces temps-ci, elle a souvent commencé à boire, même en petite quantité – j'ai appris à reconnaître les signes. Sa démarche est un peu hésitante, son élocution difficile sur certains mots, mais je suis le seul à m'en apercevoir. Ou si Reg s'en rend compte, il ne m'en parle pas, ni de l'alcoolisme de Maman ni du reste. Mais la plupart du temps, elle est encore à jeun et elle le reste jusqu'à la fin du dîner.

Ensuite, elle monte.

C'est toujours au brandy qu'elle se soûle. Elle en emporte une bouteille pleine dans sa chambre où elle disparaît tous les quarts d'heure environ. Elle boit vite et beaucoup, puis elle redescend.

Après son premier passage dans sa chambre, on perçoit une nette différence dans sa voix et dans son allure. Elle a la démarche mal assurée et se met à parler d'une voix pâteuse. Une heure après avoir bu sa première gorgée de brandy, elle titube en se cognant partout, complètement bourrée.

—Sors-toi de là, enfoiré ! hurle-t-elle à Reg en se rattrapant à tous les meubles du salon.

Il tente de la calmer, en vain. Elle est incontrôlable et c'est un vieil homme. Pour couronner le tout, elle est très agitée quand elle est ivre. Elle ne peut plus rester en place et déambule sans cesse dans la maison. Elle monte et descend l'escalier, allume la télé, l'éteint et braille comme une harengère.

À ce stade, elle est en général à moitié nue, elle ne porte plus qu'un haut. Ce détail m'angoisse en soi, mais il n'est pas non plus rassurant pour elle. L'escalier étant en pierre, elle se fait toujours des bleus sur les jambes à force de trébucher sur les marches. Elle tombe au moins une fois par soir quand elle se soûle. Voilà le schéma jusqu'à ce que nous allions nous coucher. Il est rare qu'elle vienne me réveiller. Au bout d'un moment, fatiguée d'errer dans la maison, elle va se coucher. Mais un soir...

*Je me réveille en pleine nuit, me semble-t-il, mais en réalité, il doit être aux environs de minuit. Je vais aux toilettes et en sortant, je remarque qu'il y a de la lumière en bas et que la télévision est allumée, je descends donc voir ce qui se passe. Je jette d'abord un œil dans la première pièce, là où se trouve la télévision, mais il n'y a personne. J'éteins le poste et je vais voir dans la pièce du milieu. Là non plus, il n'y a personne, à part les chiens. Nous avons toujours eu deux chiens à Ludden Vale. L'un est un croisement de colley et de labrador, l'autre un Westie. J'adore les chiens, d'autant plus que c'est surtout moi qui les promène. Je les caresse, puis j'entre dans la cuisine. Le spectacle que j'y découvre m'épouvante.*

*Maman est couchée par terre en position fœtale. Parfaitement immobile, on dirait qu'elle est morte. Elle est à moitié nue, comme toujours quand elle a bu, et ne porte que son pull tricoté. Autour d'elle, une mare de liquide, sans doute de l'huile qu'elle a dû renverser en essayant de se faire cuire quelque chose. L'huile est pleine d'allumettes noircies ou intactes, preuves de ses vaines tentatives pour allumer le gaz.*

*Je murmure à son oreille :*

*—Maman, réveille-toi...*

*Elle murmure quelque chose d'indistinct.*

*Je recommence, un peu plus fort, en la secouant par l'épaule :*

*—Maman, c'est moi, David. Réveille-toi, s'il te plaît.*

*Elle sort de sa torpeur et se tourne vivement vers moi. Dans un geste réflexe, elle lève le bras et m'expédie sans le vouloir un coup de poing qui m'atteint à la bouche.*

*Je suis choqué, bouleversé. J'ai l'habitude de me faire cogner par Reg, mais pas par Maman, et encore moins au visage. Je sais qu'elle ne l'a pas fait exprès, mais la surprise me laisse un goût amer. Je m'écarte pour la laisser se relever.*

*Maman ouvre des yeux vitreux et regarde autour d'elle, incapable d'accommoder sa vision. Elle semble me voir, tente de prendre appui sur le sol glissant. Elle finit par se relever en s'aidant au rebord de l'évier, puis s'adosse au plan de travail.*

*—Ça va, Maman ?*

*Elle ne montre aucune réaction.*

*Elle promène lentement son regard autour de la cuisine.*

*Puis elle pose les yeux sur moi, mais on dirait que je suis transparent. Elle sort de la cuisine et traverse la maison en se tenant aux meubles et aux murs pour ne pas tomber et trouve enfin le chemin de sa chambre.*

*Tout le long de cette terrible épreuve, elle ne m'adresse pas la parole et ne va pas voir si je me suis recouché sans problème.*

*Je laisse la cuisine en l'état et retourne au lit tout seul.*

Ce soir-là, on a frôlé la catastrophe. Ce n'est qu'un exemple de ce que peut faire Maman en état d'ébriété avancée. Elle aurait pu oublier de refermer le gaz et faire sauter la maison et ses trois occupants, en jouant avec les allumettes. Elle-même l'a échappé belle, elle aurait pu finir brûlée vive. L'huile chaude aurait pu s'enflammer et mettre le feu pendant que l'on dormait.

Ma mère est une femme intelligente. Elle a dû comprendre la gravité de la situation, quand elle est descendue le lendemain matin et qu'elle a découvert le champ de bataille de la veille. Elle s'est sûrement réveillée avec une bouteille vide près de son lit, elle a dû voir la quantité d'alcool qu'elle avait absorbée. Mais elle n'a pas la capacité de limiter sa consommation ni de s'arrêter de boire. Sa personnalité addictive fait qu'elle ne peut que boire et continuer jusqu'à ce qu'elle tombe.

Malgré son alcoolisme sévère, aucune bouteille entamée ne traîne dans la maison. Son truc, c'est d'acheter un litre de brandy qu'elle descend en une seule soirée, plus précisément en une heure. Toujours du brandy, pur, elle ne le mélange jamais à rien d'autre. Elle vide la bouteille d'un coup, puis s'en débarrasse discrètement. Avec Maman, il n'y a jamais de cartons de bouteilles et de cannettes à aller jeter, ce qui pourrait la rappeler brutalement à la réalité de sa dépendance. Mais sans preuve tangible, elle peut continuer à se voiler la face et se persuader que son cas n'a rien de préoccupant. Elle ne se voit pas aussi gravement atteinte que les autres alcooliques. Ce déni lui épargne du même coup de réfléchir aux conséquences de son addiction sur sa famille. Et nous la maintenons dans son illusion puisque le lendemain matin, nous ne lui racontons jamais ce qu'elle a fait la veille.

Cette fois, je suis déjà très content qu'elle s'en soit sortie indemne et de toute façon, je suis trop jeune pour amener le sujet sur le tapis. Qui plus est, quand elle est à jeun, Maman est une bonne mère, ce qui m'incite à penser qu'elle est consciente de son état et de ses actes. Et puis, bien sûr, à mon âge, je n'ai jamais rien connu d'autre. Quand je vais chez d'autres enfants, je ne dis jamais que ma mère boit. Je crois que c'est normal, et que tous les parents font pareil, même si cette situation me stresse au plus haut point.

En avançant dans la vie, la plupart des enfants de mon âge se tournent vers leurs parents, que ce soit pour de l'aide ou des conseils. Moi, c'est le contraire. À huit ans, je passe déjà mes nuits à veiller, parfois jusqu'à l'aube, pour être sûr que Maman va bien se coucher. Elle passe beaucoup de temps à déambuler dans la maison, alors je reste aux aguets, je tends l'oreille, attendant qu'elle aille enfin au lit, ce qui finit toujours par arriver. Reg ne l'aide pas – il la laisse se débrouiller toute seule.

D'une certaine manière, c'est gratifiant pour moi, car je m'occupe de ma Maman que j'aime, mais cette surveillance n'est pas de mon âge. En même temps, je suis formidablement soulagé que nos « moments à nous » aient cessé. C'était une période horrible à vivre et qui par bonheur n'est plus d'actualité. Veiller sur Maman, c'est pénible et stressant, mais ça ne me met pas en danger physiquement et je n'ai plus à satisfaire ses exigences si dérangeantes.

Oui, tout ça, c'est du passé, du moins c'est ce que je pense. Mais je suis trop jeune pour savoir que rien n'est jamais figé, que tout peut toujours changer, que les mauvaises habitudes ont la vie dure et que le passé peut souvent resurgir au moment où l'on s'y attend le moins.

# 5

# À PORTÉE DE MAIN

Pourquoi Papa ne m'a-t-il pas invité à son mariage avec Maureen ? C'est l'une des nombreuses questions que je voudrais lui poser. Mais bien que Manchester ne soit qu'à une heure de route, il ne vient me chercher qu'un dimanche par mois.

Ses visites m'emplissent de joie. Papa m'emmène chez Grand-mère et c'est elle qui prend le relais jusqu'à la fin de la journée. Assis dans son fauteuil, lui se contente de la regarder me donner à manger et me dorloter.

Ce dimanche matin, je suis encore plus meurtri que d'habitude après la raclée que m'a donnée Reg la veille, pendant que Maman faisait des courses et rendait visite à une amie. Comme toujours, les coups se sont mis à pleuvoir sans aucun signe avant-coureur. Je regardais la télévision assis par terre dans le salon quand Reg m'a adressé quelques mots. Je n'ai pas saisi ce qu'il m'avait dit, mais de toute façon, avant que je n'aie pu réagir, il m'est tombé dessus. Cette fois, je n'ai même pas eu le temps de me réfugier dans ma chambre.

—Je vais t'apprendre à ne pas répondre quand je te parle !

Et avant que je n'aie pu protester, il s'est mis à me bourrer de coups de poing : dans les bras, l'estomac, les cuisses... J'étais plié en deux par terre. Il m'a frappé pendant des minutes qui m'ont paru des heures. Jusqu'à ce que, suant et soufflant, il m'abandonne sur le tapis.

Quand Maman est rentrée, une heure après, je n'ai rien dit, et bien qu'elle ait forcément vu ma détresse, elle n'y a pas fait non plus allusion.

Ce matin-là, j'ai de vilaines marques violacées sur les cuisses et les bras, mais les vêtements les recouvrent, comme la chape de silence qui recouvre notre famille, assourdissant nos relations dysfonctionnelles.

Papa arrive, mais cette fois, au lieu de m'emmener chez Grand-mère, il roule jusqu'à Manchester. Encore tout endolori de la veille, j'aimerais pouvoir parler à Papa de ce qui se passe à la maison, mais je ne sais pas comment aborder le sujet. Papa est trop distant avec moi. Comme toujours, pendant le trajet, il me parle de voitures, de motos et de sport. Il ne me demande pas comment je vais, ou du moins pas de la façon qui me permettrait de lui confier mon calvaire. Ça n'a pas l'air de beaucoup l'intéresser, c'est tout. Du coup, comme d'habitude, je finis par ne rien dire, tout comme je tais à Maman ce qu'elle et Reg me font subir.

J'oublie tout à notre arrivée à Manchester car, enfin, je fais la connaissance de Maureen. C'est une femme merveilleuse que je commence très vite à considérer comme ma belle-mère. Elle est affectueuse, attentionnée et s'occupe vraiment très bien de moi. Elle ne semble pas avoir la double personnalité de Maman : dans cette maison, il n'y a pas d'alcool, pas de disputes, pas de cris ni de coups – et encore moins d'exigences sexuelles de sa part pendant la nuit.

La vie avec Papa et Maureen, dans leur confortable banlieue de Manchester, est très différente de la nôtre à Ludden Vale, ce qui me donne à réfléchir. Notre mode de vie à Maman, Reg et moi n'est peut-être donc pas la norme familiale, ainsi que je l'avais cru jusque-là.

À Manchester, Papa s'occupe davantage de moi, ce qui me donne l'occasion de profiter de ses bons côtés.

Il a toujours un garage rempli de voitures et de motos qu'il me montre une à une. Comme d'habitude, il est calme et patient, tout le contraire de Maman et Reg. Papa a toujours eu un effet apaisant sur moi ; il ne crie ni ne m'injurie jamais et répond toujours à mes questions, même les plus stupides.

Nous visitons son lieu de travail. Je suis très impressionné car il a un immense bureau. Je sais qu'à cette époque il compte parmi les tout meilleurs de sa profession en Grande-Bretagne et qu'on le demande partout dans le monde pour ses compétences et son expertise. Il a commencé comme dessinateur industriel, et c'est aujourd'hui un spécialiste de la galvanisation, une méthode qui consiste à recouvrir l'acier pour le rendre résistant à la rouille. Je sais aussi qu'il occupe un poste de direction.

Plus je prends conscience de ma relation à mon père et moins je comprends son absence d'intérêt et d'affection pour moi. Comme je suis la copie conforme de Maman, jusque dans sa rousseur et son sourire, il se peut que j'aie hérité de son besoin d'affection, peut-être par mon éducation. Je ne reçois ni amour ni tendresse de la part de Reg et celui que je devrais recevoir de Maman est terni par le fait qu'elle boit.

Du coup, une fois de plus, je cherche amour et réconfort du côté de Papa. Mais j'ai beau chercher, il n'y en a pas, et je commence à comprendre qu'il n'y en aura jamais, du moins pas comme je le voudrais et pas comme j'en aurais besoin. Il n'a pas été un mauvais père pour moi, mais il n'a pas été un bon père non plus. Du haut de mes huit ans, je m'efforce de combler le fossé qui nous sépare, mais de son côté il ne semble pas y mettre du sien, alors au bout d'un moment, je renonce. Il ne peut pas ou ne veut pas.

Si j'ai envie et besoin de l'amour de mon père, c'est aussi parce que chez moi, la situation prend un tour de plus en plus grave.

J'ai de plus en plus de mal à supporter les raclées de Reg. Je ne sais jamais quand il va me tomber dessus ni pourquoi. Apparemment, ses accès de violence ne sont pas déclenchés par quelque chose en particulier. Aussi, dès que je me retrouve seul avec lui, je me transforme en boule de nerfs.

Ma peur de Reg me fait autant souffrir que la douleur physique. Lorsqu'il me cogne, j'attends que ça passe. Après, je sais qu'au moins c'est fini pour la journée. Je fais tout mon possible pour tenter de l'apaiser, mais en vain. S'il a décidé de me frapper, rien ne l'arrêtera. Je dois me contenter de guetter les signes avant-coureurs, même si ça ne change pas grand-chose à l'affaire : je ne peux qu'attendre, impuissant, que le pire se produise. Chaque fois que Reg se mue en monstre furieux, il faudrait que je prenne mes jambes à mon cou. C'est la seule chose sensée à faire. Entre la porte d'entrée et celle de derrière, ce serait facile, Reg n'aurait aucune chance de m'attraper.

Mais je n'en fais rien. Je reste à la maison en attendant que pleuvent les coups. Je sais maintenant que Reg se retrouve assez vite hors d'haleine. Mais avant, il aura eu le temps de m'infliger une bonne vingtaine de coups. Toutefois, je ne suis plus en état de sidération comme la première fois ; à force, je me suis endurci. Je ne crie plus et je pleure moins, après.

En conséquence, la violence de Reg augmente en hargne et en sauvagerie. Il se déchaîne, comme s'il était face à un adulte. Ça me fait un mal de chien, mais je refuse de lui donner la satisfaction de me voir pleurer. Comme la première fois, je me recroqueville le plus possible sur moi-même en attendant que ça passe. Cette technique me permet au moins de supporter les coups. Je ne veux pas être battu, pourtant j'ai l'impression d'avoir mérité ce qui m'arrive, d'une manière ou d'une autre. Après tout, Reg est une grande personne et surtout, il est ma seule autorité masculine au quotidien. Il sait sûrement ce qui est bien pour moi. Je ne comprends toujours pas pourquoi il me bat, mais je me dis que le problème doit venir de moi, pas de lui. Alors, j'encaisse ses coups sans me poser de questions. Je n'en parle même pas à Maman.

Comment pourrais-je savoir que c'est mon caractère soumis qui me fait accepter sans broncher ces raclées injustifiées et injustifiables ? Comment pourrais-je savoir que Reg abuse de son autorité en me maltraitant avec une telle sauvagerie ?

Aussi pénibles que soient les raclées de Reg, il se passe pourtant quelque chose de bien plus grave et de bien plus dangereux. Maman continue de boire et se soûle de plus en plus souvent, changement subtil mais important. Quand je rentre de l'école, elle a souvent déjà commencé à boire. Je remarque aussi que le repas est déjà prêt, de sorte qu'il n'y a plus qu'à le faire réchauffer. Ainsi, elle s'épargne de devoir cuisiner au moment où l'alcool commence à lui faire perdre la coordination de ses membres.

En temps normal, elle mange avec nous, mais il lui arrive de s'éclipser après nous avoir servis. Lorsqu'elle redescend, il est clair, du moins pour moi, qu'elle est bien partie pour finir la soirée ivre morte.

Quelques fois, elle ne prend même pas la peine de préparer le repas ; Reg et moi nous débrouillons alors pour nous faire quelque chose à manger – des sardines ou des haricots sur du pain, c'est notre solution de secours la plus fréquente. Nous nous activons avec mauvaise grâce, sans échanger une parole, ou alors le minimum nécessaire pendant le repas : « Passe-moi le sel », « Une tranche ou deux ? » « Passe-moi le verre », pendant que Maman se bourre discrètement la gueule dans sa chambre. Et parfois, pas si discrètement que ça.

Je l'entends trébucher là-haut pendant que nous mangeons. Quand elle boit, ses propres horaires de repas deviennent assez aléatoires.

Au fil de la soirée, Reg essaie de limiter les dégâts, mais quand Maman est ivre et qu'il en a assez, il part se coucher en la laissant se débrouiller toute seule. Comme toujours, elle déambule en se cognant aux meubles dans toute la maison et finit par aller se coucher pendant que, comme toujours, je tends l'oreille dans mon lit pour m'assurer qu'elle va bien. Je l'ai déjà trouvée endormie sur le sol de la cuisine et j'imagine tous les dangers qu'elle court quand elle se met dans cet état. Lors de ses dernières cuites, cependant, elle m'a laissé tranquille. Je me suis dit que ce genre de choses gênantes ne l'intéressait plus et j'ai tenté de cadenasser cette partie-là de ma vie dans un recoin de mon esprit, pour toujours.

Si seulement...

J'ai désormais une chambre dotée d'un lit convenable, ce qui me change agréablement. Il y a encore quelques mois, je devais escalader tout un bric-à-brac de meubles cassés et d'outils de jardin pour entrer dans mon lit de camp. Mais ça veut dire aussi que maintenant, Maman peut accéder librement à moi.

*Je me réveille en sursaut, brutalement tiré d'un sommeil profond. Je pensais que Maman dormait elle aussi, mais je l'entends... elle entre dans ma chambre, ivre morte, je le sais.*

*L'interrupteur de ma chambre est à l'extérieur. D'un coup, la lumière m'éblouit et la porte s'ouvre à la volée. Maman est plantée sur le seuil, à moitié nue. Je cligne des yeux.*

*—Maman, c'est toi ?*

*Ma voix et mon esprit sont encore brouillés par le sommeil.*

*—Oui, c'est ta mère..., réplique-t-elle d'un ton traînant et sévère de matrone.*

*Alors que je m'assieds dans le lit, tout désorienté, elle perd brusquement l'équilibre et part en avant. La seule chose qui l'empêche de tomber, c'est mon lit. Avachie dans un coin, elle me fixe de ces yeux vitreux, éteints, qu'elle a toujours quand elle est dans cet état.*

*D'un geste vif, elle arrache le drap et la couverture et les jette par terre. Rapide comme l'éclair, je saute du lit. J'ai suffisamment vu Maman soûle pour savoir que ça ne va pas s'arranger avant un bon moment et je ne veux à aucun prix rester dans mon lit. Je finis par lui poser la question que j'ose à peine formuler dans mon esprit :*

*—Qu'est-ce que tu veux, Maman ?*

*—Je veux que tu joues avec moi, David, grogne-t-elle sourdement.*

*Elle s'allonge sur le lit et écarte les jambes devant moi.*

*Je suis choqué, horrifié. J'ai du mal à en croire mes yeux et mes oreilles. Tous les mauvais souvenirs de Calder Bridge me reviennent en rafale. Les raclées de Reg sont douloureuses, mais ça, c'est mille fois pire. Dire que je croyais que ça lui avait passé... Muet d'horreur, j'ai peine à articuler un mot.*

*— M-mais... mais, Maman, je ne veux pas, dis-je en reculant.*

*— David, ordonne-t-elle d'une voix pâteuse qui se veut autoritaire, viens là et fais ce qu'on te dit.*

*Alors, j'obéis.*

*Je m'approche du lit. La puanteur du brandy me soulève l'estomac. Je vois le corps nu de Maman sur le lit. J'ai beau avoir l'habitude, je m'arrange toujours pour détourner le regard. Mais là, je n'ai pas le choix.*

*Maman me prend la main et se la glisse entre ses cuisses. Elle se met à frotter sa minette avec tout en gémissant.*

*C'est horrible, dégoûtant, je crois que je vais vomir.*

*Maman continue encore quelques minutes, puis elle repousse ma main. Elle doit en avoir marre. Son seuil d'ennui est très bas quand elle a bu.*

*Je m'écarte à nouveau, priant pour qu'elle ne me demande pas de recommencer. Mais non. Elle essaie de se lever, s'écroule, se tient à mon bureau pour se remettre debout et, sans un mot, sort de ma chambre et éteint la lumière après avoir claqué la porte.*

*Debout dans le noir, je repense à ce qui vient de se passer. Je sais que ce que nous avons fait est mal, mais c'est ma mère et je suis son fils. Je suis censé obéir à ma mère et, en bon fils, c'est ce que je fais.*

*Je refais mon lit tant bien que mal. Puis je me recouche en tirant les couvertures sur ma tête. Je reste un long moment à espérer que Maman ne reviendra pas me voir cette nuit.*

Elle ne revient pas, cette nuit-là, mais je comprends qu'elle n'a pas fini de me rendre visite dans ma chambre. Petit, je m'en sortais en me disant que c'était une sorte de jeu entre nous, mais à présent, et même si je ne suis pas encore très au fait de la sexualité, je sais que ce que nous faisons ensemble n'a rien d'un jeu.

Tout cela me cause des angoisses insurmontables. Je n'ai personne à qui parler, personne à qui demander conseil. J'ai neuf ans, et c'est une période difficile pour moi ; je suis sans cesse en quête de positif pour arriver à tenir le coup. Et puis, le 30 avril 1977 se produit un événement qui, de mon point de vue, va tout arranger : Reg et Maman se marient.

De fait, lorsqu'ils m'annoncent la nouvelle, je me réjouis vraiment. C'est peut-être une chance de devenir une vraie famille. Ça ne peut que nous rapprocher, tous les trois. Nous vivons chez Reg depuis plusieurs années, maintenant, mais ce mariage va nous permettre de passer à un autre niveau relationnel. Je suis sûr que Reg me regardera d'un autre œil quand je serai devenu légalement son beau-fils, et ma mère cessera ses visites nocturnes.

Pour le grand jour, Maman est d'une beauté à couper le souffle dans sa belle robe blanche et coiffée d'un magnifique chapeau blanc. Elle respire le calme et la sérénité, et vit de toute son âme la cérémonie qui a lieu à la mairie d'Halifax. Pour moi, c'est aussi impressionnant qu'un mariage à l'église. Reg est splendide dans son costume trois-pièces, il arbore un air de fierté comme tout homme qui épouse la femme qu'il aime. Tous deux rayonnent et, en dépit de la différence d'âge, ils forment un couple très bien assorti. Pour ma part, je porte un pantalon tout neuf, une chemise habillée et une cravate que pour une fois Maman n'a pas achetés en friperie. Il n'y a que quelques invités au mariage, mais ça n'a pas d'importance. Nous faisons un repas de fête dans un pub très cher et en nous voyant, le serveur comprend tout de suite que nous sortons d'un mariage.

—Ma Maman et mon Papy viennent de se marier, lui dis-je fièrement, en souriant d'une oreille à l'autre.

Le serveur me regarde avec perplexité, et tout le monde éclate de rire.

Nous formons une super famille, tous les trois.

Nous allons peut-être entamer un nouveau chapitre de notre vie.

Mais bien sûr, rien ne se passe comme je l'imaginais. Un jour, alors que Maman a commencé à boire de bonne heure, mais qu'elle n'est pas encore assez ivre pour devenir incontrôlable et violente, elle me parle plus franchement que d'habitude. En raison de l'âge avancé de Reg, m'explique-t-elle, elle se sentait tenue de veiller sur notre avenir, et ce mariage était le seul moyen de garder la maison si jamais il venait à mourir.

Reg et Maman s'aiment suffisamment pour vouloir sceller leur relation par un mariage, j'en suis certain. Mais elle peut aussi se montrer pragmatique, voire assez cruelle, si nécessaire. Depuis qu'elle vit avec Reg, elle gère nos finances avec brio, mais s'il venait à mourir, elle risquerait de perdre la maison. Nous nous retrouverions dans le pétrin et c'est justement ce qu'elle veut à tout prix éviter.

L'une de ses inquiétudes, c'est sans doute la brouille avec Pauline, la fille de Reg, qui vit à la ferme, en haut de la route. Il s'est passé quelque chose qui a provoqué la rupture entre nos deux familles, mais je ne sais pas quoi. J'ai bien tenté de questionner Maman et Reg à ce sujet, mais ils refusent d'en parler et je ne suis pas assez fou pour insister.

En tout cas, c'est si grave que Reg n'adresse plus la parole à sa fille. Quelque chose me dit qu'en fait tout ça est en lien avec Maman. Je pense qu'ils la soupçonnent de vouloir dépouiller Reg. Après tout, même moi, du haut de mes neuf ans, je vois bien que beaucoup de personnes se demandent ce que fait cette séduisante jeune femme avec un gros bonhomme chauve de trente-cinq ans son aîné.

La réalité, bien entendu, est bien différente. Quand ils se sont rencontrés, et même s'il n'avait pas d'emprunt immobilier à rembourser, la maison était dans un état de grand délabrement. C'est Maman qui l'a aidé à la retaper grâce à son salaire à temps complet et à sa gestion financière. C'est ça qui leur a permis de réparer, rénover, d'agrandir et embellir la maison, et la transformer en véritable foyer. Et ce n'est pas tout. Reg jouit à présent d'une existence à laquelle il n'aurait jamais pu prétendre avec sa seule pension de retraite. Il voyage beaucoup plus qu'avant et Maman fait en sorte qu'il soit de toutes les excursions en car qu'organise le centre social pour les personnes âgées.

Reg est issu de la classe ouvrière, c'est un homme d'une autre génération, aux goûts simples. Pour autant, il ne manque de rien : Maman veille à ce qu'il ait tout ce qu'il lui faut, et même plus. Il ne paie jamais une facture, ne fait jamais les courses, ne gère pas sa pension de retraite et ne s'occupe de rien dans la maison. Au fur et à mesure que Reg prend de l'âge, il devient de plus en plus dépendant d'elle, pourtant Maman reste auprès de lui.

Malheureusement, ce confort a un prix et c'est peut-être ça la cause de la rupture avec Pauline : l'alcool. Je commence à percevoir le schéma relationnel de Maman. Elle l'applique à la plupart des gens et dans presque tous les cas, ça finit très mal.

Elle sympathise avec une personne, apprend à la connaître, et très vite, la conversation prend un tour plus personnel. Elle a une certaine facilité pour aborder des sujets intimes et pour inciter les autres à en faire autant. Une fois qu'elle a l'impression d'être amie avec cette personne, elle lui soutire son numéro de téléphone et se met à l'appeler.

C'est là que ça se gâte. Elle n'a pas l'intention d'empiéter sur leur vie en leur téléphonant. Maman aime bavarder et lorsqu'elle se fait un nouvel ami, elle peut papoter pendant des heures. Au début, ce sont des échanges tout à fait raisonnables, agréables et sympathiques. Le seul problème, c'est qu'elle ne sait pas s'arrêter et que l'on peut avoir du mal à raccrocher. Plus tard, quand des copains m'appelleront à la maison, elle voudra leur parler et s'éternisera au téléphone avec eux.

—Ta mère, me dira un de mes copains avec un sourire, elle parle tellement qu'elle pourrait tuer un sourd.

Le mari d'une des amies de Maman formule les choses d'une autre manière. Quand sa femme n'est pas là et que c'est lui qui répond, Maman lui tient la jambe un bon bout de temps.

—Quand ta Maman téléphone, me fait-il remarquer gentiment, c'est toujours au début d'un match de rugby, et tu as de la chance si tu arrives à voir la seconde mi-temps.

Mais la capacité légendaire de ma mère à bavarder n'est pas très grave en soi. La plupart des gens s'en tirent très bien. Les vrais ennuis commencent lorsqu'elle a bu et qu'elle se mêle de leur téléphoner. Après avoir vidé une bouteille de brandy, elle est complètement soûle et incapable de sortir de la maison. Dans l'état où elle est, elle ne connaît plus ni les convenances ni la politesse. Ses amis, même ceux qui la connaissent bien, ignorent à quel point elle boit, car ils ne la voient jamais ivre. Mais au téléphone, elle n'a plus aucune limite et tient des propos totalement désinhibés. Elle est capable de parler de tout et de n'importe quoi, même de sujets complètement déplacés.

Certaines personnes arrivent à lui prêter une oreille compatissante, histoire qu'elle vide son sac, qu'elle évacue ses frustrations. Mais d'autres trouvent de plus en plus difficile de se débarrasser d'elle, ce qui la met en colère. À partir de là, elle peut réagir très mal. Ça ne se produit pas dans une conversation isolée, mais au bout d'un moment. Ses changements d'humeur sont extrêmement fréquents et imprévisibles. Elle peut papoter aimablement avec quelqu'un et la seconde d'après fondre en larmes et quêter sa compassion, avant de finir par l'agonir d'obscénités et d'injures.

C'est peut-être ça qui a provoqué la rupture entre nous et la famille de Reg. Si Maman leur a téléphoné en état d'ivresse, ça aurait pu suffire. Je ne connaîtrai peut-être jamais l'origine de cette brouille, mais ce qui est sûr, c'est que la famille de Reg ne nous parle plus.

Reg doit en souffrir – après tout, il s'agit de sa fille et de ses petits-enfants. En plus, ils travaillent près de chez nous puisqu'ils possèdent et cultivent les champs qui entourent notre maison. Et comme le seul chemin pour aller à leur ferme passe devant chez nous, Reg voit défiler sa famille plusieurs fois par jour, sans que personne lui adresse la parole.

Maman ne lui facilite pas la tâche. Elle refuse de leur présenter des excuses et ne reconnaîtra jamais qu'elle a quoi que ce soit à se reprocher. Je la vois souvent faire taire Reg d'un regard, sur toutes sortes de sujets, et il n'est pas assez fou pour la défier ou agir dans son dos. En revanche, je sais qu'il l'aime sincèrement au point qu'il est prêt à tourner le dos à sa propre famille pour ne pas la perdre.

Leur union ne pose pas problème uniquement à la famille de Reg. Mon grand-père (le père de Maman) voit lui aussi ce mariage d'un mauvais œil. Il faut dire que Reg n'a qu'un an de moins que Papy Fred... Je suis très attaché à Papy. Depuis la mort de Mamie Sandra, il y a une dizaine d'années, en 1966, il vit seul dans une maison qu'il loue à Chisendale, le village où Maman a grandi.

Papy est très apprécié à Chisendale. Comme il a une voiture et qu'il a conduit toute sa vie, il emmène les personnes âgées faire leurs courses. Il est connu et aimé de tous. Sa chienne Bessie a toujours été dans notre famille. Au début, c'était Papa et Maman qui l'ont eue tout chiot, et puis Papy la leur a réclamée. C'est un placide croisement de labrador, et Papy et elle sont inséparables. Bessie est capable de distinguer les deux camionnettes de marchands de glace ambulants, car Papy s'achète une glace tous les jours, qu'il partage avec elle. Quand c'est la première qui fait entendre sa ritournelle, Bessie ne bouge pas une oreille, mais quand c'est la seconde, elle se met à aboyer et à sauter partout pour prévenir son maître.

Papy a un sourire effronté et un caractère charmeur et taquin. Il va prendre une botte en caoutchouc et glisser un biscuit pour chien tout au fond. Bien sûr, Bessie finit par se trimballer avec la tête coincée dans la botte avant d'arriver à attraper le biscuit. Nous rendons régulièrement visite à Papy. Sa maison donne sur une route, mais il vit à la campagne et nous emmène nous promener dans les champs. Il nous nomme les plantes que nous rencontrons et nous fait sentir les fleurs. Il m'a appris à jouer aux échecs et, bien qu'il soit un excellent joueur, il a la gentillesse de prétendre que je lui pose parfois des difficultés.

L'année précédente, je suis allé le voir pour son anniversaire, qui tombe le lendemain de Noël. Ce jour-là, il invite toujours un grand nombre de personnes, car il a des tas de frères et d'amis au village. J'ai eu mon quart d'heure de gloire lorsqu'il m'a demandé de lire un livre à voix haute devant tout le monde. C'était un grand honneur pour moi et tous m'ont applaudi à la fin. Papy rayonnait de fierté, et moi aussi.

Cependant, je me dis parfois qu'il y a une facette de Papy que je ne connais peut-être pas. Je ne me souviens pas que Reg ait jamais été invité chez lui. Je sais que Papy n'était pas d'accord pour que Maman épouse un homme tellement plus âgé qu'elle. Maman n'est pas facile à vivre, mais Reg en a pris son parti et en fin de compte, leur couple est solide. Mais Papy ne le voit pas ainsi et il n'a jamais tout à fait accepté leur union.

Je me rends compte aussi que Papy peut se montrer très strict, voire très sévère avec moi, quand il le faut.

—N'oublie pas, jeune homme, j'ai la manière avec les petits-enfants, me dit-il si jamais je le pousse à bout.

D'ailleurs, la seule fois où j'ai osé lui répondre, je l'ai tout de suite regretté.

—Monte dans la chambre, jeune Satan ! a-t-il tonné.

Maman me rappelle souvent cette anecdote qui me fait toujours rire. Pourtant, je commence à comprendre que s'il peut être aussi sévère avec son petit-fils, il a dû l'être encore plus avec Maman, quand elle était petite.

En mai 1978, environ un mois après mon dixième anniversaire, je trouve par hasard sur la table de la cuisine une lettre de Papy adressée à Maman. Voilà ce qu'il lui écrit :

*Chère Carol,*
*Ma santé s'étant quelque peu dégradée ces derniers temps, j'estime que tu devrais reprendre contact avec moi à raison de deux coups de fil par semaine.*
*Salutations,*
*Papa*

En dépit de mon jeune âge, l'étrange froideur de ce message a de quoi me surprendre. Papy fait certes partie d'une génération qui a du mal à montrer ses sentiments, mais je trouve cette lettre d'un père à sa fille curieusement dénuée de tendresse, surtout quand le père en question sait qu'il lui reste peu de temps à vivre.

Et quelques mois après, Maman m'annonce que Papy est mort, juste avant son soixante et onzième anniversaire, en décembre. Je pleure beaucoup, bouleversé par ce deuil. Nos parties d'échecs et nos promenades dans les champs me manquent déjà.

En triant ses effets personnels avec Maman, nous tombons sur son journal intime. Tous les samedis, il est écrit : *5 h 30 T&J*. Qu'est-ce que ça veut dire ? Mystère. Ce n'est que des semaines plus tard, alors que nous regardons la télévision, que Maman fait le rapprochement.

—J'ai compris ! s'écrie-t-elle.

—Compris quoi ? s'étonne Reg.

—« T&J », c'est pour Tom et Jerry, dit-elle d'un ton triomphant.

Papy notait à quelle heure passait *Tom et Jerry* pour ne pas oublier. Je suis content d'apprendre que les dessins animés comptaient autant pour lui.

Il y a d'autres entrées dans ses carnets, des citations telles que : « Le pessimiste voit le verre à moitié vide ; l'optimiste à moitié plein. »

Ce genre de message m'intrigue, mais à mon âge, je suis loin d'imaginer l'importance qu'elles auront beaucoup plus tard pour moi. Ce que je sais, en revanche, c'est que Papy aura toujours une place unique dans mon cœur et que sa mort me laisse dans le chagrin.

# 6

# INTERMÈDE

En y repensant, je m'aperçois que j'ignore si Maman a beaucoup souffert du décès de Papy. Chaque année, elle me rappelait le jour de l'anniversaire de sa mère, mais jamais celui de son père. C'était pourtant facile à retenir, ça tombait le lendemain de Noël, pour la Saint-Étienne. Mais du jour où il est mort, elle n'a plus jamais évoqué son souvenir. Du coup, je ne saurai jamais quelle était la nature réelle de leur relation.

Ce qui est sûr, c'est que Papy avait un caractère bien trempé et qu'il tenait à ce que ses enfants réussissent dans la vie. De ce côté-là, mon oncle Jim l'a comblé : il est même allé au-delà de ses espérances. Mais pas Maman. C'est peut-être le fossé entre le frère et la sœur qui a mis davantage de pression sur Maman ; Papy la traitait peut-être différemment. C'est probablement pour cela qu'elle a plongé dans l'alcool et la drogue lorsqu'elle a quitté la maison familiale.

J'ai entendu certains amis et parents insinuer que Papy aurait abusé d'elle. Je n'ai aucun moyen de savoir si c'est vrai, mais si c'est le cas, ça pourrait être une piste. En état d'alcoolisation avancée, elle aurait pu trouver « normal » de m'obliger à des attouchements sexuels, tout simplement parce qu'enfant, elle avait subi la même chose. À moins que grandir dans l'ombre écrasante de son frère plus doué qu'elle ait provoqué une profonde faille dans son psychisme. Cela dit, toutes ces conjectures n'expliquent pas que son frère ait été lui aussi alcoolique et que ça l'ait tué prématurément.

J'ignore si les problèmes de Maman et d'oncle Jim sont le fait de mes grands-parents, et je ne le saurai jamais. Papy est mort à seulement soixante-dix ans. N'empêche, il faut bien que l'éducation qu'il a donnée à ses enfants ait coincé quelque part pour avoir laissé derrière lui non pas une, mais deux personnes autodestructrices qui, toute leur vie, n'auront semé autour d'elles que souffrance et chaos.

Quand j'ai atteint l'âge adulte, Papa m'a donné certains éléments qui m'ont aidé à reconstituer le puzzle de l'enfance de Maman. Ses soucis ont commencé à l'adolescence. Avant même de boire, elle avait déjà des problèmes de drogue. En 1963, à l'âge de dix-huit ans, elle avait entamé sa formation d'infirmière à l'hôpital d'Halifax. Lorsqu'elle était de nuit, elle dérobait des drogues dans la pharmacie de l'hôpital. C'était peut-être pour l'aider à tenir le coup, mais le fait est qu'à cette époque, elle avait déjà une dépendance aux médicaments.

Et puis, en juin 1966, durant ses examens de fin d'études, elle a perdu sa mère. Maman n'avait que vingt et un ans et malgré son diplôme obtenu en février 1967 au bout de trois années de formation pratique, elle n'a jamais exercé le métier d'infirmière. À l'époque du décès de ma grand-mère maternelle, mes parents se fréquentaient déjà. Ils se sont mariés quelques mois après, en novembre 1966.

Papa affirme qu'à ce moment-là, il ignorait tout des démons intérieurs de Maman (elle a toujours été experte à les lui dissimuler). De même, ses problèmes d'alcool et de drogue ne sont apparus qu'après leur mariage. Cependant, il a dû très vite découvrir la gravité de la situation et même s'il répugne à évoquer cette période, les rares fois où il en parle, c'est pour me relater des incidents qui défient l'entendement.

Un jour, avant ma naissance, Maman s'était tellement défoncée à la drogue ou à l'alcool, qu'elle a couru toute nue dans la grand-rue de Calder Bridge. Papa a dû lui courir après et il ne l'a rattrapée que grâce à l'intervention d'un gentil monsieur qui s'est occupé d'elle jusqu'à son arrivée.

Sa formation d'infirmière terminée, elle n'a plus eu accès aux drogues dont elle était devenue dépendante. Mais à l'époque, il était d'usage que les généralistes du coin prescrivent des ordonnances renouvelables à leurs patients. Comme Maman connaissait les médicaments qui contenaient les substances en question, elle s'est mise à les voler. Dans un petit village, il était inévitable qu'elle se fasse prendre un jour ou l'autre, mais en attendant, elle avait pu prendre ses doses à la maison.

C'est un comportement qui semble stupéfiant pour n'importe qui, mais en particulier quand on connaît ma mère. Elle avait eu une éducation très stricte et fréquentait depuis toujours l'église méthodiste locale.

Je l'accompagnais toujours à l'église, même si la religion n'avait pas une grande place à la maison. Nous ne disions pas le bénédicité et ne récitions pas de prières ; nous nous rendions simplement à l'office du dimanche. Néanmoins, l'église était importante pour ma mère : c'était, semble-t-il, le seul endroit où elle éprouvait la paix intérieure qui lui faisait tant défaut.

Sa conscience devait la tourmenter terriblement, mais c'était ses démons qui la réduisaient à voler, et des médicaments, en plus !

Son comportement mettait Papa au désespoir. C'était et c'est encore l'un des hommes les plus placides et les plus faciles à vivre que je connaisse, mais quand il parle de sa vie avec Maman, c'est avec gravité et un profond chagrin. Il y a peu, je l'ai questionné sur son mariage avec ma mère : il a baissé les yeux et secoué la tête en silence. Et quand il a enfin trouvé le courage de me regarder en face, ses yeux brillaient de tristesse et de souffrance, même trente-cinq ans après.

—Je ne peux pas t'en parler, David. C'était terrible. Terrible.

Même si Maman évoque très peu son enfance, son contexte familial s'ébauche peu à peu dans mon esprit. Je sais qu'elle a eu de bons parents, mais une éducation stricte. Mes grands-parents se sont mariés en 1933 et Maman est née presque douze ans après, en 1945. Ce n'était pas des débutants en matière d'éducation puisqu'ils avaient déjà un fils, Jim. Je n'ai pas connu ma grand-mère maternelle Sandra, mais j'ai récemment rencontré quelqu'un qui avait travaillé avec elle il y a quarante ans, à la bibliothèque municipale de Chisendale, le village où elle est née. Cette personne m'a décrit ma grand-mère comme une femme insouciante : vive et enjouée, voire un peu impulsive. Cette même personne m'a raconté qu'elle adorait ses enfants, ma mère et son grand frère Jim. Elle les couvrait de petits cadeaux et parlait d'eux comme une mère parle de ses enfants. Et les choses ont continué ainsi jusqu'à ce que ma mère s'envole du nid.

Le père de ma mère, Fred, était plus strict. Employé d'assurances, il était chargé de collecter les règlements mensuels à domicile. C'était un homme intelligent et un joueur d'échecs très respecté dans la région ; il faisait des parties par correspondance avec plusieurs adversaires, parfois même jusqu'à quarante à la fois. Son métier n'était guère stimulant d'un point de vue intellectuel, mais il aimait l'exercer et avait refusé de nombreuses promotions. Fred était issu d'une fratrie de sept frères, tous très brillants, mais qui avaient tous choisi des métiers d'ouvrier. Ils avaient pourtant la possibilité de progresser dans l'échelle sociale, mais ils n'en avaient pas profité, en raison de la tendance presque puritaine qui régissait ce côté-là de la famille.

L'un de ses frères, par exemple, avait eu une occasion en or. Il travaillait dans une fabrique quand il avait décroché une bourse d'études à Oxford. Dans les années 1920, c'était une chance inouïe pour un jeune prolétaire du nord de l'Angleterre. Il avait consciencieusement fait ses études à Oxford, avait obtenu son diplôme et, aussi incroyable que cela puisse paraître, il était retourné à la fabrique qui l'employait, dans son village natal. Tout ça parce qu'il estimait incorrect de tirer profit de son intelligence.

Le frère aîné de Maman, Jim, était un garçon brillant, doué pour tout. Durant sa scolarité, il a remporté des tas de prix (y compris le trophée de meilleur élève de l'année), il a interprété le premier rôle d'une représentation théâtrale, il a couru avec le club de cross de la région et il a même établi un record au brevet de maths avec un résultat de 95 %. Dans sa jeunesse, Jim avait la beauté, le charme, l'esprit, le sens de la repartie et le monde à ses pieds. Sandra, ma grand-mère, qui protégeait ses enfants comme une louve, avait écrit au responsable des admissions d'Oxford pour se plaindre de la discrimination sociale qui, selon elle, avait empêché son fils d'avoir une place à l'université. Pour couronner le tout, elle avait fait paraître sa lettre, ainsi que la réponse fort peu convaincante du responsable, dans le journal du coin.

Mais Jim différait de son père et de ses oncles sur un point crucial. Lui n'a pas hésité à employer ses capacités et son intelligence pour accéder à la fortune en devenant ingénieur des mines. Malheureusement, pour compléter son diplôme, il a fait un stage au Ghana. À son retour d'Afrique, il buvait une bouteille de whisky par jour. Il n'avait pas trente ans et malgré tous ses talents, il a continué de boire comme un trou jusqu'à la fin. Il est mort prématurément, à l'âge de quarante-neuf ans, non pas d'une maladie liée à l'alcool, mais d'un cancer. En dépit de sa fortune, et des six enfants qu'il avait eus de trois mariages différents, il n'a pas laissé de testament. Cela semble étrangement inconsidéré de la part d'un homme brillantissime qui ne pouvait manquer de savoir quels problèmes et quelles souffrances cette désinvolture allait engendrer dans sa famille.

Hormis Jim et Maman, il n'y a pas d'antécédents d'alcoolisme du côté de mes grands-parents maternels. J'ai compris, cependant, que Maman avait vécu dans l'ombre de son frère. Jim était le fils idéal : sociable, populaire, intelligent, collectionnant les performances sportives, théâtrales et scolaires. Maman, elle, était loin d'être aussi brillante que lui. Elle avait des facilités en anglais. Son expression à l'écrit comme à l'oral était impeccable. Mais sinon, ses capacités scolaires étaient bien inférieures à celles de Jim. Cependant, même si elle a pu souffrir de la comparaison avec son frère, cela n'explique pas pourquoi Jim est lui aussi devenu alcoolique.

Le côté sombre de Maman a eu de graves conséquences pour tous ceux qui ont croisé sa route. L'alcool modifiait tellement sa personnalité qu'à mon avis, elle n'avait aucune conscience de ses actes. C'est pour cela, entre autres, que je ne lui ai jamais parlé de ce qui se passait entre nous : elle n'avait strictement aucun souvenir de la veille. À jeun, elle était incapable de garder quelque chose pour elle – elle finissait toujours par lâcher le morceau à un moment ou à un autre. Aussi, je ne peux imaginer qu'elle ait eu connaissance des sévices qu'elle m'infligeait et qu'elle ne m'en ait jamais parlé.

Il y a eu tant de « lendemains matin » où j'ai voulu aborder ce qui s'était passé entre nous dans la nuit, mais je n'ai jamais osé. Avec Maman, la vie était si différente à la lumière du jour que je n'ai jamais pu me résigner à lui dire l'indicible, allant même jusqu'à douter de mes souvenirs et de mes sens.

La seule façon pour moi de vivre avec ce conflit, c'était de me dire que ma Gentille Maman n'avait pas conscience de l'existence de ma Méchante Maman et que si jamais les deux devaient un jour se rencontrer, les conséquences seraient absolument effroyables. C'est aussi pour ça que seule une poignée de personnes étaient au courant de mon secret jusqu'à ce que je décide d'écrire ce livre et encore, jusqu'à ce jour, personne ne connaît toute la vérité.

# 7

# TOUS LES COUPS SONT PERMIS

À onze ans, en dernière année de primaire, je suis toujours un élève modèle, même si de temps en temps, je fais des bêtises, comme la fois où, à neuf ans, j'ai été puni pour avoir dit « culotte » à une enseignante. Je ne pense pas que ce soit la pire insulte qui soit, mais j'ai quand même été envoyé dans le couloir, le temps que le directeur revienne. À son retour, il m'a donné quelques coups de casque de moto sur la tête et j'ai pleuré toutes les larmes de mon corps.

J'ai de bons résultats. Au cours de mes deux dernières années de primaire, je suis arrivé deuxième de toute l'école. J'en suis très content et Maman aussi, ce qui est encore mieux : tout ce qui lui fait plaisir est une bonne chose. Elle me pousse à lire tous les jours, mais sinon, elle préfère me laisser libre. Elle me fait faire mes devoirs, cependant, et mon assiduité est toujours excellente. Durant mes deux dernières années de primaire, de 1977 à 1979, je n'ai pas manqué un seul jour d'école ; l'année précédente, je n'avais eu que deux jours d'absence. Il faut que je sois mourant pour manquer la classe.

Je ne suis pas très doué en sport, mais, comme la plupart des garçons, je meurs d'envie de faire du foot. À deux reprises, j'ai joué dans l'équipe de l'école et je me suis bien acquitté de ma tâche, démontrant ma volonté et mon engagement, à défaut d'un talent débordant.

Pour Noël, j'ai une merveilleuse surprise. Un soir, certains élèves de ma classe sont invités à aller chez notre institutrice pour l'aider à confectionner des beignets pour la fête de l'école. Les heureux élus ont été tirés au sort et mon nom est sorti du chapeau. Je suis au comble de la joie. Après l'école, nous allons donc chez Mrs Greenham qui habite à Calder Bridge dans un grand pavillon moderne avec d'impressionnantes baies vitrées donnant sur la vallée. Mrs Greenham est une femme mince et séduisante qui nous a sidérés un jour en nous montrant une photo d'elle en train d'allaiter. Son mari tient un atelier de couture à cinquante mètres de notre ancienne maison, la dernière de la rangée de quatre, près du ferrailleur. Je ne suis pas souvent retourné à Calder Bridge depuis que nous nous sommes installés à Ludden Vale, et j'éprouve une sensation étrange. Je suis ramené à une période difficile, d'autant que mes pires souvenirs ont fini par me rattraper. Néanmoins, la soirée est un grand succès.

À la maison, pourtant, le quotidien empire, inexorablement. Reg ajoute maintenant les coups de pied aux coups de poing. On dirait qu'il peaufine son ouvrage, voire qu'il tire une sorte de fierté professionnelle à me cogner – toujours en l'absence de Maman. Si je redoute les interminables nuits où elle s'alcoolise, je crains encore plus les fois où elle me laisse seul avec Reg. Tous les prétextes sont bons pour m'absenter de la maison, mais Reg semble me guetter, prêt à sauter sur moi comme un chat sur une souris.

Maintenant, quand il s'en prend à moi, il arrive à tenir beaucoup plus longtemps que lorsqu'il se limitait aux coups de poing. Il fait attention à ne pas me cogner trop violemment, pour ne pas me blesser, mais l'effet combiné des coups de pied et des coups de poing m'affaiblit le corps et me sape le moral. Quand Reg a fini de se défouler sur moi, je reste dans ma chambre longtemps après qu'il est redescendu, et je n'en bouge pas, même au retour de Maman.

Curieusement, les fois où Reg me « donne une bonne leçon », comme il aime à qualifier ses raclées, Maman ne m'appelle jamais en bas. Ou alors, j'ai trop mal pour l'entendre : je suis trop malheureux et trop démoralisé, trop faible pour bouger. Je finis par me mettre au lit et je m'endors à force de pleurer. Ces soirs-là, au moins, je ne m'inquiète pas de ce qui risque d'arriver si Maman prend une cuite. Je suis trop fatigué.

Mais là aussi, les choses vont bientôt changer. Jusque-là, je pensais ne jamais me faire agresser le même soir par ma mère et par mon beau-père. Je ne vais pas tarder à déchanter.

J'ai maintenant onze ans et je commence à m'intéresser aux filles. Je connais plusieurs garçons de mon âge qui ont déjà une copine, mais aucune de ces filles ne m'accorde un regard. Moi, en revanche, je pense beaucoup à elles et un jour, j'invite une camarade de classe à aller au cinéma à Ludden Bridge. Elle s'appelle Sally Seymour, elle a de longs cheveux bruns, et bien qu'elle soit un peu réservée et distante, pour moi c'est la plus belle fille du monde. Elle plaît à beaucoup de garçons et le fait qu'elle accepte mon invitation est déjà stupéfiant en soi.

Nous passons une journée fantastique. D'abord, elle vient manger à la maison et puis nous allons au cinéma. Le film, c'est *Superman* – la superproduction américaine de l'été 1979. Assis dans la salle obscure, je nous imagine sous les traits de Clark Kent et de Loïs Lane… Sally va découvrir qui je suis vraiment quand je l'aurai sauvée du péril mortel qui la guette au coin de la rue de Ludden Bridge. Alors, elle comprendra qu'en fait, elle sort avec Superman – grand, beau, svelte, corps d'athlète, cerveau de génie et mémoire hors du commun et, tout comme Christopher Reeves, gentil, spirituel et attentionné en prime. Je ferai l'envie de tous les garçons de l'école et Sally se pâmera devant moi.

Il me tarde de la retrouver dans la cour, le lundi suivant. Mais à mon arrivée, Sally m'annonce de but en blanc qu'elle ne veut plus être mon amoureuse.

Je suis anéanti.

Ce genre de déception sentimentale arrive à des millions d'enfants partout dans le monde, je le sais bien, mais ce rejet me frappe en plein cœur. Dans les années à venir, lorsque je me ferai quitter – ce qui m'arrivera pendant très longtemps –, je continuerai à prendre ce rejet de façon très personnelle. Je suis trop collant, peut-être, trop en demande. Je ne sais pas. Je manque peut-être de charme ou de personnalité, même si parfois je me sens le roi du monde.

Je sais qu'au fond, je peux plaire, et quand je suis de bonne humeur, je fais rire les autres enfants avec mes blagues. C'est juste que je n'ai pas l'impression d'être très populaire. Avec moi, les amis vont et viennent, et d'une certaine manière, je ne me sens proche de personne – ce que je recherche, en réalité. Je suis peut-être aussi un peu parano, j'ai peur de ne pas être assez beau et puis je suis roux… sans oublier mon zézaiement qui n'arrange rien.

En septembre 1979, ma vie prend un tournant radical avec mon entrée au collège de Ludden High.

Redevenir le plus jeune de la cour de récréation me force à grandir vite. Certains aspects de cet établissement m'enchantent – sa taille, les effectifs – et mon bulletin du premier trimestre fait l'éloge de mon attitude en classe. Fréquenter des élèves beaucoup plus âgés que moi me fait pénétrer dans un monde dont jusqu'alors je ne soupçonnais pas l'existence. J'aime la cohue, l'effervescence, l'énergie qui émanent de ce lieu.

Le repas, c'est mon moment préféré. La plupart des élèves se plaignent des menus de la cantine : légumes détrempés et nourriture industrielle de piètre qualité. Mais pour moi qui ai l'habitude du régime frugal et économique de la maison, c'est très agréable d'avoir des plats variés. J'aime entrer le dernier dans le réfectoire pour y traîner un peu.

Cependant, d'autres aspects du collège me déplaisent. Par exemple, j'éprouve un besoin toujours plus grand de me conformer aux autres, de me fondre dans la masse. Je ne veux être différent en rien. Or, dès les premières semaines, je vais me singulariser malgré moi, et de façon très concrète, en raison de nos moyens financiers très limités.

Au collège, le blazer est obligatoire, c'est le principe de l'uniforme scolaire, mais Maman n'a pas assez d'argent pour m'en acheter un dès la rentrée. En temps normal, elle m'achète mes vêtements en friperie, mais il est littéralement impossible de dénicher un blazer adéquat de seconde main. Du coup, elle fait passer un mot au collège, en expliquant qu'elle m'en procurera un le plus tôt possible. Inutile de préciser que tous les garçons de ma classe ont un blazer neuf, sauf moi. En plus, ils ont tous des pulls bleus « normaux » et des chemises bleues « normales », du genre que l'on trouve dans les magasins spécialisés dans les uniformes scolaires. Mais Maman ne met jamais les pieds dans ce genre d'endroit, sauf en cas de nécessité absolue.

Sur ma première photo de classe, prise quelques semaines après ma rentrée à Ludden High, je suis vêtu d'un pull de seconde main barré d'une sorte de zigzag, d'une chemise grise en nylon et bien entendu, je n'ai pas de blazer réglementaire. La seule chose que j'ai comme tout le monde, c'est la cravate. Toujours est-il que je détonne, je suis le vilain petit canard. Pour moi qui voulais passer inaperçu, c'est raté. Les autres ont vite compris que nous ne roulions pas sur l'or, à la maison. Entre autres, ils ont remarqué que je bénéficiais de la cantine gratuite. Pour la première fois de ma vie, la modestie de mon milieu fait de moi la cible de moqueries incessantes. Alors que je voudrais juste être comme tout le monde. Bien entendu, mes dents en avant et mes cheveux roux n'arrangent rien.

Un jour, Lauren, l'une des filles les plus populaires de ma classe, vient me voir juste avant la cantine.

—Salut, David, ça va ?

—Oui, très bien, dis-je avec méfiance.

Lauren est très belle, d'une beauté classique. Elle a de l'argent, ce qui lui permet de s'habiller à la pointe de la mode et d'être très populaire parmi les autres filles. Tous les garçons du collège s'intéressent à elle. Je suis donc très étonné qu'elle m'adresse la parole : elle et moi sommes aux antipodes l'un de l'autre. Du coup, tout le monde se retourne vers nous. Toute la classe nous regarde.

—Je peux te demander un service, s'il te plaît ? me demande-t-elle gentiment.

—Bien sûr, dis-je, soulagé qu'il ne s'agisse que d'un service et non d'une combine destinée à m'humilier.

—Tu peux répéter cette phrase, rien que pour moi ?

—Bien sûr.

—Les chaussettes de l'archiduchesse sont sèches et archisèches.

Je m'exécute et toute la classe éclate de rire. Mon défaut de prononciation m'empêche de dire les « s » correctement et j'ai l'air d'un idiot. J'aimerais prétendre que je me joins à l'hilarité générale et que leurs rires ne m'atteignent pas. Mais c'est faux : je voudrais disparaître dans un trou de souris. Ce n'est qu'un tout petit incident – après tout, on ne peut pas parler de harcèlement, ce n'est qu'une taquinerie inoffensive entre camarades de classe – mais cette scène me ramène aux sales tours et aux vacheries de Karen, la fille la plus âgée de la maternelle, quand j'avais cinq ans. Je me sens bête, ridicule et plus vulnérable que les autres.

Car il existe une hiérarchie parmi les élèves, même à mon niveau, et je me situe quelque part tout au bas de l'échelle, inférieur aux autres. Alors que ceux qui sont tout en haut profitent de leur position dominatrice. Non que je veuille faire partie du haut du panier : je veux juste me fondre dans le décor.

Mais ça ne marche pas comme ça. À l'école, si l'on est d'un tempérament plus soumis que la normale, ce qui est mon cas, on a du mal à maîtriser la situation, et être roux aggrave encore les choses. Les roux ne représentent qu'un tout petit pourcentage de la population et socialement, c'est un cauchemar. Les garçons adorent les rousses, mais les filles fuient les roux comme la peste. Aujourd'hui encore, je reste surpris de voir que l'on se permet certaines remarques sur les roux qui seraient considérées comme insultantes, voire discriminantes, si on les adressait à des personnes noires ou homosexuelles.

Bref, je déteste ma rousseur qui fait de moi une cible désignée au collège. Et ma situation se complique lorsque, quelques semaines plus tard, sort une nouvelle pile électrique qui fait l'objet d'une énorme campagne publicitaire. Un petit dur bien connu de cinquième est le premier à repérer le slogan. Un jour, alors que je regarde jouer les élèves de ma classe jouer au foot, il m'interpelle :

—Eh, Poil de carotte !

Tout le monde nous regarde, comme s'il allait se produire quelque chose.

—Tu sais à quoi tu ressembles ? À une pile Duracell, ricane-t-il. Celle qui a un côté cuivré !

Tout le monde éclate de rire. Même moi, je trouve ça drôle. Sauf qu'ils rient *de* moi, pas *avec* moi. Les taquineries répétées sur mon zézaiement ou mes cheveux roux ne sont pas des éléments de véritable harcèlement. Le problème, c'est que ça me touche terriblement. Ayant hérité de l'hyper susceptibilité de ma mère, j'ai du mal à faire la part des choses.

Mon mal-être est amplifié par l'impossibilité de me confier chez moi. J'adorerais avoir un père qui veillerait sur moi tout en m'apprenant à me défendre. Ce serait tellement cool d'avoir quelques répliques spirituelles en réserve, histoire de moucher les moqueurs. Et ce serait encore mieux si quelqu'un pouvait m'apprendre à me servir de mes poings, pour ne pas me faire massacrer dans les bagarres.

Comme tous les garçons, je suis parfois pris à partie et, bien sûr, je n'ai jamais le dessus. Un élève en particulier, bien plus costaud que moi, n'arrête pas de me chercher noise. Comme il est dans ma classe, je le vois tout le temps, et il a la réputation d'être une brute. Il ne prend même pas la peine de me cogner, il se contente de me bousculer. Il renverse mon cartable, il me pousse dans le dos... Si seulement je savais me défendre ! J'aimerais bien savoir comment réagir dans ce type de situation.

Car, ironie du sort, alors que Reg me bat comme plâtre à la maison, je suis incapable de me défendre au collège, c'est même le contraire. En effet, à force d'être frappé par un adulte, j'ai appris à encaisser les coups et à me relever quand c'est fini. À la rigueur, je pourrais demander conseil à Reg, mais il ne fait même plus semblant de s'intéresser à moi. Il laisse Maman prendre toutes les décisions me concernant et son influence sur ma vie s'est réduite à zéro. Cela s'explique à la fois par son âge – il a maintenant plus de soixante-dix ans – et par le fait qu'il se fiche éperdument de mon sort. Il se comporte avec moi comme un parent éloigné que ma mère hébergerait. Ses enfants sont grands, ses petits-enfants plus âgés que moi et il n'a ni l'énergie ni l'envie de tout recommencer avec moi.

Quant à Papa, inutile de compter sur lui. Il est complètement sorti de ma vie. D'autant plus que, sans préavis, il m'annonce par téléphone qu'il a décidé de partir vivre aux États-Unis avec Maureen et ses enfants. Tout se passe sans aucune discussion ; j'ai totalement été exclu du processus de décision. Mis devant le fait accompli, je ne peux que m'incliner.

Aujourd'hui, avec le recul, je n'en veux pas à Papa d'être parti vivre aux États-Unis. Il voulait progresser sur un plan tant personnel que professionnel, mais aussi profiter de la vie, et les propositions qui lui étaient faites là-bas étaient trop intéressantes pour être déclinées. Je suis fier de mon père : il a risqué le tout pour le tout, alors qu'il aurait été plus confortable pour lui de ne pas bouger et de continuer à vivre sur ses compétences considérables au Royaume-Uni. Je suis convaincu aujourd'hui que la vie n'est pas une répétition en costume et que sa décision d'émigrer était courageuse. Nous en avons parlé depuis, et je sais que Papa croyait sincèrement me laisser dans un contexte familial stable et aimant. Il n'aurait pas pu être plus éloigné de la vérité...

Papa et Reg se sont exonérés de leurs responsabilités parentales, mais Maman aurait pu combler le vide qu'ils laissaient, si elle l'avait voulu – et elle le fait, dans une certaine mesure. Elle suit ma scolarité de très près et est très attentive à ma santé. D'ailleurs, je lui serai toujours reconnaissant pour une chose : elle s'est occupée de mon zézaiement, causé par des dents en trop. C'est elle qui va pousser le dentiste à y remédier. On m'enlève deux dents et je vais porter un appareil qui réalignera mes dents de devant et supprimera définitivement mon zézaiement.

Hélas, Maman continue de venir me trouver la nuit pour notre « moment à nous ». Je n'ai d'autre choix que de me plier à ses désirs, et ça me rend malade. Un soir, je suis déjà salement meurtri quand elle entre dans ma chambre.

Reg me tombe dessus dès que je rentre de l'école, comme s'il n'avait attendu que ça tout l'après-midi. Il faut dire que j'ai commis l'erreur de lui demander s'il restait du thé. Il explose :

—Je vais t'en donner, moi, du thé ! Tu vas l'avoir ton putain de thé ! Tu me prends pour qui, hein ? Ton larbin ?

Et avant que je n'aie pu filer me réfugier à l'étage, il se jette sur moi et me décoche un coup de poing dans l'estomac. Je m'écroule dans le vestibule, plié en deux de douleur, et Reg se met à me bourrer le dos de coups de pied. Je sanglote :

—Je voulais pas t'embêter, Papy, je te jure, je l'ai pas fait exprès !

—Ne réponds pas, petit morveux !

Il continue à me frapper, la respiration laborieuse.

—Je le connais par cœur, ton petit jeu ! Je vais t'apprendre à être insolent avec moi !

Quand Reg s'arrête enfin, j'ai l'impression qu'un autobus m'est passé dessus.

Le souffle coupé, sanglotant, je me traîne tant bien que mal jusqu'à ma chambre et m'effondre sur le lit.

Étendu sur le lit, perclus de douleurs, je me demande jusqu'à quand je vais pouvoir supporter ça. Mais que puis-je faire ?

*Je peux difficilement en parler à Maman. Je suis persuadé que sa fragilité psychologique ne lui permettrait pas d'affronter une telle révélation. En même temps, je suis dans un tel état de confusion que je commence à me demander si Maman n'est pas de mèche avec Reg. Après tout, je suis tout autant victime de la détresse rageuse de ma mère que de celle de Reg.*

*Je ne suis pas redescendu de ma chambre pour le dîner. J'ai mal partout et je ne souhaite qu'une seule chose, dormir.*

*Soudain, j'entends Maman. Elle allume ma chambre depuis le couloir, ouvre la porte, s'engouffre dans ma chambre et arrache mes couvertures. Je jaillis de mon lit tandis qu'elle s'y allonge. Je reste planté sur le côté, dans l'ombre, espérant naïvement me rendre invisible. Bien sûr, ça ne marche pas.*

*— David, viens jouer avec moi ! ordonne-t-elle.*

*Je réponds d'un ton plaintif :*

*— Mais, Maman, je n'ai pas envie...*

*— Viens ici et fais ce que je te dis ! Tout de suite !*

*J'avance en traînant les pieds. Sa capacité d'attention étant très limitée et son seuil d'ennui très bas, je me dis que plus je mets de temps à m'approcher, plus il y a de chances pour qu'elle se désintéresse de la chose et ressorte de ma chambre de son pas chancelant d'ivrogne.*

*À peine me suis-je approché qu'elle m'attrape la main et la fourre à l'entrée de son vagin. Je « joue avec elle » de manière à ne lui procurer aucun plaisir. Je le fais exprès, dans l'espoir de la décourager de recommencer à l'avenir. Mais je ne réussis qu'à la mettre en colère. Elle m'empoigne la main pour me guider dans mes caresses. Mais cette fois, je résiste, je lui complique encore la tâche.*

*Je prends des risques en agissant ainsi.*

*Avec un peu de chance, elle va finir par se lasser et laisser tomber rapidement.*

*Mais ma stratégie peut aussi aboutir à un résultat bien pire. Car si je ne la caresse pas comme il faut, elle n'en retirera pas assez de satisfaction. Dans ce cas, l'épreuve risque de durer encore plus, jusqu'à ce que ma mère atteigne une sorte de plaisir – ça peut même durer très, très longtemps...*

*Pour l'heure, cependant, je n'ai pas le choix, bien que mon instinct me souffle de me rebeller chaque fois qu'elle débarque dans ma chambre en pleine nuit. Je suis assez grand pour savoir que ce que nous faisons est mal. Ça me met mal à l'aise, ça me rend malade, physiquement, au point d'en avoir la nausée.*

*Maman me demande de lui faire des choses qu'aucun enfant ne devrait jamais faire à sa mère. Qui plus est, elle me donne un spectacle d'elle-même qui défie l'entendement. Elle est soûle, bien sûr, mais en plus, elle a le vin mauvais. L'alcool la transforme en monstre, elle est d'une grossièreté terrible, surtout si je lui résiste, alors qu'à jeun, elle est très à cheval sur le vocabulaire.*

*—David, viens ici !*

*—Non, Maman, je ne veux pas venir.*

*—Mais, bordel de merde, tu vas faire ce qu'on te dit, putain !*

*Elle est à moitié nue, vêtue d'un pull ou d'un T-shirt. Je ne veux voir aucune partie de son anatomie, à quelque moment que ce soit, et surtout pas le bas de son corps. Il arrive même qu'elle soit toute nue si elle s'est décidée à venir me voir alors qu'elle finissait de se déshabiller pour aller au lit.*

*Quand elle en a fini avec moi, elle ressort de ma chambre et descend l'escalier. Tout ce que je veux, maintenant, c'est rester sous les couvertures. Je veux désespérément me réfugier dans le sommeil, oublier ce que je viens de faire avec ma mère et ce qui s'est passé dans l'après-midi avec mon beau-père.*

*Je veux juste que tout ça s'arrête… mais le cauchemar n'est pas terminé.*

*J'entends Maman dans la cuisine. Maintenant, elle va vouloir se préparer quelque chose à manger. Si je ne vais pas voir ce qu'elle fait en bas, elle risque de se brûler, voire pire.*

*Quand j'arrive dans la cuisine, Maman est déjà en train d'essayer d'allumer la gazinière. Elle devrait plutôt manger un beignet ou un gâteau, quelque chose de tout prêt, mais dans l'état où elle est, elle est incapable d'entendre raison. Je la regarde donc s'activer vainement, en mettant un désordre épouvantable.*

*Elle renverse de l'huile et des aliments partout. Elle tente d'allumer la gazinière, et comme toujours, c'est plus fort que moi. Il faut que j'aille à son secours, que je l'empêche de mettre le feu à la cuisine. Mais alors que je m'avance vers elle, elle panique et se met à me cogner au visage.*

*Elle va jusqu'à me jeter de la nourriture et des casseroles à la tête, sans se soucier de m'atteindre, ni des dégâts qu'elle cause.*

*Du coup, je me replie dans la pièce d'à côté, laissant la porte coulissante ouverte de manière à pouvoir la surveiller, mais à son insu.*

*J'attends, sur le qui-vive. La nuit s'écoule lentement. Ça fait maintenant plus d'une heure qu'elle tente de faire cuire quelque chose.*

*Enfin, elle renonce. Je ne sais pas si elle est parvenue à se préparer quoi que ce soit, mais le résultat de ses efforts est éparpillé autour de la gazinière. Maintenant, il faut que je la mette au lit, c'est ma prochaine épreuve, et elle est de taille.*

*Le plus compliqué, c'est de lui faire monter l'escalier sans me prendre un coup de poing dans les dents. Comme ce sont des marches en pierre, elle glisse et se cogne les tibias – ses jambes sont en permanence couvertes d'ecchymoses de toutes les nuances. Me mettre à sa portée, c'est risquer un énième coup de poing au visage. Je préfère donc la suivre et la laisser gravir les marches à son rythme, en la rattrapant chaque fois qu'elle perd l'équilibre.*

*Une fois en haut, elle parvient à trouver toute seule le chemin jusqu'à son lit. Moi, je regagne ma chambre, refais mon lit et j'éteins.*

*L'angoisse de ce qui risque de se produire est souvent pire que la réalité. Parfois, c'est presque aussi terrible de ne pas m'être réveillé. Dès que je la crois endormie, j'attends dans le noir, priant pour qu'elle ne revienne pas. Je peux rester des heures comme ça, l'oreille tendue, au cas où elle se relèverait. Finalement, je sombre dans le sommeil, vaincu par l'épuisement.*

Le pire aspect de notre relation, c'est le renversement des rôles. En dépit de ses problèmes avec l'alcool, Maman mène sa barque d'une poigne de fer lorsqu'elle est à jeun. De même, je dois filer droit. Elle peut même être dure avec moi, mais elle sait toujours où je suis et veille à ce qu'il ne m'arrive rien. Au moins, je ne me pose pas de questions ; avec Maman, les choses sont claires : je sais ce que je dois faire et je sais à quoi je m'expose si jamais je désobéis. Au moindre souci à l'école, elle contacte tout de suite l'établissement. Les rares fois où je prends des heures de colle, elle enquête pour savoir ce qui s'est passé. Pour l'enfant sans volonté que je suis, cette autorité directrice est vitale : on me dit ce que je dois faire, quand je dois le faire, et je le fais.

En revanche, dès qu'elle boit, les rôles s'inversent. Je n'ai pas oublié la fois où elle m'a frappé au visage quand je l'avais trouvée endormie sur le sol de la cuisine. Amère expérience. Une autre fois, j'ai gardé un œil au beurre noir pendant plusieurs jours. Mais Maman n'a pas semblé le remarquer, tout comme elle ne voit pas les marques des coups que m'inflige Reg. Elle continue de veiller à ce que mes dents soient propres et mes cheveux peignés, mais elle ne fait jamais allusion aux signes de maltraitance sur mon corps ou mon visage, pas plus que personne à l'école, du reste. Parfois, j'ai l'impression d'être une douleur ambulante, et pourtant personne ne me tend la main.

J'ai besoin de soutien, comme tout préadolescent, mais c'est moi qui dois soutenir tout le monde. J'ai compris maintenant que c'était à moi qu'il revenait de veiller à ce que Maman ne se blesse pas dans la cuisine, quand elle a bu. Car malgré les attouchements qu'elle me fait subir, je ne veux surtout pas qu'il lui arrive malheur. Ce qui nous conduit à un renversement des rôles. J'assume celui de parent, mais c'est fatigant, stressant et chronophage.

Certaines fois, j'aimerais la laisser se débrouiller seule et aller au lit sans penser à rien, mais ma conscience m'en empêche. Si je ne m'occupe pas d'elle, qui le fera ? Malgré les raclées qu'il ne cesse de me donner, Reg est trop âgé pour faire face à la violence verbale et physique de Maman, du coup je n'ai d'autre choix que de porter seul ce fardeau.

Cette inversion des rôles a un effet dévastateur sur moi et sur mon sommeil. La technique brutale qui consiste à réveiller un individu profondément endormi en allumant, c'est valable pour un pompier, pas pour un enfant.

C'est à cette période que je deviens somnambule. J'ignore si c'est dû aux agissements nocturnes de Maman, mais toute ma vie je resterai sujet à des accès de somnambulisme. En général, ça m'arrive quand je suis stressé ou mal à l'aise quelque part.

J'ai à présent douze ans et je suis très malheureux. Extérieurement, je donne le change, mais à l'intérieur, je suis comme une Cocotte-Minute sur le point d'exploser. Je n'ai personne à qui me confier, personne à qui poser les questions qui m'obsèdent :

*Pourquoi ma mère boit-elle autant ?*

*Pourquoi vient-elle me trouver la nuit, quand elle a bu ?*

*Pourquoi me demande-t-elle de lui faire ces choses horribles ?*

*Qu'est-ce qui l'a poussée à boire, au départ ?*

Ces questions m'assaillent en permanence, augmentant le niveau de pression. Chez moi, cela se traduit par une frustration et une colère croissantes. Mois après mois, une rage intérieure enfle dans ma poitrine, une rage qui finira par exploser de façon assez inattendue.

Maintenant que Papa vit aux États-Unis, c'est Maman qui m'emmène voir ma grand-mère paternelle. C'est une vieille dame passionnante, solide comme un roc, à qui je rends visite régulièrement et toujours avec grand plaisir.

Comme Maman n'aime pas faire le taxi, surtout pour aller chez son ex-belle-mère, elle finit par me donner l'argent pour le bus. Pour moi, c'est toute une aventure, car je dois changer de bus au centre-ville.

En arrivant chez Grand-mère, j'entre dans son univers parallèle. Elle a toujours été très excentrique et son originalité devient de plus en plus apparente au fil des ans. Sa maison n'est pas à proprement parler accueillante. Ces derniers temps, elle a fait poser des barreaux aux fenêtres et de multiples verrous sur sa porte. On se croirait dans une forteresse à l'intérieur de laquelle il fait plutôt sombre.

L'excentricité de Grand-mère s'étend à ses opinions et à ses centres d'intérêt qui vont du paranormal à la méditation en passant par le spiritisme, et elle ne demande qu'à partager ses passions peu orthodoxes avec moi. Certaines sont inoffensives, mais d'autres, telles que l'occultisme, conviennent peu à l'esprit d'un enfant.

Lors d'une de mes visites chez elle, Grand-mère me prête deux livres, le premier sur la méditation transcendantale et le second sur la magie – ni l'un ni l'autre ne sont des lectures pour un jeune garçon impressionnable. Je les feuillette dans le bus du retour, fasciné. Maman ne connaît que trop les excentricités de Grand-mère, mais elle se réjouit que j'aille la voir, car elle sait que je l'aime beaucoup. Néanmoins, à mon retour, je dois à chaque fois lui faire un compte-rendu de ma visite et elle vérifie toujours que Grand-mère ne m'ait rien donné de trop bizarre.

—Comment ça s'est passé chez Grand-mère ? me demande-t-elle.

—Oh, très bien, dis-je en espérant qu'elle ne remarquera pas le sac qui contient les livres.

—Elle t'a donné quelque chose ? s'enquiert-elle en m'examinant de la tête aux pieds.

—Non, rien du tout.

—Ah, et qu'est-ce qu'il y a dans ce sac, alors ?

—Euh… rien, Maman, c'est des bonbons.

Bien sûr, je mens très mal et je ne suis pas non plus très doué pour planquer des livres interdits. Dès que ma mère découvre leur contenu, elle me les confisque.

—Oh, s'il te plaît, Maman, je peux les garder ?

—Non, c'est hors de question, réplique-t-elle d'un ton sans appel.

Je ne cherche même pas à discuter : ça ne me mènera nulle part, au contraire, je vais l'énerver. De toute façon, j'ai déjà parcouru le livre sur la méditation transcendantale et je monte aussitôt dans ma chambre pour essayer de léviter au-dessus de mon lit.

Sans succès.

Un autre jour, Grand-mère me donne des Mars, mes barres chocolatées préférées. Incapable de résister, je veux en manger un dans le bus du retour. Je commence à ôter l'emballage de la délicieuse friandise qui me fait saliver d'avance et là, ô surprise ! Une poudre à l'odeur de moisi me coule entre les doigts et se répand par terre. Stupéfait, je vérifie la date limite de vente : ces Mars sont périmés depuis plus d'un an… Le chocolat étant l'une des denrées les moins périssables qui soient, Grand-mère devait garder ces barres depuis des années à l'intention de son unique petit-fils.

Mais elle a beau être bizarre, ce n'est rien à côté de ce qui se passe chez moi. Les visites nocturnes de ma mère, le comportement aussi violent qu'imprévisible de Reg, l'attitude étrangement détachée de mon père, tout cela transforme mon existence en chaudron d'anxiété.

J'ai l'impression de n'avoir personne vers qui me tourner. Je suis seul, isolé dans une détresse d'autant plus profonde que les événements qui la composent restent incompréhensibles à mes yeux. Comme en plus, j'entre dans l'adolescence et que je n'ai pas d'amis à qui me confier, on peut dire que je suis une grenade dégoupillée.

Et l'explosion ne va pas tarder à se produire.

## Deuxième partie

# LA RAGE D'OUBLIER

# 8

# LE BLUES DE L'ADOLESCENCE

J'ai treize ans, et Reg se sert toujours de moi comme *punching-ball*. Il se désintéresse totalement de moi, sauf lorsqu'il a besoin de défouler son trop-plein de frustration. Comme je ne suis pas du genre à riposter ou à me défendre, je continue à encaisser les coups.

Quand Reg commence à s'énerver, je sens venir l'orage et file me réfugier dans ma chambre. J'essaie toujours de mettre le maximum de distance entre lui et moi, dans l'espoir que Reg, qui est maintenant âgé, s'essoufflera avant de m'avoir rejoint. Ça n'arrive jamais et pourtant, je ne cesse d'y croire. Une fois qu'il m'a rattrapé, il a certes du mal à respirer, mais ça ne l'empêche jamais de me tabasser.

Ce jour-là, Reg se lance à ma poursuite, comme d'habitude. J'arrive en haut de l'escalier, je regarde pardessus la rampe, je le vois monter et vais ouvrir la porte de ma chambre quand quelque chose se produit en moi. Brusquement, c'est trop.

—Fous-moi la paix, mais fous-moi la paix… Ne t'approche plus de moi, ne t'approche plus jamais de moi, t'entends ?

Je hurle du haut de l'escalier. Je ne reconnais pas ma voix, mais je ne peux pas m'arrêter. Un déclic s'est produit en moi.

Mais Reg ne va pas se démonter pour si peu. Il va continuer à gravir les marches et me rouer de coups, comme d'habitude. Pourtant, aussi incroyable que cela puisse paraître, il n'en fait rien. Il blêmit, stoppe net son ascension, redescend l'escalier et toujours sous mes invectives, il retourne dans la cuisine.

J'en reste sans voix. L'espace d'un instant, je me demande même si je ne devrais pas aller voir s'il va bien. Je commence à descendre à pas de loup quand j'entends un bruit qui semble venir de la cuisine où il s'est enfermé.

C'est peut-être mon imagination qui me joue des tours, mais on dirait des sanglots… ou une respiration laborieuse ?

Je lui ai peut-être provoqué une crise cardiaque en lui hurlant dessus comme je l'ai fait. Ça ressemble à quoi, quand on a une crise cardiaque ? Qu'est-ce qui peut la causer ? Je n'en sais rien du tout. Finalement, je décide de ne pas tenter le diable. De toute façon, si Reg fait bel et bien une crise cardiaque, il l'aura bien cherchée. Bien fait pour lui !

Néanmoins, je suis soulagé lorsqu'une heure après, Maman rentre à la maison et que je les entends discuter en bas tout à fait normalement, comme si rien ne s'était passé.

Et c'est tout. À partir de ce jour, Reg ne lèvera plus jamais la main sur moi.

Cependant, je ne peux oublier les souffrances qu'il m'a infligées. Pour moi, Reg reste une brute perverse. Sa maltraitance était autant morale que physique. Il ne m'a jamais demandé pardon, il n'a même jamais reconnu qu'il m'avait battu durant des années. Et puis un jour, quelques semaines après la fin subite des raclées de Reg, Maman me fait un aveu ahurissant.

Nous sommes tous les deux assis à la table à tréteaux, dans le jardin, par une belle journée du début juin et je l'aide à écosser des petits pois, chose que j'adore faire. Sentant sous mes doigts la fraîcheur lisse des pois lorsqu'ils jaillissent de la gousse, je ne peux résister à l'envie d'en croquer un ou deux à chaque fois. Il m'arrive aussi d'en écraser en tirant trop fort sur la cosse.

—Doucement, David. Fais-les sortir doucement, comme ça.

Elle me montre. Avec habileté, elle libère les petits pois qui tombent, intacts, dans le saladier.

—Et si tu continues, ajoute-t-elle, nous n'aurons plus rien à manger, au rythme où tu les dévores.

—Désolé, Maman, mais c'est trop bon. Et puis, il faut bien que je me nourrisse pour prendre des forces.

—Ne dis pas de bêtises. Et Reg, alors ? Tu crois qu'il n'a pas besoin de prendre des forces, lui aussi ? Certainement plus que toi. Il se fait vieux, tu sais, et je me fais du souci pour lui. Ça fait quelques semaines qu'il n'est plus lui-même.

Je lève les yeux sur Maman, me remémorant le soir où j'ai cru que Reg avait fait une crise cardiaque. Serait-elle au courant ?

À mon air, elle se doute tout de suite de quelque chose.

—Qu'est-ce qui se passe, David ? Tu me caches quelque chose ?

—Non… rien, Maman.

—Ah oui ? À d'autres ! De toute façon, je finirai bien par le savoir. Reg me dit tout.

Une sorte de gloussement m'échappe, mi-railleur, mi-incrédule.

—Quoi ? dit Maman.

Je prends une grande inspiration. C'est maintenant ou jamais.

—Reg te dit tout, hein ? Et il t'a dit qu'il avait failli avoir une crise cardiaque, il y a quelques semaines, alors qu'il allait me tabasser ?

—Qu'est-ce que tu racontes ?

—Me tabasser, comme il le fait depuis des années. À coups de pied et de poing.

—David, je…

—Désolé, Maman. Je ne voulais pas t'en parler parce que je savais que ça te ferait de la peine, mais c'est la vérité. Il me flanque tout le temps des raclées quand tu n'es pas là et il fait bien attention à ne pas me cogner au visage pour qu'on ne voie pas les marques. Il me bat depuis des années, mais je ne voulais pas que tu le saches.

Gagné par le désespoir, je m'interromps pour ne pas fondre en larmes. Je n'en reviens pas de m'entendre tout déballer. C'est sorti d'un coup, comme ça, sans prévenir, et si je continue, je sais que je ne pourrai plus m'arrêter, que je lui dirai tout, y compris ce qui demeure notre grand secret, ce non-dit qui plane entre nous depuis si longtemps.

—Je sais, David, murmure-t-elle.

—Qu'est-ce que tu veux dire ?

—Tu me prends pour une idiote ? Il y a longtemps que je sais ce qui se passe entre Reg et toi, évidemment que je le sais ! Mais qu'est-ce que je peux y faire ? Il doit avoir ses raisons, après tout, et c'est vrai que tu peux être pénible. Je ne suis pas forcément d'accord avec ses méthodes, mais ton père n'est pas là, alors que Reg, oui ! Et si c'est comme ça qu'il a décidé de se comporter avec toi… Ma foi, les garçons ont parfois besoin d'être élevés à la dure, à toi de t'y faire.

Elle plisse les lèvres comme pour dire : « C'est comme ça, point final. »

J'en reste sans voix. Sonné. Ma propre mère me dit qu'elle n'a jamais ignoré les sévices que m'infligeait Reg, que je lui servais à la fois de *punching-ball* et de ballon de foot, et ce chaque fois que l'envie l'en prenait, mais en plus elle a laissé faire, en toute conscience. Je suis choqué jusqu'au tréfonds de mon être. Je ne peux pas le comprendre ; je ne peux pas imaginer que ma mère ait pu savoir et ne rien faire.

Je n'arrive même plus la regarder. De toute façon, elle s'est refermée comme une huître. Elle a dit ce qu'elle avait à dire, le débat est clos.

Je tiens toujours une cosse de petits pois. Elle est ouverte. À l'intérieur, les pois sont alignés comme des petits enfants innocents. Je ne peux me résoudre à les éjecter de leur nid. Je pose la cosse sur la table et me précipite dans la maison, laissant Maman finir d'écosser le reste.

Allongé sur mon lit, je regarde le soleil qui brille dehors, cherchant en vain une logique à tout cela.

Je vis à présent trois existences distinctes, dans lesquelles je tiens trois rôles différents.

Je suis toujours un jeune garçon sous la responsabilité de ma mère et de mon beau-père, et parfois, même en ce moment, je peux encore m'autoriser à être cet enfant.

Je suis aussi une cible, un objet, une poubelle, dans laquelle ma mère et mon beau-père déversent leurs ordures quand ça leur chante. C'est sur moi qu'ils passent les démons qui les hantent.

Et désormais, je suis aussi l'aidant de ma mère. Je suis forcé d'être un père pour elle, tout comme elle est devenue une mère pour mon beau-père.

Je me sens trahi, cruellement déçu. Reg est plus important pour elle que son propre fils. Plus je pense à Reg et elle, plus je suis bouleversé. Mais au plus profond de moi, je ne suis pas loin de comprendre pourquoi elle a permis à Reg de continuer à me frapper. Elle a trouvé un homme qui voulait bien d'elle, avec tous ses problèmes, et elle est prête à tout pour préserver sa sécurité. Même à ce que son mari batte son propre fils comme plâtre en son absence.

Soudain, une pensée me glace le sang. Peut-être qu'elle sait ce qu'elle me fait faire quand elle est soûle, peut-être est-ce pour ça qu'elle ne voit pas grand mal à ce que Reg me cogne dessus. Je ne peux ou ne veux croire à cette éventualité, mais alors, comment expliquer son incapacité à me protéger comme c'est son devoir de mère ? Ce scénario est trop affreux pour être envisagé. Je redescends de ma chambre, prends mon vélo et sors, pédalant droit devant moi dans l'après-midi finissant. Je ne sais pas où je vais. N'importe où, loin de Maman, loin de Reg, loin de cette maison pleine de mauvais souvenirs. À mon retour, il fait nuit. À l'étage, Maman est déjà en train de se cogner contre les meubles. Ivre, une fois de plus. Ignorant Reg, je me fais un sandwich à la confiture et monte directement dans ma chambre. Le lendemain matin, je me réveille, soulagé. Au moins, Maman n'est pas venue me voir, cette nuit.

Tout en sachant que Maman dépend de Reg et qu'elle en est venue à l'aimer très profondément, je n'ai jamais compris et ne comprendrai jamais comment fonctionnait leur couple. Comment deux personnes dénuées de tout point commun et issues de deux générations complètement différentes pouvaient-elles s'entendre et former une union apparemment heureuse ? De l'extérieur, ça peut ressembler à un mariage de convenance, mais ma mère n'aurait jamais pu vivre avec un homme « normal ». Avec Reg, elle a trouvé quelqu'un prêt à l'accepter telle qu'elle était et à lui procurer un toit à elle ainsi qu'à son fils.

De toute façon, leur mariage est devenu bien plus que ça. Ils ne sortent pratiquement jamais l'un sans l'autre et discutent de tout ensemble, dans le moindre détail, même si Maman a toujours le dernier mot. Ça m'apparaît encore plus clairement lorsque Reg décide de partir tout seul.

Reg a un fils, Anthony, qui vit en Australie. Il est installé là-bas depuis des années et Reg ne l'a pas revu depuis son départ d'Angleterre. Maman et moi ne le connaissons pas. Entre Reg et Anthony, les contacts restent épisodiques : en tout et pour tout, des cartes d'anniversaire et des cartes de vœux. C'est Maman qui, de son propre chef, décide de donner un nouvel élan à leur relation. Elle commence par lui écrire ; il répond en lui envoyant des photos de sa famille. Elle pousse plus loin en lui téléphonant. Reg n'a guère la fibre d'un patriarche, mais je sais que ce rapprochement le rend très heureux. Il aime beaucoup Anthony qui lui manque depuis son départ en Australie. Entre le père et le fils, le lien se renforce et s'étend bientôt à nos deux familles. Maman est enchantée de faire ça pour Reg. Au fur et à mesure de leurs échanges, l'idée d'une réunion familiale commence à se dessiner, immédiatement repoussée en raison du coût de l'entreprise. Anthony n'a pas les moyens de payer un billet d'avion pour l'Angleterre à toute sa famille et nous pouvons encore moins nous permettre de nous embarquer pour l'Australie.

C'est alors que Maman a une idée de génie. Elle suggère à Anthony que Reg aille leur rendre visite en Australie. Aussitôt, Anthony propose de payer la moitié du billet d'avion et le projet est sur les rails. Maman commence à organiser le voyage et en 1982, à l'âge de soixante-douze ans, Reg part d'Halifax, Yorkshire, à destination de Perth, Australie. À la gare routière d'Halifax, il prend un car qui l'amène au centre de Londres, puis il emprunte la navette pour l'aéroport de Heathrow où il embarque direction Perth.

Reg n'a jamais quitté son village natal. Il a toujours travaillé à quelques kilomètres de chez lui et n'a jamais pris l'avion, ni même quitté l'Angleterre. Il n'est allé qu'une seule fois à Londres, et c'était en voiture, avec nous. Pourtant, à son âge, il va faire des milliers de kilomètres en avion pour séjourner dans sa famille qu'il n'a pas vue depuis des années. C'est toute une aventure ! Maman se réjouit pour lui, mais elle se fait un sang d'encre, persuadée qu'elle ne le reverra plus. Elle ne se détendra vraiment que lorsqu'il sera revenu sain et sauf à la maison.

Pendant le séjour de Reg en Australie, ils s'écrivent tous les jours. Ce sont les lettres de deux êtres qui s'aiment profondément et souffrent dans leur chair de la séparation. Quand Reg revient, Maman est folle de joie, au-delà de tout ce que l'on peut imaginer. Néanmoins, cet amour profond et durable qu'ils éprouvent l'un pour l'autre continue de me troubler : pourquoi ma mère n'est-elle pas intervenue alors qu'elle savait que Reg me battait ? Ou au moins, pourquoi n'a-t-elle jamais mis le sujet sur le tapis ?

Depuis qu'il a cessé de me battre, Reg n'a plus qu'un rôle purement logistique dans mon éducation : il faut bien qu'il y ait quelqu'un pour m'accueillir à mon retour de l'école. Il se montre parfaitement indifférent à mon égard. Il ne semble pas me détester, c'est juste qu'il ne s'intéresse pas à moi. Ou du moins en apparence. Un incident me laisse à penser que ça n'est pas tout à fait le cas.

Un jour, en rentrant de l'école, je descends à l'arrêt de bus qui se trouve en bas de notre chemin en même temps qu'un autre garçon, Alan Carthy, qui habite la première maison. Mais alors que nous nous engageons sur le chemin, quelque chose me serre le cœur. Devant nous marchent deux autres garçons : Andrew, le petit-fils de Reg, qui vit toujours à la ferme, et l'un de ses amis.

Andrew a changé depuis que ses parents ont coupé les ponts avec Maman et Reg. J'ignore la cause de leur brouille ; tout ce que je sais, c'est qu'ils ne se voient plus et, instinctivement, je sens que si nous nous croisons, Andrew et moi, les choses vont mal se passer. Le contact est rompu entre la famille de Pauline et la nôtre, et même s'il m'arrive de voir Andrew passer sur le chemin, en général il m'ignore. Je comprends que la situation est délicate. Du coup, je m'applique à l'éviter, ce qui me réussit la plupart du temps. Mais aujourd'hui, nous sommes bien obligés de faire la route ensemble puisque nous habitons à deux cents mètres l'un de l'autre. Son copain et lui marchent devant nous, quand, à un moment, Andrew murmure quelque chose à son copain. Tous deux éclatent de rire et me jettent un coup d'œil.

Feignant de ne rien voir, je ralentis encore le pas afin de leur laisser de l'avance. Soudain, ils se retournent et s'avancent vers moi, me bloquant le passage. Visiblement, ce n'est pas après Alan Carthy qu'ils en ont. Ce dernier les évite et part en courant sur le chemin.

—Qu'est-ce que tu veux, Andrew ? dis-je, tout surpris d'oser lui poser cette question.

—Va te faire foutre, petit con ! Je te dirai ce que je veux quand j'en aurai envie.

Pendant ce qui me semble être une éternité, je laisse Andrew me cracher ses insultes à la face. Je le sais capable de me cogner, aussi, j'encaisse sans répliquer. Il ne cesse de se rapprocher et je vois la haine dans ses yeux. Je détourne le regard et il comprend que j'ai peur. Ma réaction semble le satisfaire, sans qu'il ait besoin de recourir à la violence physique. Il aimerait que je m'attaque à lui, sans doute pour me démolir, mais il choisit de ne pas me frapper et s'éloigne tranquillement. Ça lui suffit pour aujourd'hui. Secoué, j'attends qu'il ait disparu au bout du chemin pour reprendre ma marche.

Quand, rentré à la maison, je raconte l'incident à Reg, sa réaction me laisse pantois. Il lâche tout et se tourne vers moi, les yeux lançant des éclairs, fou de rage.

—Où ça s'est passé ? articule-t-il, les dents serrées.

—En bas de la route, dis-je, sans comprendre.

Reg se rue hors de la maison et s'engage sur le chemin. Je le suis du regard. Jamais je ne l'ai vu marcher aussi vite. Enfin, il revient sur ses pas, hors d'haleine, et finit par se calmer.

—La prochaine fois que ça arrive, tu viens tout de suite me le dire.

—Bien sûr, Papy.

Je suis abasourdi. Reg serait sorti pour me défendre contre Andrew ? Ça voudrait dire qu'il m'aime, tout compte fait, ou du moins qu'il s'intéresse à moi, bien que ce soit Andrew, son véritable petit-fils.

Quand Maman apprend ce qui s'est passé, elle me demande si je veux faire de la boxe. Je dis oui et nous nous rendons ensemble à la maison de quartier de Mystendyke. On n'y fait pas de boxe, mais il y a un cours de karaté. Je m'inscris aussitôt et durant plusieurs années, j'y passerai deux heures le lundi et le mercredi soir.

La situation est des plus bizarres. D'un côté, j'apprends l'autodéfense pour me protéger des personnes qui me veulent du mal. De l'autre, la seule personne qui m'a fait souffrir physiquement et moralement pendant des années, c'est mon beau-père, l'homme qui est censé s'occuper de moi et aider ma mère à m'élever.

Le karaté se révèle être une activité très positive pour moi. Je ne suis plus le souffre-douleur du collège. Les brutes continuent d'embêter la plupart des garçons, mais mes rapports aux autres élèves sont complètement modifiés.

J'ai toujours été une cible facile, à l'école. En général, ce n'est pas bien méchant, mais je déteste ça. Ma tenue, déjà, me met en butte aux moqueries. Je porte toujours de la fripe, le comble de la ringardise. La plupart de mes camarades ont des vêtements plus ou moins stylés, mais moi, je n'ai rien d'approchant : je suis démodé de la tête aux pieds. Maman se fiche complètement de la mode et elle est très loin d'imaginer que ça puisse compter pour moi. Elle croit plus à la fonction qu'à la forme, à tous les niveaux, et ce principe s'applique aussi à mon sac de classe.

Tous les garçons mettent leurs affaires dans un sac de sport. Pour mon entrée au collège, Maman m'a acheté une mallette, une grosse mallette marron à soufflets. La honte. La mallette était robuste, elle m'a fait de l'usage... Quand enfin elle a rendu l'âme, je me suis dit que Maman écouterait mes protestations et qu'elle m'achèterait un sac de sport. Mais non. Elle a trouvé encore pire, un cartable traditionnel, en cuir marron. Bien qu'il remplisse très bien sa fonction et qu'il semble inusable, je suis le seul élève à trimballer une telle monstruosité. Ce sont les filles qui ont des cartables, ce qui augmente encore mon mépris envers le mien.

Ce sont ces petits détails qui me singularisent aux yeux des autres et me mettent en butte aux railleries et au ridicule. J'y suis toujours hypersensible, mais au bout de quelques cours de karaté, je suis à même de répliquer. La plupart du temps, quand les autres voient que je refuse de m'écraser, ils me laissent tranquille. Quelques-uns, en revanche, ont quand même envie d'en découdre. Un jour, par exemple, je me dispute avec un garçon, pour une bêtise, et il réclame que l'on règle ça à coups de poing.

—Très bien, dis-je.

Nous convenons de nous retrouver à l'endroit où ont lieu les bagarres à l'école et pas mal de monde s'y pointe. Les hostilités sont sur le point de débuter quand un garçon murmure quelque chose à l'oreille de mon adversaire. Je distingue à peine ses paroles.

—Fais gaffe, John, il fait du karaté...

Aussitôt, mon adversaire se décompose. Se bagarrer avec moi n'est peut-être pas une si bonne idée que ça, tout compte fait. Il bat en retraite et ça s'arrête là. À partir de ce jour, personne ne vient plus me chercher noise, ce qui me convient très bien. Je ne suis pas bagarreur, je veux juste que les autres me laissent tranquille. À part les filles, bien sûr.

Je m'intéresse de plus en plus aux filles, mais à près de quatorze ans, je n'en ai jamais embrassé une. Quant à avoir une petite amie, n'en parlons pas. Les filles ne s'intéressent pas le moins du monde à moi, et au point où j'en suis, je suis prêt à sortir avec n'importe laquelle, je me fiche de son physique ou de ce que l'on pense d'elle.

Et puis, un jour, mes prières sont exaucées.

Une fille que je connais vaguement s'approche de moi.

—Eh, David !

—Oui, dis-je prudemment, sachant que la plupart du temps les filles aiment bien se moquer de moi.

—Ça te dirait de sortir avec Sophie ?

Elle me pose cette question avec autant de détachement que si elle me proposait d'aller prendre une glace au chocolat chez le marchand du coin de la rue. Moi, en revanche, je prends une décharge de cent mille volts.

Je regarde autour de moi : elle doit se tromper de personne.

Je bredouille :

—Qui… moi ?

—Oui. Rejoins-nous près des marches, à la cantine.

J'ai du mal à me contenir pendant les cours qui suivent et à midi, je fonce vers le lieu de rendez-vous. C'est l'événement le plus fantastique de ma vie. Je me surprends à rêver à Sophie en classe et à courir comme un fou à l'interclasse pour passer quelques secondes de plus avec elle.

Je suis passionnément épris d'elle, pourtant dès le début, je vois bien qu'elle n'est pas aussi amoureuse de moi que je le suis d'elle.

Sophie est une brune un peu ronde, pas particulièrement jolie, avec une grande bouche. Aucun autre garçon ne la regarde, à part moi, principalement parce que c'est la première fille à m'avoir témoigné un certain intérêt – en dehors de Sally Seymour qui m'a largué après notre premier rendez-vous quand j'avais onze ans.

Bien que Sophie ait accepté de sortir avec moi, elle n'est visiblement pas trop branchée par l'aspect physique. C'est à peine si nous nous embrassons et câlinons. À part m'asseoir à côté d'elle et lui passer un bras autour du cou, je n'obtiens guère de plus d'elle – ce n'est pas franchement génial pour un adolescent bouillonnant d'hormones sexuelles. Alors, je prends mon mal en patience, bien content d'avoir une copine.

Et puis, un jour, pendant les vacances, alors que nous jouons dans sa chambre, nous finissons par terre, sous des draps, et c'est là que nous nous donnons notre premier baiser. Je ne suis pas très doué, mais ce n'est pas bien grave. J'ai embrassé une fille et la sensation est extraordinaire. Nous sommes désormais unis par un lien spécial – rien à voir avec celui que je partage avec Maman quand elle a bu.

Je vais à l'école, la tête haute. Je ne suis plus la demi-portion dont personne ne veut. Je suis très fier de moi.

Ce sentiment d'euphorie ne dure pas. Au bout de quatre semaines, Sophie me largue – sans raison, sans explication. Je suis jeté comme une vieille chaussette.

Anéanti, j'ai l'impression que ma vie est finie, je suis accablé, écrasé par le désespoir et le sentiment de perte. Moi qui suis fragile, j'ai beaucoup de mal à digérer un tel rejet. Je serre les dents jusqu'au moment où ça devient trop dur… et je fais une grosse bêtise.

Un samedi soir, Maman et Reg sont sortis et je suis seul à la maison. Le cœur brisé, je continue de penser à Sophie, je ne parviens pas à me l'ôter de la tête. Je suis embourbé dans ma solitude et mon désespoir. Mon magnétophone Sony fonctionne en permanence. En 1982, je suis fan de Big Country, Abba, Madness, de ska en général et d'une chanson en particulier : *Heartbreaker* de Dionne Warwick.

Je me passe cette chanson en boucle. À chaque fois, elle augmente la boule de chagrin qui me noue l'estomac dès que je pense à Sophie.

Tout d'un coup, je n'en peux plus. J'en ai assez. Je trouve des comprimés contre le mal de tête dans la cuisine et je commence à les avaler, l'un après l'autre, tout en écoutant *Heartbreaker*. La nausée me gagne et je me sens partir dans les vapes. Je décide de m'arrêter, mais je suis déjà dans un sale état. Je ne veux pas que Maman me voie comme ça. Le mieux, c'est d'aller me coucher. Une fois dans mon lit, je regarde le plafond et la pièce se met à tourner. Je me sens horriblement mal, mais je me dis que ça ira mieux demain matin, à condition que j'arrive à dormir. Je finis par m'assoupir avant le retour de Maman.

À mon réveil, mon esprit est assailli par les événements de la veille et en un éclair, je comprends que je l'ai échappé belle. J'aurais pu mourir si j'avais continué à prendre ces comprimés. Mon moral dégringole à nouveau en repensant à mon ex-petite amie, mais le chagrin cède rapidement la place à une violente douleur à l'estomac.

—Maman ! J'ai très mal au ventre !

En entrant dans ma chambre, elle me trouve en train de sangloter. Elle me regarde droit dans les yeux pour voir si je ne joue pas la comédie. Maman est très à cheval sur l'assiduité : pour que je manque les cours, il faut vraiment que je sois dans un état critique. Elle ne se laisse pas attendrir par un gros rhume. Du moment que je peux marcher, je vais au collège. Mais elle se rend compte tout de suite que cette fois, c'est grave. Après tout, elle a un diplôme d'infirmière. De toute façon, quel intérêt aurais-je à simuler ? C'est dimanche. Il n'y a pas école.

—Tu as mal comment ? me demande-t-elle.

—Vraiment très, très mal. S'il te plaît, appelle le docteur.

—Tu crois que c'est nécessaire ? insiste-t-elle, sachant qu'elle va devoir faire venir un médecin un dimanche.

—Mais, Maman, je me sens vraiment très mal... Appelle un docteur, s'il te plaît.

J'aimerais lui avouer ce que j'ai fait la veille, afin qu'elle puisse me soulager, mais je n'ose pas. Il est intéressant de noter qu'à aucun moment elle ne me demande si j'ai fait quelque chose pour me mettre dans cet état, du coup, je me tais. Elle appelle le médecin qui ne décèle aucun symptôme inquiétant et finit par me poser la question qui s'impose.

—Et d'après toi, David, qu'est-ce qui peut t'avoir provoqué ce mal au ventre ? m'interroge-t-il, d'un ton de proviseur face à un mauvais élève.

C'est le moment ou jamais de tout dire. Mais les mots refusent de sortir de ma bouche. J'ai tellement l'habitude de me taire qu'au final, ça ne fait qu'un secret de plus sur ma liste.

—Je ne sais pas, dis-je d'un air penaud.

Il me dévisage encore quelques secondes, se demandant s'il doit me croire ou pas. Mais finalement, il ne me pose pas d'autres questions. Il dit à Maman de me garder au lit, de s'occuper de moi et lui explique comment soulager mes maux de ventre.

En quelques jours, je suis rétabli et me rends compte encore une fois que je l'ai échappé belle. Je n'ai aucune envie de mourir, encore moins d'une overdose. Ma personnalité fragile a été mise à mal : j'ai vécu le rejet de Sophie comme quelque chose d'intolérable, au point de faire une tentative de suicide.

Je décide de parler de ce qui s'est passé à un ami. Daniel est dans ma classe et nous nous entendons bien. C'est un grand échalas dégingandé, au visage long et étroit, à la voix haut perchée. Originaire du Sud, intelligent, il s'exprime bien et se proclame opposé au nucléaire, ce qui est assez rare dans un collège du Nord. En somme, nous sommes deux originaux qui se fréquentent. Il m'arrive même d'aller chez lui.

Daniel et moi traînons dans Mystendyke quand, tout à trac, je lui raconte ce que j'ai fait. À son expression horrifiée, je comprends très vite que j'ai fait une erreur en me confiant à lui. Du reste, il ne montre guère de compassion pour moi et refuse d'écouter mes problèmes et mes angoisses. Il ne comprend pas les raisons de mon acte et je me rends compte que maintenant, il risque de le dire à tout le collège. Il faut lui rendre justice, il n'en fait rien, mais mon histoire continue de le laisser de marbre.

Moi, j'ai besoin de parler de mon chagrin d'amour à quelqu'un capable de m'aider à le surmonter, mais de toute évidence, Daniel n'est pas la bonne personne. Je pensais aussi que s'il pouvait comprendre mon espèce de tentative de suicide ratée, je pourrais lui parler de ce que me fait vivre Maman. Mais son indifférence m'en fait vite passer l'idée. À partir de maintenant, je sais que je dois garder le secret sur ce qui se passe entre Maman et moi. Personne ne doit jamais savoir.

À la maison, le quotidien empire de semaine en semaine, proportionnellement à l'alcoolisme de Maman qui devient incontrôlable.

Je profite néanmoins de petites distractions. En cinquième et en quatrième, je pars deux ou trois semaines en échange linguistique à Saint-Paul, dans le nord de la France, chez mon correspondant. De leur côté, les élèves français passent un séjour identique chez nous. Le choix de ce voyage scolaire est dicté par mon niveau de français qui est correct, comme celui de Maman. C'est aussi le moins coûteux : il n'y a pas de frais d'hébergement ni même de billet d'avion puisque nous y allons en ferry. J'aurais adoré aller au ski, mais vu le prix, c'est absolument hors de question.

Je profite de chaque minute de ces voyages, d'autant plus que je suis les deux fois hébergé par la même famille. C'est une fermette où l'on élève du bétail et des chevaux miniatures, située dans un ravissant village : des routes de campagne, un bureau de tabac, et peu de nouvelles constructions. Mon correspondant, Jean-Pierre, est un grand mec très populaire. Maman est une hôtesse parfaite. Lors de son séjour chez nous, elle est aux petits soins pour lui et, à mon grand soulagement, elle s'abstient de boire. C'est même l'une des rares occasions depuis bien des années qu'elle est demeurée sobre plus de quelques jours. Malgré son mauvais caractère, sa propension à l'insulte et son égoïsme, elle garde la capacité de se tenir correctement quand il le faut et quand elle le décide.

Cet échange linguistique me donne également l'occasion de faire des choses impossibles en temps normal. Jusqu'ici, je n'ai jamais bu une goutte d'alcool. En dépit de son addiction, Maman ne m'autorise jamais à boire, pas même une gorgée. Mais, un soir, l'un des correspondants anglais organise une soirée chez lui. D'habitude, je ne suis jamais invité, mais cette fois, tous les participants de l'échange, y compris moi, figurent sur la liste. Bizarrement, les parents de ce garçon ont choisi de sortir ce soir-là, en nous laissant la maison. Bien entendu, les bouteilles ne tardent pas à apparaître. Elles doivent venir du bar familial, à moins que ce soit d'autres élèves qui les aient apportées. Moi, en tout cas, je suis venu les mains vides.

Je goûte un peu de tout, sans grand enthousiasme. Les alcools sont trop forts, la bière trop amère. Et puis je trouve un breuvage à mon goût : le sherry. Ce vin doux et épais devient ma boisson de prédilection et je ne lâcherai plus la bouteille de toute la soirée – pour ma consommation personnelle. Très vite, je suis complètement bourré et j'adore ça. Je commence à comprendre pourquoi Maman boit autant. La désinhibition que procure l'ivresse est fantastique. J'adore aussi le goût du sherry et je garderai une préférence pour les vins sucrés comme le cidre et les liqueurs.

Je n'ai que peu de souvenirs de la soirée, à part que tout le monde s'est soûlé et qu'une fille a menacé de se suicider. À la suite d'une violente dispute avec son amoureux, elle a dit qu'elle allait se jeter du haut d'un mur, à l'arrière de la maison. Habitué aux frasques d'ivrogne de Maman, je ne trouve rien d'excessif à ce qu'une fille hystérique essaie d'attirer l'attention parce qu'elle s'est fait larguer. Je l'accepte sans broncher.

À notre retour, Maman est super indulgente à mon égard parce que Jean-Pierre est notre invité et qu'il est dans le même état que moi. Après son départ, cependant, elle retrouve son comportement habituel.

L'un des pires aspects de Maman quand elle a bu, c'est sa grossièreté. Elle dit alors des choses qui me choquent et m'effraient. J'ai parfois l'impression qu'elle le fait exprès pour nous faire du mal, à Reg et à moi. Il lui arrive même d'inventer des horreurs pour attirer l'attention sur elle. Le dimanche, il y a toujours du rôti à midi – en général, c'est Reg qui fait la cuisine et Maman lui donne parfois un coup de main.

Un dimanche, elle commence à s'alcooliser plus tôt que d'habitude. Du coup, au moment de passer à table, elle est déjà complètement partie, ce qui signifie qu'elle ne mangera pas. Reg et moi prenons notre repas en tête à tête pendant qu'elle déambule en titubant à l'étage. Soudain, elle dévale l'escalier. La porte de la cuisine s'ouvre en grand et elle nous regarde fixement depuis le seuil.

—J'ai un cancer. J'espère que vous serez tous contents quand je serai morte !

Là-dessus, elle referme la porte violemment et retourne dans sa chambre.

Nous continuons à manger en silence. Que pourrions-nous faire d'autre ? De toute façon, nous n'avons aucun moyen de vérifier ses dires tant qu'elle est dans cet état. De sa part, plus rien ne nous étonne. Nous sommes immunisés, depuis le temps, même quand elle profère des énormités aussi choquantes que celle-là.

Ce degré de grossièreté explique entre autres le rapide roulement de ses amis. Une nouvelle personne apparaît dans le paysage, devient son confident pendant quelques mois, puis s'évanouit dans la nature. Maman peut parler pendant des heures, mais elle n'a aucune capacité d'écoute. Vu qu'elle est totalement autocentrée, la conversation est toujours à sens unique avec elle.

Mais ce n'est pas ça le plus grave, par rapport au nombre de ses appels téléphoniques interminables. Qui eux-mêmes ne sont rien, comparés à ce qui se passe dès que l'alcool s'invite dans l'équation. Lorsque Maman téléphone à quelqu'un, ses manies sont amplifiées au centuple quand elle est ivre. Parfois, les conversations avinées peuvent être amusantes ou du moins, facilement oubliables. Quand elle appelle les gens avant d'être complètement soûle, elle est capable de soutenir une conversation normale. Mais très vite, elle tombe dans l'intime et la vulgarité. Quelques appels de ce genre suffisent à rompre définitivement une amitié.

Un soir, elle décide d'appeler Papa aux États-Unis. Comme il ne répond pas, elle laisse un message… de quarante-cinq minutes. Incroyable. Parler pendant quarante-cinq minutes sans s'arrêter relève déjà de l'exploit, mais parler dans le vide, sur un répondeur qui se trouve de l'autre côté de l'océan, en s'adressant à un homme dont on est divorcée depuis des années, ça dépasse l'entendement. D'autant que l'époque n'est pas aux télécommunications abordables ! Ce genre d'appel transatlantique coûte encore une fortune, à cette période. Ses factures de téléphone doivent être astronomiques. D'ailleurs lorsqu'elle les reçoit, elle doit bien voir les appels qu'elle a passés ? Pourtant, elle récidive, même quand il lui faut payer de sa poche le prix de ses communications personnelles. Ce comportement au téléphone la coupe progressivement de tous ses amis et de sa famille.

Dans les années à venir, même Anthony, le fils de Reg qui vit en Australie, ne supportera plus ce harcèlement téléphonique. Et ce, bien que ce soit Maman qui ait organisé ses retrouvailles avec son père.

La rupture de Reg avec sa fille Pauline est désormais consommée. Nous en avons eu la preuve concrète lors d'une tragique circonstance. Michael, le petit-fils de Reg, roule toujours à fond sur sa moto, sur les étroites routes de campagne qui entourent notre maison. Si jamais je l'aperçois au moment où je promène les chiens, je rebrousse chemin. Je n'aime pas Michael que je crois capable de foncer sur nos chiens exprès, par pure méchanceté. Il a déjà été impoli avec Maman qu'il a traitée de salope quand nous cueillions des mûres au bord d'un champ. Cela m'avait bouleversé, mais Maman était restée très calme, contrairement à son habitude, et avait continué à ramasser les baies sous les injures.

Un soir, Michael a percuté un mur à grande vitesse sur sa moto. Il a été tué sur le coup. Eh bien, personne n'est venu annoncer sa mort à Reg, il n'a même pas été invité aux obsèques de son petit-fils. Reg est un homme fort qui ne laisse jamais rien paraître de ses sentiments, néanmoins, il doit avoir eu beaucoup de peine. Bien évidemment, notre bannissement est lié à l'alcoolisme de Maman.

Tout cela ne l'empêche pas de continuer de boire. Au contraire, sa dépendance s'accentue, ce qui ne fait qu'aggraver la situation. Je ne peux pourtant pas changer de numéro de téléphone ou couper les ponts avec tout le monde ! Du coup, je fais avec.

J'ai maintenant quatorze ans. Je deviens adulte, je prends conscience de ma sexualité et de mon corps. Ça n'a pas dû échapper à ma mère, car c'est à cette période que se produit un changement radical chez elle. Elle continue de venir dans ma chambre, ivre morte, d'allumer brutalement, d'arracher mes couvertures, et de s'allonger sur mon lit. Mais ses exigences ont changé et je n'oublierai jamais la nuit où ça a commencé…

*Elle entre dans ma chambre, complètement soûle, les yeux vitreux. Elle tient à peine debout, il lui faut s'appuyer à l'encadrement de la porte. Elle s'agrippe à mon lit pour ne pas tomber. Comme je l'ai entendue venir, je me suis déjà levé.*

*Elle s'allonge, écarte les jambes et tourne la tête sur le côté pour savoir où je suis. Dans son état, elle ne me voit pas, planqué dans le coin.*

*—David, murmure-t-elle.*

*Je fais comme si je n'avais pas entendu.*

*—David ! dit-elle un peu plus fort.*

*Je continue à faire la sourde oreille.*

*— David ! crie-t-elle.*

*— Oui, Maman !*

*Mon cœur se serre. Je n'ai pas la force de l'ignorer et me prépare donc à subir ses attouchements. Sauf que cette fois, rien ne se passe comme d'habitude. Cette fois, son exigence est tout autre.*

*— David, baise-moi !*

*Une onde de choc me parcourt. Je reste frappé de stupeur, incapable d'en croire mes oreilles. Ce n'est pas possible, j'ai dû mal entendre... Après toutes ces années, après tout ce qui s'est passé, elle est tombée encore plus bas. Je reste cloué sur place. Tétanisé d'horreur, j'essaie d'assimiler ce que ma mère vient de me demander.*

*— Baise-moi, David ! Tout de suite !*

*Je regarde ma mère étendue sur le lit. Elle se tortille doucement d'un côté et de l'autre, murmurant des bêtises et répétant qu'elle veut que je couche avec elle. En temps normal, son insistance et son ton autoritaire m'auraient poussé à obéir sans broncher. Mais là, c'est trop. Cette fois, je sais que je dois me rebeller. Dire non. Je sors de la chambre, descends l'escalier et vais m'asseoir dans la salle à manger, la tête entre les mains. En état de choc.*

*Maman descend à son tour d'un pas chancelant. À son entrée dans la salle à manger, elle me jette un regard de dédain et, sans un mot, va dans la cuisine où elle commence à se faire cuire quelque chose. Comme toujours, je reste avec elle pour veiller à ce qu'elle ne se blesse pas. Elle finit par aller se coucher, au bout de ce qui m'a semblé être quelques minutes, mais qui a duré un bon moment.*

*Je n'ai plus la notion du temps. J'essaie désespérément d'intégrer le fait que ma propre mère veut désormais avoir des rapports sexuels avec moi. J'ai beau être un adolescent en ébullition hormonale, la seule idée de coucher avec ma mère me dégoûte. Ça me donne envie de vomir, c'est le comble de l'horreur.*

*Je dois trouver un moyen de me sortir de ce cauchemar. Il faut que ça change.*

*Je ne sais pas comment je vais faire pour continuer comme ça. Je suis à bout.*

# 9

# COUREUR DE NUIT

Et je trouve une issue à ce cauchemar. Du moins, je m'y prends autrement que par le passé.

Je décide de m'occuper de mon corps. Je vais me muscler.

Et la clé de ma transformation, ce sera le karaté.

Je passe mes ceintures tous les trois mois jusqu'à mes dix-huit ans, soit durant cinq ans au total. Ce qui me plaît dans cet art martial, c'est la discipline, et je m'enorgueillis d'avoir persévéré dans ma pratique alors que la plupart des garçons laissent tomber au bout d'un moment. Je m'intéresse également à la course de fond. Un été, je décide de m'améliorer dans ce domaine. Je ne suis pas doué pour le sprint, je n'ai pas l'explosivité qu'exigent les distances courtes. En revanche, j'ai de l'endurance : je suis capable de continuer à courir quand la plupart des autres ont abandonné depuis longtemps.

Je m'entraîne en dehors du collège. N'ayant aucune idée de ce à quoi doit ressembler un entraînement, je fais des essais. J'élabore un parcours de cross qui part sur terrain plat, traverse une zone boisée, franchit une colline escarpée et se termine par une course le long de la route et à travers champs. Je me chronomètre, cherchant à battre mon record personnel à chaque fois. J'aime ce sentiment de dépassement de soi, j'aime l'effort soutenu. Plus c'est dur et plus belle est la récompense.

Je m'entraîne comme ça tout l'été ; je me motive pour améliorer mes temps sur des parcours toujours plus rudes. Néanmoins, je suis incapable d'estimer mes performances puisque je cours seul, sans aucune référence. Comme d'habitude, je ne raconte à personne ce que je fais, je garde tout pour moi. Du coup, il me faudra attendre la rentrée prochaine pour avoir une idée de mon niveau. Le moment de vérité aura lieu lors du premier cross que je courrai avec les autres élèves, en cours d'EPS.

À ma grande satisfaction, mon entraînement de l'été a payé : au lieu de trottiner au milieu du groupe, je cours loin devant et me bats pour la première position. Ce premier résultat me motive à aller encore plus loin. Je passe tout l'hiver à courir le soir, chaque fois que je le peux. Et très vite, j'arrive premier de toutes les courses en cours d'EPS.

Et puis arrive le moment du grand défi.

Chaque année, l'école organise un cross ; c'est un événement prestigieux où les meilleurs coureurs se voient décerner un diplôme. L'année de ma troisième, j'arrive deuxième ; l'année suivante, c'est moi le vainqueur. C'est de loin mon plus bel exploit en cinq ans de scolarité. Je me souviendrai toujours du moment où l'on m'a appelé pour que je vienne chercher mon diplôme devant tous les élèves. Les applaudissements résonnent encore à mes oreilles.

La course me permet aussi d'apprendre des choses sur moi-même. Le succès a un effet galvanisant sur moi. J'adore ça, c'est comme une drogue. J'aime être la vedette. Et si possible, pour de bonnes raisons. À l'école, les garçons que l'on respecte sont ceux qui sont doués en sport. Je ne vaux rien au rugby, au football, au cricket ou au basket, mais être l'un des meilleurs coureurs de ma promotion suffit à m'attirer le respect auquel j'aspire et qu'à présent je mérite.

J'ai un caractère de compétiteur, je l'ai toujours su, mais jusque-là, je le réprimais le plus souvent. Je remporte une course d'orientation avec ma troupe de scouts et me délecte de ce sentiment de victoire. C'est la première compétition que mon groupe gagne depuis longtemps et cet exploit m'emplit de fierté. Pourtant, je n'ai pas l'esprit d'équipe. J'ai des amis au collège, mais j'apprécie également de rester seul. Ce qui me plaît dans la course, c'est la solitude du coureur ; quant au karaté, il s'agit par essence d'une quête individuelle. Ces deux activités me correspondent à merveille puisque je peux les pratiquer en solitaire tout en m'attirant l'admiration des autres.

Hélas, Maman ne fait pas partie de mes fans. Elle ne s'intéresse pas du tout à mes performances, ce qui me contrarie énormément, car en dépit de tout ce qu'elle me fait subir, je continue de rechercher son soutien, ses encouragements et ses conseils. Toutes choses que je n'obtiens pas du moment que ça concerne le sport. En revanche, si la course me fait connaître l'ivresse de la victoire, elle va aussi me procurer des bénéfices secondaires.

Je vais bientôt me mettre à courir la nuit.

Hélas, ces bénéfices secondaires n'incluent pas la réussite sentimentale. J'ai beau être auréolé de mon nouveau statut de champion, les filles ne s'intéressent toujours pas à moi. Du coup, je vais voir ailleurs et rapidement, je découvre un vivier qui va peupler mon désert de petites copines.

Mon établissement scolaire est situé près de Ludden Bridge, petite ville nichée au cœur d'une vallée qui s'étend de Ludden, dans le Yorkshire, jusqu'à Blackholme (« Black ») dans le Lancashire. Depuis la guerre des

Deux-Roses, qui s'est soldée par la défaite du Yorkshire il y a près de quatre cents ans, c'est peu dire que la rivalité est forte entre les deux comtés. Entre les habitants du Yorkshire et ceux du Lancashire, ce n'est pas l'entente cordiale. Mais dans ma jeunesse, cet antagonisme s'étendait aux lycées de Ludden Bridge et de Blackholme.

Des bandes de jeunes vont chercher la bagarre dans la ville de leurs rivaux, pendant que d'autres patrouillent sur leur territoire. Gare à l'étranger qui s'aventure en terrain adverse ! Je ne fais pas partie de la bande de Ludden Bridge, pourtant je sais qu'il vaut mieux éviter toute incursion dans Blackholme, sauf si l'on aime les ennuis. Mais justement, ça n'est pas pour me déplaire. En fait, je trouve même ça excitant. Le garçon qui voulait à tout prix se fondre dans le décor est en train de se muer en jeune peu soucieux de son intégrité physique, et qui n'aurait rien contre un peu de danger. Pour moi, aller à Blackholme, c'était la grande aventure.

Un vendredi soir, l'occasion s'offre à moi. Un garçon de ma classe habite là-bas. J'ignore pourquoi, mais il fait dix kilomètres pour venir étudier à Ludden High, alors que Blackholme a son propre lycée, à un kilomètre et demi seulement de chez lui. Toujours est-il qu'il m'invite à sa soirée, en même temps que d'autres garçons. J'accepte avec enthousiasme, en toute connaissance de cause. Si les mecs de là-bas apprennent qu'il y a des gars de Ludden Bridge à cette soirée, ça risque de chauffer. Les anecdotes pullulent sur les mecs de chez nous qui se sont fait tabasser, mais comme nous y allons en groupe, nous nous sentons en sécurité : l'union fait la force. Bien sûr, j'évite de parler à Maman de ces possibles rixes, sinon elle ne me laisserait jamais y aller.

À la soirée, l'ambiance est bonne et je rencontre une fille. Val est mince et séduisante, elle a les cheveux aux épaules et flirte avec moi. Je n'en reviens pas. C'est trop beau pour être vrai ! Une fille veut sortir avec moi. C'est peut-être dû à l'exotisme de ma localité de résidence, mais ça m'est bien égal. Je rentre à la maison, sur un petit nuage.

Comme Val habite à Blackholme, je dois parcourir toute la vallée pour aller la voir et elle doit faire de même pour venir à Ludden Vale.

Maman se montre étonnamment cool sur le sujet et nous laisse nous enfermer dans ma chambre. Un soir, alors que nous redescendons après nous être abondamment bécotés, elle nous arrête dans le vestibule.

—Au fait, me dit-elle avec calme, je crois que tu as mis ton pull devant derrière.

Un soir, nous nous rendons à une soirée disco au *Winter Ballroom* de Blackholme. Nous sommes trois étrangers à venir de l'autre bout de la vallée. La rumeur de notre présence se répand comme une traînée de poudre et très vite, un groupe de gars s'attroupent à l'entrée de la boîte. Comme ils ne veulent pas payer, seul le plus baraqué entre. C'est un beau mec en costume-cravate.

Il regarde autour de lui, me repère sur la piste, et marche droit sur moi.

—Qu'est-ce que tu fous là, toi… et avec cette pute ? me demande-t-il en désignant Val du menton.

Pour toute réponse, je lui envoie mon poing dans la figure, de toutes mes forces. Il s'écroule. Mes cours de karaté m'ont appris à me battre : il se relève et part sans demander son reste.

—T'es mort, putain ! me crie-t-il en sortant.

Je me retourne vers Val. Elle est blême.

—Tu te rends compte que c'est Ron Masterton ? me dit-elle d'une voix tremblante. Il va y avoir de la bagarre.

—Allez, viens. On ferait mieux d'y aller.

Joe, l'ami de l'école qui habite à Blackholme, se précipite

vers moi. C'est un petit gros doté d'un heureux caractère et qui a des copains partout.

—La vache, Dave ! Qu'est-ce que t'as fait ? Filez vous planquer chez moi, mais passez par la porte de derrière !

Avec mes potes et leurs copines, nous sortons de la boîte, remontons une ruelle et alors que nous traversons une artère principale, j'aperçois une bande de garçons. L'un d'eux me repère et s'exclame :

—Eh, les mecs ! Il est là !

Nous fonçons chez Joe, pris en chasse par la bande de Blackholme. À notre arrivée, nous sommes tous inquiets et nerveux, mais pour moi, c'est la folle aventure. À cette époque, j'adore la bagarre et l'excitation de la traque. J'ai aussi développé un comportement kamikaze qui me blinde contre l'éventualité de me faire attraper et tabasser. Mais finalement, je ne reverrai jamais Ron Masterton.

Je deviens accro à l'adrénaline. M'aventurer à Blackholme ne me suffit plus. Je veux aller au contact des Loups (la bande de Blackholme), je veux en découdre.

Au bout de quatre semaines à peine, Val me largue pour un autre. Nous n'avons même pas couché ensemble, car je suis toujours puceau et assez timide. Mais je sais qui est son nouveau copain et je suis persuadé qu'elle le fréquentait déjà du temps où elle était avec moi. Du coup, je monte à Blackholme seul et je fais le tour des rues, à la recherche du mec. Quand je le vois sur son vélo, je me mets au beau milieu de la route, et d'un coup de poing, je le fais tomber de sa selle et le traîne jusque sur le trottoir où je lui expédie trois ou quatre pains dans la figure. Je l'insulte, il tremble. Je ne lui interdis même pas de voir Val, je veux juste lui exploser la tête. De toute façon, ça n'y changera rien. Ils continueront à sortir ensemble et moi, je passe à autre chose.

Je rencontre Suzy dans un club de jeunes alors que je suis encore avec Val. Elle me fait des avances, ce à quoi je ne suis pas habitué, et très vite, je m'aperçois qu'elle est plus au fait en matière de sexe que la plupart des filles que je connais. Dans les jours qui suivent notre rencontre, nous allons à une soirée ensemble et faisons l'amour par terre, dans la maison de notre hôte. Pour moi, c'est la première fois et l'absence de romantisme me passe complètement par-dessus la tête.

Suzy me trouve vraiment sympa ; c'est une fille gentille, plus petite que la moyenne, à qui sa coupe courte et sa prédilection pour les jeans donnent un petit air de garçon manqué. Elle est un peu intrépide, comme moi, et ça m'excite d'aller la voir à Blackholme, car je ne sais jamais à quel moment je vais croiser des mecs du coin. Je ne cherche pas les problèmes, mais je suis toujours partant pour une bonne bagarre si l'occasion se présente, et je ne bats jamais en retraite, même si je suis souvent seul contre plusieurs.

Un jour, en allant chez Suzy, j'aperçois trois mecs de Blackholme sur le côté de la route. Je les insulte à travers la vitre du bus en leur faisant le V de la victoire. Furieux, ils m'injurient en retour.

Quelques semaines plus tard, les trois mêmes mecs montent dans le bus. Ils me repèrent, mais ne disent rien. Moi, je fais semblant de ne pas les connaître et me lève à mon arrêt. Alors que je m'apprête à descendre du bus, ils me jettent à terre et me bourrent de coups de pied, mais j'arrive à en choper un et à lui expédier mon poing dans la figure.

Je descends du bus le visage tuméfié, chancelant, furieux. Planté sur le bord de la route, je leur crie :

—Espèces de branleurs de Blackholme ! Je vous prends en duel quand vous voulez ! Descendez de ce bus, pauvres couilles molles !

Dans la rue, des passants me considèrent avec dégoût.

—Qu'est-ce t'as, tu veux ma photo, vieille chouette ? dis-je, l'air mauvais.

Je sais que ça ne ressemble pas du tout à l'ancien David – le petit écolier rouquin soumis, docile et chétif qui ne ferait pas de mal à une mouche – mais justement, j'en ai marre de ce David-là. Qu'est-ce que ça m'a rapporté d'être soumis et docile, hein ? J'en ai marre de me faire marcher sur les pieds, il est grand temps que je m'affirme, que je leur montre à tous à qui ils ont affaire.

J'arrive chez Suzy, en ébullition. Je ne pense qu'à retrouver ces mecs et à les massacrer. Heureusement, elle parvient calmement à me détourner de mes projets de vengeance.

J'adore ce nouveau David. Il mène une vie dangereuse, il est un peu incontrôlable. Je me rends à une soirée avec d'autres gars de Ludden, et je m'embarque dans une traque. Je tiens par le goulet une bouteille de vodka brisée, prêt à m'en servir comme d'une arme si jamais nous nous faisons prendre.

Malgré tout ce qui se passe à la maison, malgré toutes les raclées que m'a données Reg avec l'accord tacite de Maman, elle ne m'a jamais encouragé à la violence. Et elle est toujours ivre quand elle m'agresse. Elle me paie des cours de karaté, mais elle serait très fâchée si elle apprenait que je me bagarre. Quand j'étais petit, il lui arrivait de me taper, mais aujourd'hui, elle ne lève plus la main sur moi. Avec maman, la violence est surtout psychologique. Si je fais une bêtise, elle pète un câble et j'en entends parler pendant des jours. Du coup, je trouve toujours plus facile de faire ce que l'on me dit plutôt que de mettre de l'huile sur le feu. J'ai beau aimer l'excitation de la traque et la perspective d'une bonne bagarre, chez moi, je tiens à avoir la paix. Maman ne doit rien savoir.

Je suis devenu expert dans la gestion de son alcoolisme. Je peux prévoir le déroulement de ses cuites minute par minute…

*Je sais ce qu'elle va faire et comment elle va le faire. Dès que je l'entends s'approcher de ma chambre, j'ai déjà un pied hors du lit. Si elle entre, je jaillis des couvertures comme un diable de sa boîte. Si elle veut coucher avec moi, elle s'allonge sur le lit.*

*— Baise-moi, David, je t'en priiiiie…*

*Mais je suis déjà sorti de la chambre. Je ne veux pas l'entendre, ça me démolit.*

*Mais il arrive que je m'assoupisse avant qu'elle ne se soit écroulée dans sa chambre. Alors, elle me prend par surprise. Si je ne saute pas du lit assez vite, elle se met à tripoter mon pénis. À mon corps défendant, ses caresses me provoquent parfois une légère érection. D'habitude, elle est trop ivre pour s'en apercevoir, mais si jamais elle s'en rend compte, ça l'excite et elle veut aller plus loin.*

*Ma réaction, bien qu'involontaire, m'emplit d'un immense dégoût de moi-même. En fait, c'est la situation tout entière qui me donne envie de vomir. Ce conflit permanent. Elle continue d'exiger de moi quelque chose que je ne peux pas lui donner. J'ai beau avoir quinze ans et savoir que c'est complètement immoral, c'est paralysant pour un fils d'entendre sa mère exiger de coucher avec lui. Ma réaction naturelle, en toutes circonstances, est d'obéir à ma mère. Mais quand elle veut avoir des rapports sexuels avec moi, je lui résiste de façon inflexible. Alors, elle essaie diverses méthodes de persuasion : tour à tour, elle cherche à m'amadouer ou à me mettre la pression. Sa technique préférée, c'est le chantage aux sentiments.*

*— Si tu m'aimais, tu le ferais.*

*D'autres fois, elle est plus abrupte ou plus grossière.*

*— Obéis à ta mère !*

*— T'en as rien à foutre de moi !*

*— T'es qu'un sale petit égoïste.*

*Je suis soumis à une pression psychologique intense, à une manipulation insupportable. Alors, le plus simple pour moi, c'est encore de ne pas être là quand elle me jette ces mots-là à la tête. Du coup, lorsqu'elle s'alcoolise, je m'efforce à tout prix de rester éveillé. Cependant, il arrive que je m'endorme quand même – de saine fatigue ou d'épuisement nerveux.*

*Ça, elle ne peut pas le savoir en entrant dans ma chambre. Mais quand elle me découvre endormi, elle en profite au maximum. Elle allume et, avant que je n'aie pu réagir, elle arrache les couvertures et me saute dessus.*

*Je me réveille au moment où ma mère, à califourchon sur moi, tente d'enfoncer mon pénis dans son vagin.*

*— Maman, dis-je, à moitié endormi, laisse-moi…*

*Elle fait la sourde oreille et continue à me chevaucher. Mal réveillé, je la repousse sans ménagement, par réflexe. Elle se cogne la tête en tombant par terre, se relève et, l'air encore plus hébété que d'habitude, descend au rez-de-chaussée.*

Dans ces moments-là, je suis persuadé que si elle pouvait me violer, elle le ferait. C'est pourquoi je suis au moins reconnaissant d'une chose : d'être le fils d'une alcoolique. Si j'étais la fille d'un alcoolique avec ce degré de perversion, mon sort serait bien plus inquiétant. Néanmoins, si je ne résistais pas aux exigences de ma mère, nous finirions par avoir une vraie relation sexuelle. À une époque, il m'est d'ailleurs arrivé de l'envisager, en désespoir de cause : et si ça lui apportait la paix ? Et si ça la rendait heureuse ? Chaque fois qu'elle me demandait de la caresser, elle se calmait et, une fois satisfaite, elle me laissait tranquille.

Bien sûr, ça me mettait terriblement mal à l'aise, mais je le faisais quand même, parce qu'elle me le demandait. Du coup, je me disais que ce serait peut-être la solution.

Sauf qu'aujourd'hui, je suis grand. Je sais que ce que nous avons fait quand j'étais petit, c'est très mal. Désormais, ça m'est complètement inconcevable, d'autant que maintenant, j'ai le choix. Si jamais je couchais avec ma mère, je ne pourrais plus jamais me regarder dans la glace. Pour Maman, ce serait facile, elle n'aurait pas à affronter la réalité le lendemain matin, puisqu'elle ne se souviendrait de rien. Moi, en revanche, je ne pourrais jamais oublier et j'en souffrirais toute ma vie.

Le problème, c'est que je n'ai personne à qui me confier. J'ai des amis, mais personne de suffisamment proche. La seule fois où j'ai osé parler à quelqu'un, c'était à Daniel, après ma tentative de suicide – grossière erreur. On ne m'y reprendra pas. Je m'entends très bien avec ma copine, Suzy, mais je ne me vois pas lui faire ce genre de confidence. Reg est beaucoup trop vieux, il se fiche pas mal de moi, et de toute façon, l'idée de lui avouer ce qui se passe entre Maman et moi m'apparaît inconcevable depuis toujours. Et bien entendu, je ne peux pas en parler à Maman puisqu'elle ne se doute même pas de ce qu'elle fait quand elle est ivre.

Il y a longtemps que j'ai appris à tout garder pour moi, à tout gérer tout seul. Et pour le moment, je n'ai rien trouvé de mieux que de plonger dans l'illégalité. Ma nouvelle ambition d'adolescent : devenir un génie du crime.

Je ne sais pas trop ce qui m'a conduit sur cette pente. L'élément déclencheur, en revanche, c'est peut-être mon récent engouement pour les marques de sport hors de prix. C'est très étrange, car Maman s'est toujours targuée de m'habiller pour trois fois rien. Ce n'est sûrement pas elle qui m'a transmis le goût du luxe. Le problème, c'est que je n'ai pas le premier sou pour m'offrir ces vêtements de marque. Je décide donc de les voler.

Ironie du sort, l'alcoolisme de Maman va me faciliter la tâche. Insomniaque chronique, elle a toujours toute une provision de somnifères à portée de main. Les soirs où elle ne boit pas, elle se relève souvent pour se faire une tasse de thé. Elle allume sa lampe de chevet et lit le temps que le comprimé fasse effet. Mais quand elle a bu, le schéma est tout autre. L'alcool lui assure un sommeil de plomb, rien ne peut la réveiller avant le lendemain matin. Elle ne se lève même pas pour aller aux toilettes – la présence d'une alèse caoutchoutée indique qu'elle mouille son lit lors de ses nuits de cuite.

Tout ça pour dire que Maman et Reg dorment comme des masses. Moi, au contraire, j'ai les yeux grands ouverts. Après avoir couru après Maman dans toute la maison, j'ai tout fait pour ne pas m'endormir, au cas où il lui prendrait l'idée de venir dans ma chambre. C'est donc la configuration idéale : être éveillé alors que Maman dort comme un plomb. L'occasion rêvée pour commettre un cambriolage en pleine nuit. Une fois rassuré sur son sommeil, je m'habille – en général, j'enfile un short et un sweat. Très affûté, vu que je continue de courir toutes les nuits, c'est en courant que je compte, en toute logique, me rendre sur les lieux de mon futur forfait.

Je commets ma première effraction dans un endroit qui s'impose de lui-même : mon collège. Il doit être truffé d'alarmes de sécurité, mais je tente quand même ma chance. L'école n'est qu'à trois kilomètres de chez moi, mais en passant par les collines, j'évite la route principale et donc tout risque de tomber sur une éventuelle patrouille de police. Et ça, c'est cool. Dans la région des Pennines, le terrain n'est jamais plat : ça monte ou ça descend. Je file comme le vent à travers la nuit, dopé par l'adrénaline. C'est génial !

Arrivé devant le portail de l'établissement, je me glisse dans la cour principale, le cœur battant à tout rompre. Je suis surexcité, hypernerveux – l'éclate totale. J'essaie toutes les portes : fermées à clef. Je cherche une fenêtre ouverte : il n'y en a aucune. Je vais donc devoir casser une vitre. Je lance une grosse pierre dans un carreau. Le fracas est assourdissant. Je ressors de la cour ventre à terre et file me cacher derrière des buissons, dans l'allée principale. Aucune alarme ne s'est déclenchée, mais le bruit a peut-être alerté quelqu'un.

J'attends patiemment et, enfin rassuré, j'y retourne. Si commencer par casser un carreau était téméraire, je veille à être plus prudent par la suite. Au cas où je devrais repasser par la fenêtre en catastrophe, je m'applique à en ôter tous les bouts de verre.

L'école est plongée dans le noir, irréelle : au lieu des mille deux cents élèves qui la peuplent bruyamment, il n'y a que moi. J'essaie le bureau. La fenêtre est fermée, mais, avec application, j'arrive à l'entrouvrir en faisant levier. À l'intérieur, je trouve une boîte en fer-blanc remplie de petite monnaie. Je m'en empare, ressors par le carreau cassé et rebrousse chemin en courant comme un dératé. Je réintègre la maison en silence, me déshabille et retourne me coucher.

Il est presque trois heures du matin, mais je ne peux pas dormir. Mon cœur bat à un rythme effréné. Je bous d'excitation. Ça y est, j'ai commis mon premier cambriolage et c'est une sensation géniale. J'ai atteint mon but, à savoir dérober de l'argent. Je peux désormais m'acheter les vêtements dont je rêve. Je ne ferme pas l'œil de la nuit, mais au matin, je me lève avec des ressorts sous les pieds.

Ça me fait tout drôle de revenir à l'école en plein jour, et surtout de voir la fenêtre que j'ai cassée quelques heures plus tôt condamnée par des planches. Je suis seul à savoir ce qui s'est passé et qui a commis ce larcin. C'est vraiment cool.

J'ai appris très tôt à garder de *vilains* secrets, comme l'alcoolisme de ma mère et certains aspects de notre relation. Mais ce vol, pour moi, c'est un *glorieux* secret : je me délecte de savoir quelque chose que tout le monde ignore. Les implications morales de mon acte me passent complètement au-dessus de la tête. Au contraire, je suis ravi d'avoir trouvé une activité pour laquelle je m'estime doué. J'ai planifié et exécuté haut la main un vol avec effraction, ce qui devrait me valoir des félicitations. Je suis on ne peut plus satisfait de moi-même.

Cette première incursion dans la délinquance m'encourage à aller plus loin, avec plus ou moins de réussite. Je tente de pénétrer dans mon ancienne école primaire, celle où j'ai été scolarisé entre six et onze ans. Je m'en tiens à la même méthode : je fais le tour du bâtiment et jette une brique contre un carreau. Manque de chance, l'école est équipée d'un système d'alarme qui se déclenche à l'instant où la brique fait voler la vitre en éclats. Je prends mes jambes à mon cou et ne m'arrête qu'une fois à la maison. De retour dans mon lit, je rumine ma déception avec amertume. C'est très frustrant de revenir bredouille.

# 10

# TÊTE BRÛLÉE

Jusqu'à présent, j'ai connu des fortunes diverses et mes vols ne m'ont guère rapporté d'argent. Je dois maintenant m'attaquer à un lieu qui renferme des choses de valeur. Et puis, un matin, j'ai une illumination chez le marchand de journaux : je décide de cambrioler le magasin. Le compte joint de Reg et Maman est loin d'être garni et comme argent de poche, je n'ai droit qu'à une toute petite somme par semaine. Puisque ça ne me suffit pas, la conclusion est simple : je dois trouver un petit boulot. Et donc, dès que mon âge le permet, je deviens livreur de journaux.

Je dois me lever à six heures, courir chez le marchand et distribuer mes journaux à toute vitesse pour être rentré à sept heures et demie. J'aime ce job et l'argent qu'il me rapporte. Mais très vite, il va me procurer bien plus que quelques pourboires : ce magasin va être la cible de mon prochain cambriolage. Le marchand garde sûrement du liquide quelque part, et de toute façon, rien qu'avec les cigarettes, je vais me faire une fortune avec tous les élèves qui fument.

Enthousiasmé par mon idée, je commence à élaborer mon plan dans les moindres détails. Je dois agir en pleine nuit. Ce n'est pas un problème, vu que mon cycle de sommeil est complètement détraqué à cause de Maman ; j'ai l'habitude de peu dormir. Il faut juste que je glane plus de renseignements sur le magasin et sur les rondes de police. J'ai déjà failli me faire choper par les flics et je m'estime heureux de m'en être si bien tiré. Cette fois, rien ne sera laissé au hasard.

Je passe deux nuits à épier le magasin entre deux et quatre heures du matin, dissimulé sur une volée de marches en pierre, de l'autre côté de la rue. Je note tout : la densité de la circulation, le moindre mouvement à l'intérieur du magasin... mais surtout, l'heure à laquelle la police passe devant. Je suis fier d'avoir pensé à tout, persuadé que cette minutieuse préparation sera la clef de mon succès. Se faire pincer, c'est pour les nuls, ceux qui sont trop bêtes pour échafauder un plan point par point. Moi, je suis plus intelligent que ça.

J'attends que Maman soit tombée sur son lit, ivre morte. Je m'habille en noir et cours jusqu'au magasin, muni d'un grand sac de sport pour emporter le tabac et l'argent. Je patiente dans l'ombre, le temps que la circulation soit assez importante pour couvrir le bruit. Car fracasser une vitrine va faire un boucan de tous les diables. Le magasin est pris entre d'autres commerces, mais il y a aussi des maisons à proximité. Je ne veux pas réveiller leurs occupants.

Je ronge mon frein. Je dois bien choisir le véhicule. Enfin, j'entends arriver un camion bien bruyant. Là où je suis, le chauffeur ne peut pas me voir. Au moment où il passe, je brise un petit coin de la vitrine, puis je retraverse la route en courant. Réfugié dans ma cachette, sur les marches de pierre, j'attends. Je veux m'assurer que personne n'a rien entendu et que la police n'est pas déjà en route.

Au bout d'une éternité, je retraverse la route en catimini et, avec soin, j'ôte les éclats de verre. Rapidement, je me ménage une ouverture qui me permet de m'introduire dans le magasin. Dans les tiroirs, je trouve cent livres sterling en liquide et aussi quelques carnets de bus, tarif éco : ce sera déjà ça d'économisé. Je n'aurai qu'à empocher l'argent que me donne Maman pour en acheter, elle n'y verra que du feu. Je remplis mon sac de paquets de cigarettes. Rien qu'avec ça, je me ferai plus d'argent qu'en toute une année de livraison de journaux.

Grosse angoisse quand une voiture de police passe devant le magasin. J'étais pourtant sûr que les flics ne patrouilleraient pas au moment où je serais sur les lieux. Je me planque derrière le comptoir, mais par chance, c'est inutile. Le véhicule de police file dans les éclairs bleus de gyrophares, trop vite pour remarquer une petite brèche dans la vitrine d'un marchand de journaux.

Mon sac plein, j'enjambe précautionneusement le bas de la vitrine pour ressortir par le même chemin. Je décide de laisser mon sac non loin de là, près du canal, bien caché dans les buissons, afin qu'aucun promeneur de chien ne le remarque de bon matin. Il est quatre heures lorsque je rentre à la maison. Je plane. Jamais je n'ai vécu quelque chose d'aussi excitant. Je me sens merveilleusement bien, je jouis de chaque seconde de l'aventure. J'ai conçu et exécuté un cambriolage qui s'est passé comme sur des roulettes. J'exulte de fierté.

J'ai un peu la flemme de me lever pour aller faire ma tournée, mais si je ne me pointe pas chez le marchand de journaux le lendemain d'un cambriolage, je risque d'attirer les soupçons sur moi. Je dois aussi finir ma tournée plus tôt que d'habitude si je veux avoir le temps de récupérer le sac. Je me relève donc à cinq heures et demie, sans avoir fermé l'œil, et fonce chez le marchand que j'ai cambriolé quelques heures plus tôt. Je regarde la vitrine rafistolée avec du carton et le tas de bris de verre, encore incapable de croire que c'est moi qui ai fait ça. Le cœur dans la gorge, j'entre dans le magasin. Je peux à peine parler.

—Qu'est-ce qui s'est passé, Ian ? dis-je.

Il est en train de marquer les journaux.

—Un salaud a cassé la vitrine et m'a fauché tout un tas de marchandises. (Il lève les yeux.) Mais comment ça se fait que tu sois là de si bonne heure, toi ?

—J'étais réveillé tôt, dis-je en évitant son regard, sûr qu'il y lira ma culpabilité.

—Ah mais, ton sac n'est pas tout à fait prêt. Laisse-moi encore une minute.

Je reste planté là pendant qu'il termine de trier les journaux. Je me sens très mal à l'aise. M'introduire par effraction de nuit, c'est une chose, mais me retrouver sur les lieux quelques heures après me donne la nausée.

J'effectue ma tournée en un temps record. Je fonce ensuite jusqu'à la maison, j'avale mon petit déjeuner et explique à tout le monde que je veux partir à l'école en avance. Maman ne me demande rien, elle a la gueule de bois. Je file jusqu'à la berge du canal, je récupère le sac dans les buissons et pars pour le collège.

Dès mon arrivée, je m'approche d'un gars qui fume : du tabac pas cher, ça l'intéresse ? Lorsque j'ouvre mon sac et qu'il voit la quantité de cigarettes que j'ai, son visage s'illumine. Il doit penser que Noël est en avance, cette année. À la récré, tous les fumeurs de l'école se sont déjà passé le mot. Je fais un tabac avec ma marchandise, c'est le cas de le dire. Les affaires marchent !

Pour la première fois de ma vie, j'ai une cote d'enfer. On ne s'est jamais autant intéressé à moi. Je sais bien que c'est juste pour les clopes bon marché, mais ça reste génial. À midi, les élèves accourent de partout, attirés par mon stock. Je commence les cours de l'après-midi dans un état euphorique. Incapable de me concentrer, j'envisage déjà une existence faite de cambriolages et de reventes à profit. Au diable les examens et les diplômes ! J'y vois même un moyen de m'éloigner de Maman. Avec tout cet argent, je vais pouvoir refaire ma vie ailleurs. Décidément, c'est la solution idéale.

Et puis, en une seconde, tout bascule.

Tandis que je regarde par la fenêtre pendant la première heure de cours, quelqu'un entre dans la classe et va chuchoter quelque chose à l'oreille du prof. Ce dernier braque son regard sur moi et prononce les mots que je redoute le plus :

—David, dans le bureau du proviseur.

Je me fige. Tous les élèves se tournent vers moi. Ils savent que c'est moi qui fourgue des cigarettes à gogo depuis ce matin. Ils ignorent où je me les suis procurées, mais ils se doutent que ma convocation chez le proviseur a quelque chose à voir avec ma marchandise. Je me lève de ma chaise et pars vers le bureau du proviseur. Ce n'est peut-être pas si grave… Comment pourrait-on savoir que c'est moi, l'auteur du cambriolage ? C'est impossible. Personne ne peut avoir fait le lien entre les cigarettes au collège et celles dérobées chez le marchand de journaux. En plus, si c'était si grave que ça, le proviseur serait venu me chercher en personne.

Je parcours les couloirs déserts, relativement peu inquiet. Mr Raymond, le proviseur, est un vrai gentil, un grand type aux cheveux gris et à l'accent snob qui détonne dans notre collège de prolos du Nord. S'il me pose des questions, je mentirai, et s'il m'accuse, je nierai tout en bloc. Ça n'ira sans doute pas plus loin.

Je frappe à la porte de son bureau.

—Entrez.

Aïe, problème. Ce n'est pas la voix du proviseur. C'est celle de Mr Price, le proviseur adjoint, et ce n'est pas du tout la même chose. Mr Price a une réputation de tueur : il a déjà exclu des élèves pour des faits qui, avant lui, n'auraient pas été sanctionnés.

J'ouvre la porte avec précaution, peu désireux de me confronter à lui. Au milieu de la pièce, deux chaises sont disposées face à face, sans bureau ni table entre elles.

—Ferme la porte, David, et assieds-toi.

Nous nous asseyons. Sans reprendre sa respiration, il se penche vers moi et lâche avec calme :

—Je suis au courant pour le cambriolage qui a eu lieu cette nuit chez le marchand de journaux qui t'emploie.

*Putain de merde !* Ma tête se met à tourner. Ça ne faisait pas partie du plan ! Mais comment a-t-il pu savoir ? Pris de court, je regarde autour de moi comme si quelque intervention divine pouvait me tirer de ce pétrin.

—J'ai prévenu la police et ils veulent t'entendre à ce sujet, poursuit Mr Price.

Non seulement il est au courant pour le vol, mais il a aussi suffisamment de preuves contre moi. J'ai vendu une tonne de cigarettes quelques heures seulement après qu'un cambriolage a été commis au magasin où je travaille. La coïncidence est trop énorme. J'ai été fou de croire que je pourrais m'en tirer comme ça. Paniqué, je tente d'appréhender l'ampleur de la catastrophe. Je lève les yeux vers Mr Price et l'espace d'une seconde, j'envisage de tout lui avouer, là, tout de suite.

Mais l'idée me passe vite. Je me sens carrément claustro dans ce bureau, je suis en hyperventilation : il faut que je sorte ! Je recule ma chaise avec fracas et fonce vers la porte. Mr Price est gros et vieux, il ne va pas se lancer à ma poursuite. Mais si par miracle il parvenait à me rattraper, je serais forcé de le cogner. J'aperçois une fille que je connais qui attend son tour dans le couloir.

—À plus, dis-je, la gorge serrée.

Je galope dans le couloir. Tout le monde est encore en classe, la cour est déserte, personne ne risque d'entraver ma progression. J'ai de l'entraînement, je cours vite et en quelques secondes, j'ai franchi le portail de l'école. Je jette un coup d'œil angoissé derrière moi, au cas où quelqu'un serait à mes trousses. Mais non, personne ne m'a suivi. Je ralentis le pas et me mets à marcher, restant malgré tout sur le qui-vive, car la police est sûrement en chemin. Mon cœur cogne dans ma poitrine, j'ai du mal à respirer.

Il faut que je me pose pour faire le point ; la situation m'échappe complètement. Je commence à réfléchir aux conséquences de mes actes. L'affaire est désormais entre les mains de la police et je n'ai pas la moindre idée de ce que je risque. Mais ce n'est pas ça qui m'inquiète le plus : Maman va savoir ce que j'ai fait. Elle va être anéantie. C'est une femme aux nerfs fragiles. Même si elle n'en laisse rien paraître, je sais que mes actes vont gravement l'affecter et je veux à tout prix l'épargner. Oui, la protéger, en dépit des horreurs qu'elle m'inflige quand elle a bu et de l'énorme bêtise que je viens de commettre.

Aussi ridicule que cela puisse paraître, je me mets à réfléchir aux moyens de lui cacher la vérité. J'arrive à mon arrêt de bus. Planté au bord de la route, je suis gagné par une agitation croissante.

Une dame de la cantine qui a fini son service vient se poster à côté de moi. Elle me regarde d'un air perplexe : je suis censé être en cours à cette heure-là. Nous n'échangeons pas une parole.

Au fil des minutes, mon désespoir augmente. Je ne peux pas affronter la police ni la désapprobation de Maman. La confusion règne dans mon esprit ; je ne sais plus quoi faire. Je voudrais que quelqu'un prenne une décision à ma place et j'imagine que, de toute manière, c'est ce qui va se produire. Après ma fuite du bureau du proviseur, il va sûrement se passer quelque chose. Un prof va peut-être me ramener *manu militari* dans le bureau du proviseur. Ou le collège va appeler la police et je vais me faire embarquer au poste.

Mais il ne se passe rien, rien du tout.

L'avenir me paraît bien compromis. Je vais passer en justice ; j'aurai un casier judiciaire ; à la maison, ma vie va devenir un enfer. Quand Maman saura ce que j'ai fait, elle va péter un plomb, elle qui ne supporte pas le moindre stress. Elle va encore plus picoler et venir plus souvent dans ma chambre. Je suis dans le même état que le jour où, largué par ma première copine, j'ai avalé des comprimés – comme si mon avenir s'annonçait si sombre qu'il valait mieux en finir tout de suite. Je me tourne pour dire quelque chose à la dame de la cantine, je ne sais même plus quoi, mais elle s'affole.

Et je le fais. Je vais au-devant d'une voiture. Le conducteur fait un écart, m'évite, mais il en faut plus pour me décourager. Je vais au-devant de la deuxième voiture qui débouche sur la route, bien décidé à me faire renverser. Le conducteur donne un coup de volant et m'évite encore une fois. Je continue à avancer au beau milieu de la route. Enfin, un troisième véhicule me percute de plein fouet. Et c'est le noir.

Je me réveille à l'hôpital. Je n'ai pas un seul os de cassé. La voiture était conduite par un prêtre catholique.

Maman est assise à mon chevet. Comme je le craignais, elle semble porter le poids du monde sur ses épaules. Elle a failli perdre son fils et elle accuse le coup. Elle vient aussi d'apprendre que je suis un jeune délinquant recherché par la police pour vol avec effraction. La seule chose qui m'échappe toujours, c'est comment ils ont fait pour remonter jusqu'à moi. Mais maintenant que le fait est établi, ma culpabilité ne fait plus aucun doute pour eux.

Maman et moi avons connu des moments plus heureux...

—Comment tu te sens, David ? me demande-t-elle, les yeux pleins de larmes.

Je lui prends la main.

—Ça va, Maman.

—Qu'est-ce qui s'est passé chez le marchand de journaux ?

Je mens avec aplomb.

—Je ne sais pas, Maman, je ne me souviens de rien.

Je suis soupçonné de vol, je viens de me faire renverser par une voiture, mais j'ai déjà un plan pour m'en sortir : feindre l'amnésie, prétendre avoir tout oublié. Sauf que Maman lit en moi comme dans un livre ouvert : elle n'est pas dupe un seul instant.

—Allons, David, dis-moi la vérité, maintenant, murmure-t-elle gentiment.

Alors, j'avoue tout. Maman m'écoute sans m'interrompre, horrifiée, surtout par le fait que je sois sorti en pleine nuit. Elle n'émet aucun commentaire, aucun jugement, elle semble juste bouleversée.

La police arrive peu après et je réitère mes aveux. Vu les circonstances, ils me traitent avec une certaine compassion. J'ai beau être dans une panade noire, ils me confient une chose qui me requinque de façon extraordinaire. Ils reconnaissent avoir été surpris de découvrir que l'auteur de ce vol était un collégien. Étant donné la méticulosité de l'exécution, ils pensaient avoir affaire à un cambrioleur professionnel.

Hélas, sans le savoir, ils m'emplissent d'une immense fierté !

À ma sortie de l'hôpital, le proviseur adjoint, Mr Price, vient me voir à la maison. À l'école, il passe pour un ogre, mais je vois bien que son inquiétude est sincère. À mon retour au collège, la plupart des élèves gardent leurs distances avec moi. Avant, j'étais relativement sociable, mais cette mésaventure ne fait qu'accentuer ma propension à la solitude. En temps normal, tout le monde m'aurait interrogé pour savoir ce qui s'était passé. Mais les autres élèves se méfient maintenant de ce drôle de mec qui a cambriolé un marchand de journaux et tenté de se suicider dans la foulée. Je passe désormais pour une tête brûlée dont il vaut mieux rester éloigné.

Toutefois, quelques-uns optent pour l'attitude inverse. En particulier, deux élèves avec qui je n'avais jamais échangé un mot jusque-là me font savoir qu'ils sont là si j'ai besoin ou envie de parler. Ce sont eux et les autres qui me font prendre conscience de l'impact que ma « tentative de suicide » a eu sur mon entourage.

Des années plus tard, je découvrirai que Maman a écrit à Papa au début de l'année 1983, juste après l'accident qu'elle qualifie de tentative de suicide. Dans sa lettre, Papa lui répond : « *Pas une seule seconde je n'aurais imaginé qu'il puisse avoir des idées suicidaires.* » C'est donc que tout le monde – la police, l'école, les élèves, Maman et même Papa – a pris ça beaucoup plus au sérieux que moi. Je ne pense pas avoir vraiment voulu mourir, ce jour-là, pas plus que le soir où j'ai pris des médicaments.

Sauf qu'il y a une différence entre les deux événements.

À un moment, j'ai arrêté d'avaler des comprimés, volontairement, et je suis allé me coucher. Si je me suis réveillé le lendemain matin, c'est parce que j'avais décidé de vivre. Mais en choisissant de me faire renverser par une voiture, je n'avais pas le choix de l'issue. Lorsque, plus tard, j'en discute avec Maman, elle m'explique que contrairement à ce que j'ai cru sur le moment, j'ai failli y rester, ce jour-là. L'accident aurait pu m'être fatal.

Étant parfaitement ignorant de la loi, je ne sais pas quelle suite les flics vont donner à l'affaire.

Ce qui est sûr, c'est que Maman leur a fait forte impression : ils sont persuadés que je suis issu d'un foyer exemplaire. Et bien entendu, pour elle comme pour les autres observateurs, c'est la vérité.

Lorsque nous sommes finalement convoqués au poste, il a été décidé de me donner une deuxième chance. L'inspecteur me prend dans son bureau où il me passe un savon en règle. N'ayant jamais été insolent, je prends l'air contrit qui s'impose et me répands en excuses, promettant que je ne recommencerai pas.

Au final, pour avoir organisé et commis un cambriolage fort bien ficelé en pleine nuit et dérobé des centaines de livres sterling en billets et en marchandises que j'ai ensuite tenté de fourguer dans mon établissement scolaire, je m'en tire en tout et pour tout avec un avertissement.

C'est la pire chose que la police pouvait m'infliger.

Car cet avertissement n'a aucun effet sur moi. En fait, la seule chose que je regrette, c'est de m'être fait pincer.

Au sortir du poste de police, j'ai déjà d'autres cambriolages en tête. L'illégalité me procure des sensations fortes et en plus, je me crois doué pour ça : la police elle-même m'a dit que j'avais le niveau d'un roi de la cambriole. C'est au moment d'écouler la marchandise volée que j'ai cafouillé. Pas grave, il faut juste que je change de méthode. Je me vois maintenant sous les traits d'un grand cambrioleur puisque je ne me suis jamais fait prendre en flagrant délit.

Un peu par angoisse, un peu par envie, je décide donc de commettre un autre vol. J'ai promis solennellement à Maman et à la police que je ne recommencerai pas, mais c'était un mensonge éhonté.

Et pour mon prochain coup, je vais me montrer plus aventureux.

J'ai besoin d'une somme qui me permette d'acheter des fringues à la mode. À cette époque, les plus beaux pulls que l'on puisse trouver, ce sont les Pringle. Je les convoite au point de souffrir physiquement de ne pas en avoir. Pour acheter un pull de cette marque, il faut se rendre dans une boutique d'Halifax. Je le connais bien, ce magasin. Chaque fois que j'y vais, je m'écrase le nez contre la vitrine pour regarder toutes ces choses que je ne peux pas m'offrir, comme tous les autres jeunes. Du fait que la devanture est immense, je n'ai qu'à la fracasser et voler tous les articles en exposition. Dans le tas, il y aura bien quelque chose à porter ou à revendre.

Je prends un petit pied-de-biche dans le garage. Reg a des tonnes d'outils qui rouillent, là-dedans, et il ne s'en sert jamais. Jamais il ne s'apercevra qu'il manque un petit pied-de-biche. Ensuite, j'attends que Maman se prenne une cuite. Ce soir-là, je la surveille, comme d'habitude, et lorsqu'elle s'écroule enfin sur son lit, je me change. J'enfile des chaussures de running, un short et un T-shirt rouge avec l'inscription *Paris* sous la photo de la tour Eiffel. Je l'ai acheté l'année dernière, lors de mon second échange scolaire, en France. Il est usé jusqu'à la trame, mais je l'adore.

Le magasin que je vais dévaliser se trouve à un peu plus de six kilomètres. Le seul inconvénient, c'est que je dois courir le long de l'axe qui traverse la vallée. Franchir les collines me ferait faire un trop long détour. Mais comme c'est la route principale, il y a encore plus de risques que la police l'emprunte… Or un garçon de quinze ans en train de courir la nuit, un pied-de-biche à la main, ne peut que se faire arrêter par les flics. J'élabore donc un plan simple. Dès que j'entendrai une voiture arriver dans mon dos, je foncerai me planquer sous un Abribus ou derrière un muret, le temps que la voiture passe.

Je me mets en route pour Halifax à une bonne foulée. Courir une telle distance ne me pose aucun problème, même avec un pied-de-biche. Je suis motivé : je veux revenir avec quelque chose. L'adrénaline qui fuse dans mon corps me donne un surplus d'énergie. J'adore ça ! Je me sens vivant et j'aime l'idée que j'agis seul dans la nuit. Je suis devenu noctambule, je préfère être dehors le soir, quand tout est silencieux et immobile. Je me cale sur un bon rythme, mais à chaque fois que des phares éclairent la route, je dois m'arrêter, trouver une cachette et rester planqué le temps qu'elle passe. Je commence à en avoir marre. Du coup, j'essaie de jeter un regard par-dessus mon épaule dès que j'entends une voiture. Si elle a une lumière bleue sur le toit, je filerai me mettre à l'abri. Quelques véhicules me dépassent et ma technique semble marcher. C'est alors que l'enfer se déchaîne.

Une voiture arrive dans mon dos et, avant que je n'aie pu la distinguer, elle s'arrête à ma hauteur. C'est un véhicule de police. Côté passager, la vitre est baissée. Le flic repère tout de suite le pied-de-biche et s'adresse à moi tout en ouvrant sa portière.

—Qu'est-ce que tu fabriques ici, fiston ?

Le ton peut sembler condescendant mais, de fait, la question s'impose. Ma présence en pleine nuit au bord de cette route a de quoi paraître étrange. Paniqué, je lâche le pied-de-biche et fais demi-tour en courant. Mais le flic jaillit de la voiture, il est à mes trousses.

—Attrape-le ! crie-t-il à son coéquipier.

Celui-ci part en marche arrière, gyrophares allumés et sirène hurlante. J'entends le coin de la portière ouverte racler le bitume. Il va me rattraper, c'est sûr ! Je saute par-dessus un muret. Je m'engage dans une petite zone boisée, puis je traverse une route plus étroite. Arrivé de l'autre côté, je m'autorise à souffler.

Mais déjà les éclairs bleus se rapprochent ainsi que le hurlement de la sirène. Quelques secondes après, la voiture des flics roule droit sur moi. Ils m'ont repéré ! Je franchis un autre mur. De l'autre côté, je me retrouve sur un terrain qui s'étend jusqu'au canal en contrebas, fermé par les hautes clôtures de la station d'épuration. Je suis coincé ! Mais s'ils veulent m'attraper, il va falloir qu'ils viennent me chercher ! Je me cache derrière un gros buisson, osant à peine respirer.

La voiture s'arrête à l'endroit où j'ai sauté par-dessus le mur. Les deux flics en descendent et se mettent à fouiller l'obscurité de leurs puissantes lampes torches. Enfin, ils semblent se désintéresser de moi et repartent.

Je n'ose plus continuer vers Halifax, c'est trop risqué. La police ne faisait pas partie de mon plan et cet incident m'a un peu secoué. Je décide donc de rebrousser chemin. Problème : je ne peux pas reprendre la route où je me suis fait repérer par les flics. Une seule solution : longer la berge du canal. Il passe près de ma maison, je n'aurai qu'à la remonter à ce niveau.

Il n'y a qu'un seul petit souci. La berge qui longe la maison, c'est celle d'en face… L'unique moyen de rejoindre le chemin de halage, c'est donc de traverser le canal. En soi, ce n'est pas un problème, il n'est pas très profond, un mètre maximum, mais je ne veux surtout pas me faire remarquer. Lentement, prudemment, j'entre dans l'eau du canal. Parvenu sur la berge, je rentre chez moi en courant.

J'arrive à la maison, trempé jusqu'à la poitrine. Avant d'entrer, j'ôte mes vêtements mouillés et je les fourre dans un sac en plastique que je laisse sur un mur. Une fois propre, je me mets au lit, gelé, crevé, mais euphorique. J'ai eu maille à partir avec la police, et c'est moi qui ai gagné !

Je décide de retenter le coup à Halifax. Ce soir, je me suis fait repérer par la police. Mais la prochaine fois, je ne commettrai pas la même bêtise.

Après les cours, je me rends à Mystendyke où j'achète un diamant pour découper le verre. C'est une technique beaucoup plus pratique et plus silencieuse que les briques et le pied-de-biche. De nouveau, j'attends que Maman soit ivre morte, et comme la première fois, je me mets en route pour Halifax. Mais cette nuit, pas question de m'approcher de la route principale : je cours le long de la berge et à travers bois. J'ai retenu la leçon.

Le magasin est situé en plein centre-ville. À l'approche d'Halifax, je me mets à raser les murs, fonçant d'un bâtiment à un autre. Arrivé devant le magasin, je regarde ce qui est exposé en vitrine : à mon grand ravissement, il y a un superbe pull à losanges Pringle. Au collège, il y a des tas de mecs qui ont des pulls Pringle, mais aucun n'en a un à motif aussi stylé que celui-là. C'est un modèle de luxe, rare et cher. Ils vont tous être verts de jalousie.

Je me hâte d'attaquer la vitrine au diamant. Après avoir soigneusement délimité une section, j'essaie d'entamer le verre. Au bout d'un quart d'heure à m'escrimer sur le diamant, je comprends qu'il ne convient pas. Il ne m'était pas venu à l'idée que les vitrines étaient en verre spécial, d'une épaisseur industrielle. Mon petit diamant n'est pas conçu pour ça. Je m'obstine, sans succès, et finis par perdre patience : je n'arriverai jamais à découper la vitrine avec cet outil. Maintenant, j'ai peur qu'un véhicule de patrouille n'apparaisse à tout moment. Je reviens donc à mon ancienne méthode. Je cherche une grosse pierre et la jette contre la vitrine. Le système d'alarme se déclenche, la sirène transperce la nuit, mais j'ai le temps de m'emparer du pull avant de prendre mes jambes à mon cou.

Je reprends le même chemin qu'à l'aller et cette fois, pas de poursuites de flics ni de pataugeage dans le canal. J'exulte : je viens de commettre un autre cambriolage parfait qui m'a rapporté un butin de grande valeur, l'objet de ma convoitise. Je cache le pull au fond de mon placard et vais me coucher, heureux.

Comme je ne veux pas me faire rechoper avec de la marchandise volée, j'attends quelques semaines avant de porter le pull un week-end, à Ludden Bridge. Plein de mecs me font des remarques dessus et je me sens vraiment cool. Il y en a même un qui se met en tête de me l'acheter, à n'importe quel prix. Du coup, je le lui vends. J'ai beau adorer ce pull, je sais que je l'ai volé et je me sens vaguement mal à l'aise de le porter. J'ai un peu peur que l'on me demande où je l'ai acheté, par exemple. Je m'inquiète aussi à propos de Maman : elle n'a pas la moindre idée de ce qu'est un Pringle, mais elle risque de se demander d'où sort un si beau pull. En plus, comme mon acheteur ignore que c'est de la marchandise volée, il ne pourra pas me balancer aux flics.

Peu de temps après, la police sonne chez nous. Ils veulent discuter avec Maman, mais avec moi aussi. L'entretien qui suit est surréaliste.

—Mrs Brownstone, on nous a signalé que votre fils David continuait de commettre des vols et de revendre les marchandises dérobées.

Maman est abasourdie. Après le cambriolage chez le marchand de journaux, ma tentative de suicide et l'avertissement de la police, elle croyait que tout cela était derrière nous.

—Qui vous a dit ça ? demande-t-elle avec calme.

—Nous ne sommes pas autorisés à vous répondre. On nous a dit que David avait volé un pull qui, après vérification, a été dérobé dans la vitrine d'un magasin d'Halifax.

Tous les regards se tournent vers moi. Je vois dans les yeux de Maman qu'elle veut à tout prix croire que ce n'est pas vrai. Les policiers, eux, arborent une expression bienveillante. C'est donc qu'ils ne sont pas du tout sûrs que ce soit moi qui ai fait le coup. Je connais le mec à qui j'ai fourgué le pull : il a déjà commis quelques petits délits et j'y vois là une opportunité en or. En effet, si je mens, ce sera ma parole contre la sienne.

—Ah non, je n'ai jamais fauché de pull, dis-je d'un ton assuré, avec même une pointe d'indignation. O.K., le marchand de journaux, c'était moi... mais c'est du passé tout ça !

Je regarde les policiers droit dans les yeux.

—Cette fois, ce n'est pas moi.

Maman est tellement soulagée que l'on dirait qu'elle va s'évanouir et les flics eux-mêmes semblent se détendre, comme si je leur avais donné la réponse qu'ils attendaient.

—Eh bien, pour tout dire, on n'a jamais cru que c'était toi. On est courant pour le marchand de journaux, mais l'autre garçon est bien connu de nos services.

Je n'en crois pas mes oreilles. Une simple dénégation a suffi à prouver mon innocence. J'ignore comment ils ont fait le rapprochement entre le pull et moi, j'ignore si l'autre mec a eu des problèmes parce qu'il était en possession d'un article volé, mais le fait est que je n'en entendrai plus parler. Maman est toute contente que j'aie nié les faits et que ça ne soit pas moi le coupable. Hélas, ça ne va pas durer.

Je tiens un journal dans lequel je consigne tout : les dates et heures de mes cambriolages et tentatives de cambriolages, et même mes réflexions concernant d'éventuelles cibles. Mais voilà qu'un jour, en rentrant du lycée, je trouve Maman assise à la table de la salle à manger, en train de lire mon journal. Je vire au cramoisi. Je suis furieux, honteux, bouleversé, et surtout je m'en veux à mort de ne pas l'avoir mieux caché. J'en veux aussi à Maman parce que pour le trouver, il a fallu qu'elle passe ma chambre au peigne fin. Maintenant, elle est au courant de tous mes secrets !

Maman est anéantie par tout ce qu'elle lit. Elle n'arrive pas à croire que j'aie menti avec autant d'aplomb à la police et que les flics aient tout gobé. Elle découvre avec stupéfaction que je continue à courir en pleine nuit et que j'ai fait un trajet de douze kilomètres pour aller cambrioler un magasin au centre-ville d'Halifax.

Elle me questionne aussi sur la signification des petites croix sur certaines pages. Il y en a de deux sortes. Les rouges, c'est les fois où j'ai couché avec Suzy – comme c'est ma première vraie petite amie, je tiens à garder une trace de notre vie sexuelle. Les bleues, c'est les fois où ma mère est venue me voir dans ma chambre.

Pour les croix rouges, je lui dis la vérité. Pour les bleues, j'ai le choix. Soit je la confronte à la réalité et lui explique que ces croix représentent toutes les fois où elle m'a réclamé des rapports sexuels après avoir bu, soit je lui mens et la laisse dans l'ignorance. Je regarde ma mère, et je décide de lui mentir. Je n'ai tout simplement pas le cran de lui avouer la vérité. Alors, j'invente. Je lui raconte que les croix bleues, qui sont moins nombreuses que les rouges et apparaissent avec moins de régularité, correspondent aux fois où Suzy et moi avons couché dans un nouvel endroit. Elle avale tout sans sourciller.

Elle pourrait pourtant facilement démolir mon histoire, il lui suffirait de relier les croix bleues à ses soirs de cuite. Mais elle n'en fait rien. Les choses évolueraient-elles si je lui disais la vérité ? À savoir que l'alcool la transforme en prédatrice sexuelle. Un tel choc lui donnerait-il la volonté de changer ? Car après tout, que peut-il y avoir de pire pour une mère que d'apprendre qu'elle cherche à avoir des rapports sexuels avec son fils lorsqu'elle est sous l'emprise de l'alcool ?

Mais, tout bien réfléchi, ça ne ferait qu'aggraver la situation. Maman est prisonnière de l'alcool, c'est une maladie, et rien ne va l'en libérer. Ce jour-là, néanmoins, elle me surprend sur un point. Maman passe son temps à lutter contre le stress dans toutes les situations du quotidien. Une crevaison, un retard au bureau, c'est le genre de choses qui la met dans une panique noire. Du coup, lorsqu'elle découvre mon journal et son contenu explosif, je me dis qu'elle va se transformer en furie. J'attends que le volcan entre en éruption, mais rien ne se passe. Pour une fois, elle me fait asseoir et s'adresse à moi d'égal à égal. Peut-être estime-t-elle que les faits sont trop graves pour agir autrement. Toujours est-il que nous avons une longue conversation au sujet de mon journal et je n'ai d'autre choix que de lui avouer tous mes méfaits. Le plus récent de tous, le vol du pull, est bien entendu consigné dedans noir sur blanc et Maman insiste pour en connaître tous les détails.

Nous parlons aussi de Suzy et de ma sexualité, dont les croix rouges attestent qu'elle est active. Maman me parle de contraception : naturellement, elle craint que je fasse un enfant à Suzy et que je « gâche ma vie ». Elle conclut en me disant qu'elle ne va pas me dénoncer à la police. Ça peut sembler bizarre de dire une telle chose à son fils, mais pour Maman qui a un sens moral très développé, ça ne va pas de soi. Sa première réaction aurait sans doute été de me dénoncer aux autorités.

À bien des égards, Maman est une adepte du « qui aime bien châtie bien » et je n'aurais pas été surpris outre mesure si elle m'avait conduit au poste pour que j'y fasse des aveux complets. Aussi mon soulagement est-il immense quand elle m'annonce qu'elle n'en fera rien. Nous détruisons mon journal. Il renferme l'aveu d'activités illégales et Maman ne veut pas que ça se sache. De mon côté, je promets de ne pas en commencer un autre. À la fin de notre échange, elle me supplie de mettre un terme à mes cambriolages et me débite le couplet habituel sur les graves conséquences que j'encours si jamais je ne me ressaisis pas.

Je sais que je l'ai échappé belle. J'écoute son laïus avec attention en acquiesçant : promis, je ne ferai plus de bêtises. Le problème, c'est que j'y ai pris goût. La délinquance me procure des sensations fortes que je n'éprouve dans aucun autre compartiment de ma vie. Et puis, ça me rapporte pas mal d'argent... Je raconte donc un énième bobard à ma mère et dans l'heure qui suit, je commence à échafauder mon prochain cambriolage.

Le plus grand coup de ma carrière de criminel en herbe est encore à venir.

# 11

# EXPERT DU CRIME

Durant toute cette période, Suzy a sur moi une influence apaisante. Elle est au courant pour les cambriolages et continue à me soutenir, alors que je dois lui sembler bien instable, comme petit ami. Nous avons une sexualité épanouie qui booste ma confiance et améliore l'image que j'ai de moi-même. Ses parents m'invitent à partir en vacances avec eux sur une péniche et elle nous accompagne la fois où nous allons voir de la famille au pays de Galles. Nous faisons l'amour dans les bois, à la sauvette, comme le font les adolescents qui n'arrivent jamais à se retrouver seuls.

Notre relation constitue un pan important de ma vie, et malgré notre discussion sur la contraception, Maman ne peut s'empêcher de mettre son nez dans nos affaires. Elle nous fait asseoir tous les deux.

—Bon, j'imagine que vous couchez ensemble ? nous demande-t-elle d'un ton faussement désinvolte.

Au comble de l'embarras, je voudrais sauter par la fenêtre et m'enfuir au bout du monde.

—Maman, on est forcés de parler de ça ?

—Mais oui. Je veille sur vous deux, c'est tout.

Je regarde Suzy qui me répond par un grand sourire.

—Alors, quel moyen de contraception utilisez-vous ? poursuit Maman.

—Bon, ça suffit ! dis-je en me levant. Viens, Suzy, on va promener les chiens.

J'ai beau savoir que dans l'esprit de Maman, ça part d'une bonne intention et qu'il faut en effet parler de ces choses-là, ce genre de conversation me met très mal à l'aise. Quand elle a bu, elle veut que je couche avec elle et quand elle est à jeun, elle me pose des questions indiscrètes et me dispense ses conseils avec la bienveillance d'une vieille prof d'éducation sexuelle.

Un jour, elle est entrée dans ma chambre sans frapper et m'a surpris en train de me masturber. Horrifié, j'ai remonté mon pantalon en catastrophe. Elle est ressortie de ma chambre, très calmement. J'ai attendu une éternité avant d'oser redescendre. J'ai fini par aller m'asseoir devant la télé, consumé de honte. Au bout d'un silence de mort, Maman n'a plus pu se contenir.

—Il n'y a rien de mal à ça, David.

—Rien de mal à quoi ?

—À se masturber.

—Mamaaaan… on est vraiment obligés d'en parler ?

Elle a ensuite entrepris de me sermonner sur mon hygiène et la nécessité de garder mon pénis propre. Jamais je n'ai connu de conversation plus humiliante.

Quand j'arrive à y repenser sans trop de honte, les questions recommencent à m'assaillir.

*Pourquoi réclame-t-elle de coucher avec moi ?*

*Qu'est-ce qui la pousse à venir me trouver ?*

*Quand elle est à jeun, sait-elle ce qu'elle fait quand elle a bu ?*

L'alcoolisme de Maman reste bien sûr un grand secret. Je n'aborde jamais le sujet à l'école, ni avec mes amis ni avec mes profs. Suzy ne se doute de rien, car Maman s'abstient toujours de boire en sa présence. Je n'en ai jamais parlé à Reg et il n'y a jamais fait allusion devant moi. L'ennui avec cette culture du secret, c'est que je n'ai aucun contexte dans lequel situer son alcoolisme et son comportement sexuel. J'arrive à seize ans et je sais que faire ça avec son fils, c'est mal. En revanche, je ne mesure pas *combien* ça l'est, car je n'ai aucun point de comparaison. Si l'un de mes camarades d'école avait le même problème que moi, il ne viendrait sûrement pas m'en parler. Sinon, je pourrais en discuter avec lui et avoir un autre point de vue sur le sujet.

Le seul autre alcoolique que je croise, c'est quand nous allons dans la famille de Reg. Chaque année, nous partons en vacances, et à part la première fois où nous sommes allés à l'hôtel, quand j'avais sept ans, nous faisons du camping, chose que je déteste de toutes mes forces. Me réveiller avec le dos mouillé, recroquevillé de froid sous une tente minuscule, devoir aller chercher son eau, partager des douches communes et cuisiner sur un camping-gaz, c'est tout sauf ma conception de l'amusement. Mais nous n'avons pas les moyens de prendre de belles vacances à l'étranger ni même de séjourner à l'hôtel. Et puis il y a les chiens que Maman refuse de laisser en pension. Du coup, c'est camping ou rien. Ça nous permet au moins de changer de décor et, en y repensant, je me réjouis que nous en ayons toujours bien profité.

J'avoue que Reg me surprend. À presque soixante-quinze ans, il continue à monter des tentes comme un jeune homme. Nombre de retraités passent leurs journées à jouer aux cartes au foyer municipal, mais Reg, lui, a la force et la volonté de partir camper avec un adolescent. Rien que pour ça, mon respect lui est acquis.

L'un des gros avantages en vacances, c'est que Maman ne boit pas une goutte d'alcool. Le choix de notre destination se fait la plupart du temps en fonction de la famille, en général de son côté à elle. Mes grands-parents maternels étant issus de grandes fratries, Maman a des cousins un peu partout. Elle a gardé le contact avec chacun d'entre eux et depuis dix ans que nous vivons avec Reg, nous les avons tous rencontrés au moins une fois, soit parce qu'ils viennent nous voir, soit parce que nous allons chez eux.

Du côté de Reg, nous rendons visite à une certaine Jane. Elle n'appartient pas à sa génération, elle aurait plutôt l'âge de Maman, pourtant je pense que c'est sa demi-sœur. Jane est mariée à Don et tous deux sont à la tête d'un élevage de poulets. Nous plantons notre tente sur un terrain de camping non loin de leur ferme. Celle-ci ne ressemble à rien de ce que j'ai pu voir jusqu'ici. Les poulets s'entassent les uns sur les autres dans des cages très exiguës, mais je n'ai aucune conscience particulière de leurs conditions d'élevage. J'ai du mal à croire que c'est de là que provient la viande que nous mangeons, mais le processus m'intéresse. Les poussins arrivent à l'âge de quelques jours, ils sont ensuite nourris dans d'immenses hangars, et au bout de trois mois, on les envoie à l'abattoir. Ils n'auront jamais vu la lumière du jour ni couru une seule fois dans un champ.

Enfant, j'aime faire la tournée du matin. Le but, c'est d'ôter les cadavres. Quand un poulet meurt, les autres s'acharnent sur lui à coups de bec et il finit en charpie. Personnellement, ça ne me dérange pas. Au contraire, j'aime bien quand Don trouve un poulet à moitié mort et qu'il le coince entre ses genoux pour l'étrangler. Fasciné, je le suis comme son ombre sur toute l'exploitation. Aussi suis-je bien placé pour savoir que l'alcoolisme de Don n'a rien à envier à celui de ma mère.

Dès le premier matin de notre premier séjour là-bas, je le vois s'emparer d'une bouteille planquée quelque part dans le hangar à poulets, et en prendre une bonne rasade au goulot. Il picole toute la sainte journée, mais jamais à l'intérieur de la maison. Qu'il nourrisse la volaille, qu'il ramasse les cadavres ou qu'il lève les filets d'un poulet pour le repas du soir, il a toujours une bouteille à portée de main.

—Ne parle pas du whisky à Tatie Jane, ni à Maman et Papy, me dit-il. C'est un secret entre toi et moi.

Jane doit forcément savoir qu'il boit, mais je suis trop petit pour comprendre les incidences qu'a l'alcool sur leur couple. Toutefois, notre départ est marqué par une remarque qui en dit long sur la rancœur de Jane à l'égard de son mari. Don est un émotif qui porte son cœur en bandoulière. Il a été ravi de nous accueillir à la ferme et il est clair que nous allons lui manquer. Du coup, au moment de nous quitter, Don, la larme à l'œil, se contente de nous faire un petit au revoir de la main avant de filer se réfugier dans les hangars à poulets. Mais Jane ne nous laisse pas le temps de nous attendrir.

—Ne vous en faites pas pour lui. Ce sont des larmes de crocodile, lâche-t-elle avec dédain... et une certaine dureté.

Sur le moment, je trouve l'expression bizarre, mais elle est révélatrice. Don pense séparer son alcoolisme de sa vie de famille, mais il semble pourtant que la boisson ait un effet dévastateur sur son couple.

Ce séjour m'offre une nouvelle perspective sur l'alcoolisme de Maman. Don et Jane n'ont pas d'enfants, il m'est donc difficile d'établir une comparaison exacte, mais je repars avec le sentiment que la dépendance de Maman n'est pas si grave que ça. Elle, au moins, ne commence pas à boire de bon matin comme Don. Elle ne planque pas des bouteilles dans toute la maison et surtout, elle n'a pas le regard vitreux et le teint rougeaud des gros buveurs.

Évidemment, je me voile la face. Maman est une grande buveuse, elle aussi, mais à sa façon. Quand elle commence à boire, elle se soûle jusqu'à ne plus avoir le contrôle de ses paroles et de ses actes. Et le mal qu'elle continue de me faire m'apparaîtra sous un jour encore plus cru quand son passé reviendra la hanter, à la suite d'une démarche pourtant très positive de sa part.

—David ! m'appelle un jour Maman, surexcitée. J'ai quelque chose à te dire. J'ai retrouvé ton grand-père !

Elle m'annonce ça comme si elle avait gagné à la loterie.

Ma première pensée, c'est qu'elle parle de son père à elle, qui est mort il y a cinq ans. Mais comme elle n'est pas du tout branchée spiritisme, je comprends rapidement qu'il s'agit du père de mon père.

Je suis fou de joie. Les enfants nourrissent toujours une tendresse particulière pour leurs grands-parents et je ne fais pas exception à la règle. J'ai adoré le père de Maman. Et même ma grand-mère paternelle, si bizarre et excentrique, je l'aime beaucoup. Faire la connaissance de mon grand-père paternel m'emplit d'enthousiasme. J'ignore comment Maman a fait pour le retrouver, mais elle a renoué contact avec lui et à mes yeux, c'est tout ce qui compte.

Cela dit, c'est un peu étrange : c'est la première fois que l'on fait mention de ce grand-père devant moi. Jusqu'à maintenant, c'était le grand absent de la famille, l'homme invisible, celui dont on ne parlait pas, et il ne m'est jamais venu à l'esprit de poser des questions sur lui. Mon père aurait pu m'en parler s'il n'était pas si distant, mais nos échanges téléphoniques et épistolaires sont si insipides que je ne vois pas comment le sujet aurait pu surgir dans la conversation.

Ce qui me surprend davantage, c'est que Maman n'ait jamais fait allusion à ce grand-père. Elle évoque souvent sa famille, en particulier ses parents. Ma grand-mère maternelle est morte avant ma naissance, mais Maman m'en parle de temps en temps et j'ai connu mon grand-père maternel jusqu'à sa mort, j'avais dix ans. Il doit y avoir une bonne raison pour que l'on ne m'ait jamais parlé de ce grand-père paternel, me dis-je.

Mais ce n'est pas le seul mystère qui l'entoure : pourquoi Maman a-t-elle attendu tout ce temps pour prendre contact avec lui ? La mort de son propre père, il y a quelques mois, aurait-elle agi comme un élément déclencheur ? Une chose est sûre, en tout cas : Maman semble vouloir que Grand-père tisse une « relation riche et profonde » avec moi.

Dans l'une de ses premières lettres, datée d'octobre 1979, et qui n'est adressée qu'à elle, il se montre intrigué par cette main tendue, mais aussi quelque peu méfiant :

*Quant au but de ta lettre, j'ai du mal à savoir si je peux tisser une relation de quelque sorte que ce soit avec David. On peut difficilement attendre de lui qu'il s'intéresse à un vieil homme à cheveux gris et perclus de mille maux. Je préfère t'en épargner la liste ; disons simplement qu'il ne se passe pas une heure sans qu'une douleur ne m'enquiquine. Bref, je suis un grand-père bien ennuyeux, j'en ai bien peur. Je ne pourrais même pas taper dans un ballon.*

*Au fait, tu me parles de sa grand-mère... Est-ce qu'il la voit ? Jamais ou souvent ? Comment va-t-elle ? Quelle est sa situation ? Tu as son adresse ? Tu sais, Carol, tu ferais une bonne avocate. Tu ne dis aux gens que ce que tu veux qu'ils sachent.*

Certes, sa curiosité concernant Grand-mère et sa remarque sur Maman sont intéressantes en soi, mais tout ce qui m'intéresse, c'est ce qu'il a à me dire – surtout à partir du moment où il se met à m'adresser des messages. C'est le grand-père dont rêvent tous les enfants : intéressant et très, très drôle. Il semble savoir ce qui plaît à un adolescent, les sujets susceptibles de m'intéresser. Son caractère énergique et passionné transparaît clairement dans ses lettres. Il écrit surtout à Maman, mais il ajoute de petits messages à mon intention.

*Merci pour tes deux lettres, David. Tu ne m'as pas dit à quel poste tu jouais au rugby. Il va falloir que tu sois costaud : mange du steak et des œufs au petit déjeuner !*

*Alors comme ça, tu apprends la guitare ! Pauvre Maman... Oui, j'étais super fort en français et en maths, mais je n'aimais pas du tout l'histoire. Toutes ces notes à prendre, tous ces rois et ces dates, pfff...*

Nous tissons très vite un lien fantastique qui va se renforcer grâce au téléphone.

Grand-père est doué pour le relationnel. Il s'intéresse autant aux autres qu'il est intéressant lui-même. Il m'interroge sur mes passions. D'instinct, il sait ce qui compte pour moi. En une seule conversation, il me témoigne plus d'intérêt que Maman, Papa et Reg en toute une vie. Ces conversations téléphoniques ne font qu'accroître mon envie de le rencontrer. Je n'ai pas longtemps à attendre. Comme d'habitude, nous allons camper, mais pour une fois, je piaffe d'impatience. Nous remplissons notre remorque et partons pour Worcester où il vit avec sa sœur Dorothy. Nous nous arrêtons dans un beau camping, non loin de chez lui.

Pendant tout le trajet, je suis surexcité, mais au moment où nous nous garons devant sa maison, mon enthousiasme retombe. Ce n'est pas tout à fait comme je l'avais imaginé. La maison est laide et trapue. Je m'étais représenté quelque chose de beaucoup plus grand, quelque chose qui correspondait à sa forte personnalité. Nous sortons de la voiture et remontons l'allée du jardin. Avant même que nous ayons frappé à la porte, il nous ouvre avec un immense sourire.

—Bonjour, David. Je suis ton grand-père.

Ma première impression, c'est la déception. Dans mon esprit, l'homme qui écrivait ces lettres était énergique et fringant. Celui qui se tient devant moi est vieux, presque chauve et les quelques cheveux qui lui restent sont blancs. Il se tient un peu voûté, comme beaucoup de personnes âgées, et semble se traîner plutôt que marcher. Mais il a le regard qui pétille et très vite, tous mes doutes s'envolent : c'est bien le grand-père qui m'écrivait ces lettres, mais en mieux.

Il n'y a pas un instant qui soit moins que génial avec Grand-père. Il est intéressant et drôle. Il sait raconter des histoires, avec la manière et les détails. Sa sœur, en revanche, est très différente de lui : c'est une dame à l'expression bienveillante, qui a constamment le sourire aux lèvres, mais très réservée.

L'intérieur de la maison est austère. Maman m'a expliqué que Grand-père et sa sœur faisaient partie des Frères de Plymouth, un mouvement évangélique très strict. Leur religiosité ne la dérange pas puisqu'elle fréquente depuis toujours l'église méthodiste de Mystendyke. D'ailleurs, j'assiste aux offices depuis que je suis tout petit, je vais à l'école du dimanche et aux réunions de prières. Pour moi, ce sont des éléments de la vie sociale. Je fais également partie de la troupe de théâtre de la paroisse qui donne un spectacle chaque année – j'adore les répétitions. J'aime accompagner Maman à l'église. C'est notre sortie à deux.

Ce n'est que bien plus tard que je remettrai ma foi en question et que je deviendrai athée : je continue de respecter les croyances d'autrui, mais personnellement, je ne crois plus en Dieu.

Néanmoins à seize ans, je ne sais rien des Frères de Plymouth, à part que ce sont de fervents chrétiens qui suivent les enseignements de la Bible de très près, voire à la lettre. En raison de leur appartenance religieuse, Grand-père et Dorothy n'ont pas la télévision et leur maison est dénuée de toute fioriture comme de tout luxe superflu. Ils croient en une existence chrétienne dans la simplicité, même si Grand-père n'hésite pas à nous décrire leur vie comme étant assez « plan-plan ». Leur approche spartiate de l'existence ne fait que renforcer sa personnalité à mes yeux. Je suis si heureux en sa compagnie que j'en viens à le considérer comme un phare dans ma vie.

Depuis que Maman a lu mon journal, je lui ai promis de cesser toute activité délinquante, et ce en dépit de mon passé déjà chargé. Elle est au courant de mes précédents méfaits, je me suis déjà fait prendre une fois, j'ai reçu un avertissement de la police, j'ai récidivé et les flics sont venus chez nous. Et durant tout ce temps, je n'ai cessé de mentir à Maman. Pour moi, tout ça n'est qu'un jeu. J'ai échoué, j'ai même fait une tentative de suicide, mais à présent, je me sens beaucoup plus fort dans ma tête et je ronge mon frein dans l'attente de mon prochain coup. Je suis prêt à y retourner. Mieux préparé, plus sûr de moi, je décide de placer la barre plus haut et de commettre mon cambriolage le plus ambitieux à ce jour.

Ma passion pour les beaux vêtements de sport continue de m'orienter vers les magasins qui vendent des marques de luxe. En ce moment, c'est Lacoste ma marque préférée (et la plus chère), car ces vêtements confèrent une aura immédiate aux élèves qui la portent. Et puisque je n'ai pas les moyens de m'acheter des articles Lacoste, je décide de les voler.

Je sélectionne ma future cible et, comme à mon habitude, je prévois de briser la vitrine de nuit. Mais c'est la logistique qui me pose un problème. Je commets toujours mes vols pendant que Maman dort d'un sommeil d'ivrogne. Dans l'état comateux qui est le sien, elle ne peut pas m'empêcher d'agir et n'a aucun moyen de savoir ce qui se passe.

Cependant, mon prochain coup sera différent des autres, car le magasin est trop loin de chez moi pour que je puisse y aller à pied. Il faut que je prenne le train et la nuit, il n'y en a pas pour revenir. Je ne peux donc pas procéder comme d'habitude, commettre mon cambriolage de nuit et rentrer avant le réveil de ma mère. C'est alors qu'une occasion se présente, un cadeau du ciel, presque trop beau pour être vrai. Maman a envie de rendre visite à Grand-père, à Worcester. Mais la période à laquelle elle veut y aller coïncide avec des examens importants pour moi. Bizarrement, et en dépit de tout ce qui s'est passé, elle décide de partir quand même avec Reg, me laissant seul à la maison. Il est prévu que je les rejoigne là-bas en train, une fois mes examens passés.

Je n'arrive pas à y croire ! C'est l'occasion rêvée de mener à bien mon cambriolage. J'effectue un repérage quelques jours avant le départ de Maman et Reg. Fait incroyable, le magasin a un énorme assortiment d'articles Lacoste exposés en vitrine, exactement ce que je cherche. Surexcité, je prépare mon coup dans les moindres détails. Tout va se passer comme sur des roulettes, c'est certain, et en plus, je vais m'emparer de fringues dont je rêve et qui feront baver les autres d'envie.

J'expose mon projet à Suzy. Bien qu'elle ne m'encourage pas à voler et qu'elle refuse de participer, elle n'éprouve pas de scrupules particuliers. Les soirs précédant mon « expédition », elle reste avec moi à la maison. Déjà, ça, c'est cool : avoir la maison rien qu'à nous, sans Reg ni Maman. Un soir, j'invite un pote qui vient avec sa petite amie de Blackholme et ils passent la nuit dans l'une des chambres d'amis. C'est l'éclate totale.

Et c'est le grand soir. Je suis à la maison avec Suzy. J'ai prévu de prendre le dernier train pour pouvoir rester le plus longtemps possible avec elle, histoire de décompresser et de me changer les idées. Que je fasse le cambriolage ou pas, je serai de toute façon coincé toute la nuit dans une autre ville jusqu'au départ du premier train, aux alentours de six heures du matin. Je ramène Suzy à Blackholme, puis je vais acheter un billet à la gare et monte à bord du dernier train. Je me suis muni d'un grand sac de sport et d'une barre de fer, l'expérience m'ayant appris que le moyen le plus sûr de fracasser une vitrine en verre épais, c'est encore de s'armer de quelque chose de gros et de lourd. Une heure plus tard, je suis au centre-ville. Comme on pouvait s'y attendre, les rues sont encore très fréquentées, même à cette heure de la nuit. Je fonce droit vers le magasin pour voir comment la situation se présente. Les Lacoste sont toujours en vitrine ! J'ai du mal à contenir mon excitation.

Il ne faut pas que j'attire l'attention sur moi. Le mieux serait de rester tapi quelque part jusqu'à ce que le calme descende sur la ville. Je trouve un endroit tranquille au cœur des espaces verts d'un complexe de bureaux et j'essaie de dormir un peu. Vers trois heures, je me remets en route pour le magasin. Un silence étrange règne sur la ville ; les rues sont désertes, pas même l'ombre d'une présence policière. Parfait. J'éprouve la même sensation que la nuit où j'ai dévalisé la vitrine du magasin d'Halifax.

Je veille à raser les murs en évitant les lieux où je risque de croiser des flics. Je connais une galerie commerciale qui reste ouverte la nuit ; je décide de passer par là. Le violent éclairage des magasins me rend bien visible, mais je ne pense pas que quelqu'un me remarque à cette heure. Il n'y a qu'une entrée et qu'une sortie. Je remonte l'allée centrale lorsque j'entends soudain un grand bruit, à une certaine distance. Surpris, je jette un coup d'œil derrière moi. Rien. Je poursuis ma progression quand, au détour d'un magasin, je tombe sur un flic qui se dirige droit vers moi.

Mon cœur bondit et je commence à paniquer. Que faire ? Après tout, j'ai bien le droit de me balader, je ne fais rien de mal… Je décide donc de continuer vers lui comme si de rien n'était. Si je faisais demi-tour maintenant, il me courrait sûrement après. Alors que j'arrive à sa hauteur, il m'interpelle sèchement :

—Et alors ? Qu'est-ce qui te prend de faire tout ce boucan ?

—Mais c'est pas moi, dis-je en toute sincérité, m'efforçant d'offrir le visage innocent de celui qui ne s'apprête pas à fracasser une vitrine de magasin.

Le flic me passe en revue d'un œil soupçonneux. Il doit se demander ce que fabrique un jeune en pleine nuit dans un centre commercial, chargé d'un grand sac de sport.

—Qu'est-ce qu'il y a dans ce sac, mon gars ? me demande-t-il en tendant la main.

Il va falloir que je détale. Pas de souci : je suis bien plus affûté que lui. Il faut juste que je le sème, comme je l'ai déjà fait avec d'autres policiers. Je pique un sprint vers l'entrée. La discrétion que devait me procurer le centre commercial joue à présent contre moi. Si jamais un second flic surgit de l'autre côté de l'allée, je serai fait comme un rat.

Le flic me court après tout en communiquant par radio. Je ne suis pas inquiet outre mesure – leurs effectifs doivent être réduits, la nuit – mais en débouchant du centre commercial, voilà que j'aperçois un second flic qui fonce sur moi. Je parviens à lui échapper, mais je suis maintenant à découvert. Tant pis ! Je me mets à courir dans la direction opposée. Mais des policiers apparaissent à chaque coin de rue, restreignant de plus en plus mes options. Je finis par m'engager dans une ruelle. Manque de chance, c'est un cul-de-sac.

Je cherche à me planquer derrière des poubelles, au pied d'un escalier, priant pour que la police ne m'ait pas vu tourner dans la ruelle.

Ç'aurait été trop beau. Ils savent tous où je suis et se regroupent à l'entrée, le temps de reprendre leur souffle. Puis ils se mettent à avancer, lentement, en balayant tous les coins et recoins de leurs torches. Ils finissent par arriver près de l'escalier et braquent leurs lampes sur moi.

—Allez, debout, fiston, on t'a vu…, ahane l'un des flics.

Je me sens comme un animal en cage, je refuse de me rendre. Dans un moment de folie, j'ouvre mon sac de sport, je m'empare de la barre de fer et monte les marches en la dissimulant dans mon dos. Alors que j'arrive en haut, un policier commence à sortir des menottes. Je me rue en avant en brandissant la barre de fer que j'abats de toutes mes forces sur lui en visant la tempe.

Par bonheur, il s'écarte à la dernière seconde. Je l'atteins au corps et il s'effondre sous la violence du coup. S'il avait pris la barre en pleine tête, j'aurais pu le tuer. En un éclair, les flics m'immobilisent au sol, face contre terre. J'en ai un assis sur mon dos, tandis qu'un autre me passe les menottes. Mais je comprends que ça ne va pas s'arrêter là.

Le nez dans le caniveau, j'ai du mal à respirer. Je tourne un peu la tête, afin de prendre une goulée d'air et l'un des flics en profite pour tirer un penalty, ma tête faisant office de ballon. Mon visage explose, je hurle de douleur. Mon œil et ma bouche s'emplissent de sang et de saletés, rendant ma respiration encore plus laborieuse, car je suis toujours immobilisé au sol. Je panique, j'ai peur qu'ils me laissent m'étouffer sans bouger le petit doigt.

Voyant que je ne peux plus respirer, ils me relèvent. Je lis la haine dans leurs yeux. Ils savent que j'ai tenté de blesser, voire de tuer, l'un de leurs collègues et maintenant, ils veulent se venger. Ils commencent à me tabasser. Si je n'étais pas menotté, je pourrais me défendre, et sans retenir mes coups. Au point où j'en suis, je n'en ai plus rien à foutre de rien. Je veux juste en découdre. Si seulement je pouvais me débarrasser de ces menottes, je ne répondrais plus de rien. Je suis complètement déchaîné, incontrôlable, et je n'ai qu'une envie, c'est d'envoyer à l'hôpital celui qui m'a explosé la tête d'un coup de pied.

J'aime la bagarre et je me fiche pas mal de prendre des coups. Une dérouillée en règle avec une bande de flics, ce serait le top. Je suis dans un sale état, j'ai du sang plein le visage et les vêtements. J'ai du mal à respirer et je n'y vois plus d'un œil. Je me suis aussi chié dessus.

Je dois être méconnaissable. Mais ça pourrait être pire : les flics m'ont surtout cogné dans l'estomac. La seule blessure faciale que j'ai, c'est une vilaine entaille à l'arcade sourcilière qui saigne abondamment. Maman ne pourra manquer de la voir… Mais non, elle ne me posera jamais aucune question dessus et je ne lui en parlerai pas non plus. En revanche, je garderai une petite cicatrice à vie. Quoi qu'il en soit, elle ne me dénoncera pas à la police ; elle se contentera de me dire que je n'ai eu que ce que je méritais. Elle peut être sacrément peau de vache quand elle s'y met, mais sur ce coup-là, je ne peux que lui donner raison. J'ai failli tuer un policier. Ma correction, je ne l'ai pas volée. Qui sème le vent récolte la tempête.

Les flics m'embarquent au poste et me jettent en cellule avant de m'interroger. Finalement, à part m'en prendre à un policier, ce qui est assez grave en soi, je n'ai rien fait de mal. D'accord, je me suis débattu comme un beau diable lors de mon interpellation, mais je n'ai rien volé, rien fracturé. Inutile de leur dire que j'avais l'intention de fracasser une vitrine, je vais avoir suffisamment d'ennuis comme ça. Du coup, je décide de mentir. Ça m'a déjà réussi une fois, il n'y a pas de raison que ça ne marche pas encore.

Deux policiers m'emmènent en salle d'interrogatoire et me font asseoir. Ils me regardent comme si j'étais un moins que rien.

—Alors, qu'est-ce que tu faisais en ville, cette nuit ?

—Rien, dis-je, comme si c'était tout à fait normal de se balader dans les rues à trois heures du matin.

—Écoute, petit, on sait que tu étais équipé pour faire un coup. Autant te mettre à table tout de suite.

—Et le juge verra les choses du même œil, intervient le second policier. Alors, épargne-nous une perte de temps et d'énergie. Crache le morceau et qu'on en finisse !

Ma stratégie tombe à l'eau. Comment savent-ils que j'allais cambrioler un magasin ? Je me rends compte alors que je n'ai pas affaire aux flics de Ludden Bridge, ceux qui traitent les petits délits, comme l'histoire du pull volé, mais à des policiers très expérimentés, capables de lire une situation au premier coup d'œil. Je change mon fusil d'épaule et je fais des aveux complets.

Ils me signifient mes chefs d'accusation et me ramènent en cellule. Je suis accusé de « projet de vol avec effraction » ou quelque chose comme ça. Bizarrement, je ne suis pas accusé d'agression sur un policier. Les flics se sont sans doute suffisamment défoulés sur moi dans la ruelle, mais ça m'étonne quand même. Ils ne veulent peut-être pas attirer l'attention sur mes blessures… On voit très bien qu'elles sont plus graves que celles qui peuvent arriver lors d'une interpellation, même musclée.

Je passe la nuit en cellule, à méditer sur mes actes, et surtout à me demander ce que va dire Maman quand elle va savoir. Quoique, pour être franc, pour le moment, c'est le dernier de mes soucis. Au matin, je suis raccompagné chez moi par les services sociaux, car je suis un mineur de moins de seize ans. De retour à la maison, je me ressaisis, puis j'appelle Maman. Évidemment, elle est furieuse, mais au lieu de rappliquer à toute vitesse, elle décide de rester à Worcester.

Grand-père et elle viennent me chercher à la gare, comme prévu. Nous roulons vers le camping, sans que Maman prononce une seule parole. C'est Grand-père qui finit par rompre le silence.

—Ta mère se fait beaucoup de soucis pour toi, dit-il, constatant l'évidence.

Tourné vers la vitre, je regarde défiler le paysage. Le reste des vacances se passe dans un silence contraint.

Maman a du mal à faire face au quotidien. Très vite, elle cesse de travailler et ne reprendra jamais d'activité, à cause du stress. La vie à la maison devient de plus en plus chaotique puisque désormais, elle peut boire tout le temps. Bien sûr, mes démêlés avec la police n'arrangent rien, au contraire, ça aggrave son stress. Nous nous disputons en permanence. Elle m'incite à lui expliquer ce qui me pousse à agir de la sorte. Je lui réponds que je n'en sais rien, mais en réalité, j'ai l'impression de ne pas être entièrement coupable.

Ça fait dix ans que ses exigences sexuelles me détruisent psychologiquement. En mon for intérieur, je lui hurle ma colère. J'ai envie de lui dire que ce qui me plaît dans la délinquance, c'est de me sentir unique, important, le centre du monde, c'est-à-dire ce que je devrais éprouver si j'avais une mère normale. J'ai envie de lui hurler à la figure :

*Tu sais que tu veux me baiser chaque fois que tu te bourres la gueule ?*

*Tu sais que ça fait dix ans que tu me fracasses et que c'est pour ça que j'ai versé dans l'illégalité ?*

*Pourquoi tu n'assumes pas ta part de responsabilité, hein ?*

*Tout ça, c'est de ta faute, espèce de sale garce égoïste !*

Mais chaque fois que j'ouvre la bouche, rien ne sort. Au lieu de quoi, j'essaie comme toujours de l'apaiser et de la rendre heureuse. Je lui promets que je ne recommencerai plus, mais je n'en sais rien moi-même. L'agression de ce policier m'a montré que je marchais sur une corde raide. Tout peut arriver. Chaque événement marque une escalade en termes de violence et d'issue potentielle.

Reste la question des poursuites. Cette fois, je n'y couperai pas, je vais avoir droit au tribunal et au casier de délinquant juvénile. Une assistante sociale, mandatée par la justice, est venue à la maison pour évaluer mon équilibre familial et psychologique, de manière à aider le juge à rendre sa décision.

Le 31 juillet 1984, je comparais devant la cour d'assises pour mineurs. Maman et Reg assistent à l'audience et pour l'occasion, je me suis mis sur mon trente-et-un – veste, chemise et cravate.

Je dis au juge que je veux m'enrôler dans l'armée afin de servir la population. C'est du grand n'importe quoi, mais ça fait bien.

Le rapport des services sociaux indique que je suis issu d'un très bon environnement et que j'ai de très bons parents. S'ils savaient… En conséquence, le juge me condamne à du sursis assorti de deux ans de mise à l'épreuve. Je n'en crois pas mes oreilles. Je vais à nouveau m'en tirer à bon compte ! Il faut juste que je me tienne à carreau et j'échapperai à toute sanction.

La tournure des événements a de quoi faire sourire quand on y pense. En effet, c'est grâce à mon environnement familial que j'ai bénéficié d'un jugement aussi clément, alors qu'en réalité, c'est certainement le principal facteur de ma conduite délinquante.

Malgré tout, quelque chose a changé depuis mon passage en justice. Je décide d'arrêter les cambriolages. J'ignore ce qui a provoqué un tel revirement chez moi, mais je me trouve très intelligent. Ça n'a rien à voir avec la religion ni avec les sermons de Maman. Je n'éprouve même pas de remords pour ce que j'ai fait. Je veux tout simplement faire quelque chose de ma vie. J'ai adoré ces montagnes russes émotionnelles, mais j'ai pris conscience des implications morales de mes délits. J'ai atteint le stade où je me sens mal à l'aise de dérober le bien d'autrui et je suis assez âgé pour comprendre que je vais gâcher ma vie dans les grandes largeurs si je poursuis sur cette pente.

Je m'estime heureux de m'en être sorti avec une peine aussi légère. On m'a encore donné une chance. C'est clair, il est temps de mettre un terme à ma carrière de délinquant.

C'est dans cette ambiance de folie que je passe mon brevet, l'examen qui va me permettre d'entrer au lycée. Maman veut à tout prix que je passe mon bac afin d'intégrer l'université ou une grande école. Mais je ne suis pas doué pour les études et pas du tout assuré de pouvoir poursuivre ma scolarité après le collège. Mais Maman ne me laisse pas le choix. Je me débrouille tant bien que mal dans les cinq matières au programme et je suis admis au lycée, de justesse.

Mon quotidien s'améliore dans plusieurs secteurs-clefs. Maman boit toujours autant, mais je me sens plus apte à la gérer. Et puis mes notes de brevet, bien que passables, me permettent d'accéder au marché de l'emploi. J'ai définitivement rompu avec la délinquance et Suzy est toujours à mes côtés. Durant ces six derniers mois, elle m'a soutenu sans relâche, un véritable roc. Elle a aussi changé de lycée pour poursuivre sa scolarité avec moi. Nous nous voyons maintenant tous les jours, ce qui me rend très heureux. Je me sens mieux dans ma peau et l'avenir m'apparaît sous un jour plus optimiste.

Je retourne au lycée en septembre. Tout le monde est au courant de mes démêlés avec la justice, mais je leur signale tout de go que cette période-là de ma vie est révolue. Les cambriolages, c'est fini.

Deux ou trois jours après la rentrée, je suis convoqué chez le proviseur adjoint. La dernière fois, c'était après le cambriolage chez le marchand de journaux, quand je m'étais jeté sous les roues d'une voiture. De quoi s'agit-il, maintenant ? De ma comparution en justice, peut-être, mais c'était il y a deux mois. Si jamais il y fait allusion, je lui dirai que je n'ai pas l'intention de réitérer mes bêtises, que j'ai retenu la leçon. Je m'engage dans le même couloir qu'il y a quelques mois et frappe à la porte.

—Entrez.

—Vous vouliez me voir, monsieur ?

—Oui, David, assieds-toi, s'il te plaît.

J'obéis tandis qu'il se perche sur le bord de son bureau.

—Il me semble que tu es passé devant le tribunal pour enfants, cet été, et que tu as été condamné, commence-t-il d'un ton sévère.

—Oui, monsieur. C'était pour quelque chose qui s'est passé il y a des mois.

—Eh bien, comme tu le sais, tu as commis une série d'infractions graves au cours des six derniers mois. En conséquence de quoi, j'ai décidé de te renvoyer de cet établissement.

Le ciel me tombe sur la tête. Je ne comprends pas. Ce ne sont pas les gamins comme moi qui se font renvoyer. Ce sont les ados vraiment durs, les pervers. Je bredouille :

—Mais… mais, monsieur, je sais que j'ai fait des erreurs, mais c'est du passé, maintenant.

Je n'en crois pas mes oreilles.

Il reprend d'un ton dur :

—Ça m'est égal. Tu nous as causé beaucoup de problèmes, et ce depuis un certain temps. Tu as eu ta chance, maintenant c'est un autre établissement qui devra te supporter.

Il me fait vider mon casier séance tenante et je franchis le portail du lycée pour la toute dernière fois. Peu de temps après, ma mère reçoit une lettre du proviseur :

*David avait promis de changer de comportement, ce qu'il n'a pas fait. Nous estimons donc qu'il ne peut qu'avoir une influence perturbatrice sur les autres élèves.*

Voir cette décision écrite noir sur blanc me fait véritablement prendre conscience de la portée de mes actes.

Je suis anéanti. Peut-être parce que j'étais scolarisé dans cet établissement depuis des années. Ou peut-être parce que

Suzy avait changé de lycée pour être avec moi. Non que ça ait beaucoup d'importance : peu de temps après, nous allons à une soirée d'où elle repart au bras d'un autre. Elle m'a largué. Après tout ce que nous avons vécu et malgré le soutien extraordinaire qu'elle m'a apporté, elle se barre avec quelqu'un d'autre.

Je suis seul, démoli, et je commence à entrevoir les conséquences de ma conduite. Il ne m'était pas venu à l'esprit que mes agissements pourraient avoir des répercussions dramatiques sur le cours de ma vie.

# 12

# MIS AU REBUT

Je suis au fond du trou. Après être passé en justice, m'être fait virer du lycée et larguer par Suzy, j'ai perdu toute motivation pour les études. De toute façon, je n'ai plus envie de rien.

Je n'ai plus personne à qui parler, puisque mes amis c'était les élèves avec qui je traînais au lycée. Mais j'ai l'habitude de la solitude, ce n'est pas ce qui me dérange le plus. Maman est très contrariée par mon renvoi du lycée. Elle m'assène que tout est de ma faute, mais tout de suite après, elle me pousse vivement à passer à autre chose.

Il n'y a guère d'avantage à se retrouver au rebut. Ma seule consolation, c'est de prendre un ticket Day Rover, c'est-à-dire un forfait qui me permet de me déplacer en bus et en train de façon illimitée dans tout le West Yorkshire.

Le tarif étant assez modeste, je peux passer d'un transport en commun à l'autre à ma guise, et aller où je veux. C'est une liberté merveilleuse. Je peux me balader toute la journée pour une somme relativement modique et visiter des villes que je ne connais pas, comme Batley, juste pour le plaisir.

Mais bien que je ne sois plus scolarisé nulle part, Maman me pousse à passer mon bac. Sinon, dit-elle, je ne trouverai jamais de travail. Il y a autre chose qui me motive à le faire. Si l'on a entre seize et dix-huit ans et que l'on est au chômage, on doit suivre un Parcours de Formation Jeunes, une initiative du gouvernement censée rapprocher les jeunes de l'emploi en leur donnant le savoir-faire qui leur manque. En réalité, on vous fait trimer pour trente livres par semaine dans le but non avoué de faire baisser les chiffres du chômage dans les statistiques officielles.

Du coup, je me mets à bûcher mon bac dans une boîte de formation. Parmi les matières que j'ai choisies, il y a le français. La langue me plaît et mon niveau est plutôt correct, grâce à mes deux échanges linguistiques et aux heures que j'ai passées à écrire à mon correspondant. Mais comme nous ne sommes que trois à être inscrits en français niveau bac, le cours est supprimé. Bien décidé à faire du français, je décide d'aller tenter ma chance ailleurs.

Sachant que je serai obligé de prendre un emploi jeune si je ne trouve pas d'établissement où passer mon bac, je contacte plusieurs lycées et mon choix se porte sur la meilleure école d'Halifax, Hunter & Maxwell, qui jouit d'une excellente réputation et obtient chaque année des taux faramineux d'entrée à l'université d'Oxford et de Cambridge. L'établissement est connu pour sa discipline et son niveau très élevé. Au lieu de solliciter un entretien par écrit, ou au minimum de m'annoncer par téléphone, je me pointe là-bas, la bouche en cœur. La proviseure adjointe me fait entrer dans son bureau où nous avons un bref échange. Elle me demande pourquoi j'ai quitté mon lycée. N'osant pas lui avouer la cause de mon renvoi, je lui sors tout un baratin sur le niveau exceptionnel de son établissement et sur ma volonté de progresser. Elle gobe tout ce que je lui raconte.

Je commence les cours très vite et immédiatement, je me rends compte de l'énormité de mon erreur. Dès le premier jour, j'ai l'impression d'être tombé sur une autre planète, peuplée de super-étudiants. Je suis complètement largué. Ludden High, mon ancienne école, n'avait rien à voir avec ça ! C'était un collège-lycée classique où une minorité d'élèves obtenait leur brevet avec mention. À Hunter & Maxwell, 99 % des élèves l'ont eu avec mention bien ou très bien ; plus de 95 % d'entre eux vont jusqu'au bac. Un seul détail montre bien la différence entre les deux établissements : durant toute leur scolarité, les élèves de Ludden High croisent les doigts pour avoir leur examen. À Hunter & Maxwell, l'échec n'est même pas envisagé : leur seule interrogation concerne la mention qu'ils vont avoir.

Il est clair que je vais devoir hausser considérablement mon niveau si je veux décrocher mon bac. Il va me falloir viser des notes beaucoup plus élevées, me concentrer sur mes points faibles et combler au plus vite mes lacunes. Sauf que je ne fais rien de tout ça. Je suis dépassé par le volume de devoirs à la maison. Entre le brevet et le bac, le fossé est bien trop large pour que je puisse le franchir. Mes camarades de classe assimilent les cours à une vitesse et avec une facilité ahurissantes. Et la différence de classe sociale ne fait qu'accentuer mon décalage.

Bien qu'il soit gratuit, Hunter & Maxwell fait partie des rares lycées chics de la région d'Halifax. Sa réputation est telle qu'il y a un examen d'entrée en sixième et une ligne de ramassage scolaire qui va jusque dans le Lancashire et le Derbyshire. Naturellement, la plupart des élèves appartiennent aux couches les plus élevées de la société. Leurs parents exercent pour la plupart une profession libérale et possèdent un compte en banque bien garni.

Je suis en décalage total. Et le fait que je sois le petit nouveau ne m'aide pas à m'intégrer. Tous les autres élèves se suivent depuis cinq ans, les groupes sont déjà formés et les amitiés établies de longue date. Moi, je reste spectateur, à l'écart. Mais je ne me décourage pas pour autant et, à force, j'arrive quand même à me faire quelques amis, comme tout le monde.

Celui qui compte le plus pour moi, c'est Simon. Il n'est pas dans ma classe, sauf pour deux ou trois matières. Les cheveux bouclés, le corps mince, mais musclé, il est toujours très stylé. Il est aimable avec tout le monde, pourtant il aime bien aussi s'asseoir à l'écart : c'est un papillon. Sociable, mais qui recherche aussi parfois la solitude. C'est un garçon drôle, curieux de tout, vif d'esprit et très sympathique. Nous nous entendons bien et c'est un plaisir de l'avoir comme ami, même si j'ai toujours l'impression de jouer les seconds violons. Il a du bagout et il joue dans l'équipe de rugby du lycée, ce qui est un grand honneur à Hunter & Maxwell. Bien sûr, Simon a toutes les filles qu'il veut. Je regarde souvent ses jolies copines avec envie en me demandant l'effet que ça doit faire d'être à sa place.

Après Suzy, je sors avec une autre fille de Blackholme, mais notre histoire tourne court. Au cours de mes deux années à Hunter & Maxwell, j'ai plusieurs copines, mais elles mènent toutes une existence beaucoup plus protégée que la mienne. Soit elles sont timides et réservées, soit plus jeunes que moi d'un an ou deux. En tant qu'adolescent obnubilé par le sexe, j'aimerais bien être rassuré sur mon pouvoir de séduction, mais deux ou trois événements vont me donner confiance en moi.

Tout d'abord, un professeur me demande d'intégrer la troupe de théâtre du lycée. Tout à ma joie qu'il ait pensé à moi, j'accepte sans me rendre compte du travail que cela implique de jouer le rôle de Benvolio dans *Roméo et Juliette*, la pièce choisie pour la représentation de cette année. J'adore l'art dramatique et la scène m'électrise. Le professeur sait m'amener à donner le meilleur de moi-même et je me prends au jeu.

Ma performance me donne l'occasion de sortir avec une fille géniale. Jeannine est grande, belle, affirmée et elle ruisselle de *sex-appeal*. C'est le genre de fille que je croyais trop bien pour moi, mais après m'avoir vu sur scène, elle me propose de sortir avec elle. Je dois l'avoir impressionnée. Nous sortons ensemble quelque temps, jusqu'à ce que je fasse quelque chose de stupide.

Maman veut aller voir Grand-père à Worcester, mais comme Reg n'a pas envie de bouger, c'est moi qui dois l'accompagner. En raison de la liaison qu'elle a eue jadis avec Grand-père, Reg refuse qu'elle aille là-bas toute seule, même si cette histoire date d'il y a vingt ans. De mon côté, je n'ai aucune envie d'être séparé de Jeannine pendant toute une semaine de vacances, mais Maman insiste.

Le jour où je reviens au lycée, l'une des amies de Jeannine me demande comment s'est passée ma semaine. Par pure bêtise, je lui dis que je suis sorti avec une autre fille, à Worcester. Je ne sais pas ce qui m'a pris de dire une telle ânerie, peut-être voulais-je me faire passer pour un tombeur irrésistible… Toujours est-il que Jeannine, mise au courant par son amie, me largue dans la journée. Voilà comment je perds la plus jolie fille que j'aie jamais eue – pour quelque chose qui n'a pas eu lieu.

Je fais également la connaissance de Tim. Mince, brun, il a un an de moins que moi, mais comme il habite près de chez moi, nous rentrons par le même bus. Tim est taciturne, distant et énigmatique, ce qui freine la naissance de notre amitié, mais ce garçon m'intrigue. Je me demande ce qui le branche, dans la vie.

À l'école, mon quotidien est comme toujours imprégné par l'angoisse et le mal-être adolescents, sentiment accru par le bouleversement hormonal. Tout me semble un combat : en particulier, j'ai du mal à savoir quoi dire et faire, je manque de confiance en moi. À cet égard, je ne suis pas différent des autres adolescents. Mais contrairement à certains, mes complexes ne sont pas atténués par mon entourage familial.

Reg a maintenant soixante-seize ans et Maman est devenue de fait son aide à domicile. Il est tout à fait capable de s'en sortir seul, mais Maman a désormais un rôle central : elle s'occupe de lui et de la maison. Il n'intervient plus dans ma vie, ne m'apporte ni aide ni soutien. Ça ne lui coûterait pourtant pas grand-chose de me glisser un petit conseil ou une parole d'encouragement. Un petit mot de temps en temps, ça changerait tout pour moi. Car Reg continue d'être mon unique figure paternelle et, de ce fait, il pourrait me donner son point de vue ainsi que le ferait un grand-père pour son petit-fils.

Mais il est dit qu'entre nous il n'en sera jamais ainsi. C'est à peine s'il m'adresse la parole. Je mène mon existence indépendamment de la sienne. Maintenant que je suis autonome, je vais partout par mes propres moyens vu que Maman refuse toujours de faire le taxi. Reg n'a jamais son mot à dire. Si je dois aller quelque part, c'est à Maman que je demande la permission et c'est elle qui prend toutes les décisions me concernant, de façon unilatérale. La plupart du temps, je me fais à manger, sauf le dimanche. Maman, aidée de Reg, fait cuire le traditionnel rôti, ce qui lui permet de croire que nous sommes une famille unie et que ce repas dominical en est la démonstration.

Il y a maintenant un problème de plus : le stress a obligé Maman à arrêter de travailler à quarante-trois ans. Nombreux sont ceux qui, n'ayant jamais souffert d'un stress handicapant, ricanent à l'idée que l'on puisse cesser de travailler à cause de ça. Mais certaines personnes y sont tellement sensibles qu'elles passent leur temps à se noyer dans un verre d'eau et finissent par craquer. C'est le cas de Maman. Le moindre incident du quotidien la rend malade, comme le fait de laisser une porte ouverte ou d'avoir une parole malheureuse. J'imagine le mal qu'elle a dû avoir à travailler avec d'autres personnes, dans un contexte où il faut faire preuve de tact pour parvenir à ses fins. Or, la diplomatie, ce n'est pas son point fort. À la maison, elle nous mène à la baguette et je pense qu'elle a dû trouver très pénible de ne pas pouvoir avoir la main au bureau.

Mes frasques d'adolescent n'ont sûrement rien arrangé. Deux tentatives de suicide, plusieurs cambriolages, une comparution en justice et un renvoi du lycée suffiraient à bouleverser n'importe quel parent, mais c'est encore plus vrai pour Maman qui n'a pas les ressources pour faire face. Quand elle est en panique, elle a souvent recours à la boisson. Ce que je ne comprends pas, c'est dans quel sens fonctionne le mécanisme, si c'est le stress qui la pousse à boire ou si elle a besoin de boire pour s'affranchir du stress. Mais le déroulement est toujours le même.

—J'ai eu une journée horriblement stressante, j'ai besoin d'un verre, dit-elle avant de partir s'acheter de l'alcool.

Quelques heures plus tard, complètement bourrée, elle tambourinera à ma porte, réclamant des rapports sexuels, déambulera dans toute la maison et finira par vouloir se faire cuire quelque chose. Comme toujours, je veillerai sur elle, en endurant ses violences verbales et parfois physiques jusqu'à ce qu'elle s'écroule sur son lit, ivre morte. Maintenant qu'elle ne travaille plus, ce schéma se reproduit de plus en plus souvent. Avant, elle faisait toujours attention à ne pas boire lorsqu'elle allait au bureau le lendemain – ses cuites se limitaient au week-end. Maintenant, elle peut boire quand elle le veut. Il n'y a plus rien pour la freiner.

Mais tout le monde n'a pas ma patience, avec Maman. C'est le cas de Grand-père. Cela fait six ans que nous entretenons une relation régulière avec lui. Nous sommes allés le voir plusieurs fois à Worcester et j'ai tissé un lien très fort avec lui. Séduit par son charme et son sens de l'humour, je l'aime énormément. Entre l'attitude imprévisible de Maman et la totale indifférence de Reg, me retrouver avec mon grand-père adoré, c'est pour moi le comble du bonheur.

Grand-père n'a peut-être pas ma patience, mais il compense par sa générosité. Lors de sa première visite chez nous, il nous achète un frigo flambant neuf. Maman est aux anges. Tout notre gros électroménager blanc est de seconde main, ce sont des occasions dénichées dans les petites annonces de la feuille de chou locale. C'est merveilleux d'avoir quelque chose de neuf, même si ce splendide réfrigérateur détonne dans notre cuisine plutôt spartiate.

Quand Dorothy meurt subitement, nous n'allons pas à l'enterrement, mais nous continuons à fréquenter Grand-père. Bien qu'il soit profondément attristé par la perte de sa sœur, nos visites le distraient et lui donnent même un regain d'énergie. Il va jusqu'à s'acheter une télévision, chose que Dorothy n'aurait jamais tolérée de son vivant. Grand-père et elle ont toujours été de fervents pratiquants. Ils allaient à la messe chaque semaine et faisaient don d'un petit pourcentage de leurs revenus aux Frères de Plymouth, mais de toute évidence, Dorothy était beaucoup plus dévote que son frère.

J'ai l'impression que Grand-père n'a pas fini de nous surprendre et j'ai hâte de le connaître encore mieux. C'est alors que nous rompons tout contact. Du jour au lendemain. Comme avec tous les amis de Maman, le schéma se reproduit à l'identique. Elle amorce une relation d'amitié, l'entretient jusqu'à devenir très proche de la personne en question, et puis brusquement, elle détruit le lien qu'elle a elle-même établi.

Des années plus tard, je découvrirai les lettres que lui a écrites Grand-père à l'époque où elle avait repris contact avec lui. Elles éclaireront leurs relations d'un jour nouveau. Dans les deux premières, datées de 1979, il lui explique choisir ses mots avec soin, car Dorothy lit tout son courrier. Voilà ce qu'il lui écrit en novembre de cette année :

*Je préfère te prévenir que Dorothy lit tout le courrier que je reçois. Je ne peux pas y faire grand-chose, n'est-ce pas ?*

Et le mois suivant :

*Au fait, quoi que tu puisses m'écrire à l'avenir, souviens-toi que Dorothy et moi n'avons pas de secret et que chacun lit le courrier de l'autre (sauf la lettre que j'ai reçue de Keith). Dorothy est demeurée une sœur aimante, une véritable sainte. Rien à voir avec son renégat de frère.*

De fait, après la mort de Dorothy, le ton de leur correspondance se modifie de façon très nette. Les lettres écrites après cette date ne sont pas explicites, mais certainement plus espiègles et plus suggestives.

J'ai aussi l'impression que Papa, qui avait coupé les ponts depuis des années avec son père, ignorait que nous avions renoué des relations avec celui-ci. Maman a fini par le lui dire et Papa l'a visiblement très mal pris. Dans une de ses lettres, Grand-père gronde gentiment Maman d'avoir vendu la mèche, en sous-entendant que Papa n'avait pas besoin de le savoir. Du reste, la réaction de son fils l'exaspère.

*Je déteste les gens pompeux. Et d'ailleurs, qu'est-ce qui justifie une telle attitude de la part de Keith ?*

*En apparence, tout le monde est parfait. Mais il suffit de gratter un peu la surface pour voir que personne n'est irréprochable.*

Grand-père sous-entend aussi qu'il s'est produit quelque chose de grave, des années auparavant, quelque chose qui a conduit mon père à couper les ponts avec lui. Maman m'a laissé entendre qu'elle avait eu une brève liaison avec Grand-père. La première fois qu'elle aborde le sujet, je suis encore adolescent, mais elle m'en reparlera des années plus tard, en présence d'un tiers. En octobre 1983, Grand-père lui écrit qu'il ne peut pas croire que Grand-mère, son épouse depuis trente ans, dont il est séparé mais pas divorcé, s'adonne au satanisme. Bien sûr, je savais que Grand-mère était un peu étrange, vu qu'elle me prêtait des livres sur la méditation transcendantale, mais je ne savais pas que ça allait jusque-là ! J'ignore si c'est Maman qui a volontairement noirci le tableau afin de la montrer sous son pire jour, mais la réponse de mon grand-père était sans ambiguïté.

J'ai beau chercher, rien dans sa dernière lettre, datée de novembre 1985, n'indique pourquoi nos relations ont cessé tout de suite après. Grand-père est-il mort ? Certes, il souffrait de maux chroniques (il nous faisait un bilan de sa santé dans chacune de ses lettres), mais jamais Maman ne m'a annoncé son décès, j'en suis certain. Toujours est-il qu'à partir de là, nous cessons de nous voir et nous n'aurons plus aucune nouvelle de lui. Son nom n'est plus jamais évoqué à la maison – je ne sais même pas s'il est encore en vie. Mais pour moi, une chose est sûre : c'est Maman qui est à l'origine de cette rupture, et il y a fort à parier que son alcoolisme n'y est pas totalement étranger.

Mais Maman n'est pas la seule à avoir des réactions bizarres. Du côté de ma grand-mère, la situation devient de plus en plus irrationnelle.

Je vais maintenant voir Grand-mère tout seul. Pas parce que Maman m'y oblige, mais parce que je l'aime et que j'ai envie de la voir, même si elle se montre de plus en plus distante à l'égard des autres. Elle considère tout et tout le monde avec la plus grande suspicion. Parfois, j'ai du mal à entrer chez elle et souvent, il faut que j'accomplisse tout un rituel. En arrivant, je frappe à la porte d'entrée.

—Qui est là ? crie-t-elle de l'autre côté de la porte fermée à double tour.

—C'est moi ! David !

Au bout de quelques secondes, si elle estime qu'il s'agit bien moi, j'entends des cliquetis et des bruits sourds. Elle a fait placer tout un tas de verrous qu'elle ouvre et referme l'un après l'autre à chaque fois. Dans l'entrebâillement de la porte, je vois une, voire deux chaînes de sécurité qui se tendent. Je réfrène la tentation naturelle d'avancer la tête, car je sais que ça lui déplaît.

—Coucou, Grand-mère, dis-je d'un ton calme.

—C'est toi, David ?

—Oui, Grand-mère, c'est moi.

Elle s'approche pour vérifier. Je lui souris. Elle ne me rend que très rarement mon sourire, mais elle accepte de me laisser entrer.

Et c'est comme ça chaque fois que je vais la voir. Ça ne m'inquiète pas outre mesure, Grand-mère a toujours eu un petit grain. Mais un incident va me faire changer d'avis.

Quand j'allais faire du judo à Welsdon Barracks dans le cadre du cours d'EPS, je passais toujours voir Tatie Mavis et Oncle Gerald qui habitent tout près. En réalité, Mavis est ma grand-tante, c'est la sœur de Grand-mère. Elle et son mari Gerald sont des gens adorables. Dès que je frappe à la porte, Mavis se précipite pour venir m'ouvrir. Elle me serre très fort dans ses bras et m'embrasse comme du bon pain, toujours heureuse de me voir. Avec elle, je me sens aimé.

Gerald est génial, lui aussi. C'est un grand costaud plein d'humour qui exerce le plus beau métier du monde pour un enfant : il travaille dans une énorme chocolaterie à Halifax. Du coup, il rentre tous les soirs avec des sacs de chocolats refusés au contrôle qualité : ces barres sont aussi bonnes que les autres, mais elles ont des défauts extérieurs qui les rendent impropres à la commercialisation. Bref, le rêve de tout enfant.

Maman achète rarement du chocolat, c'est plus cher par rapport aux douceurs faites maison. Mais dès que j'arrive chez Mavis, elle me fait chauffer un café au lait qu'elle me sert avec une énorme assiette de chocolats. C'est le paradis ! J'adore aller chez eux. Mavis et Gerald n'ont aucun ennemi, personne ne peut leur reprocher quoi que ce soit. C'est une famille très unie, composée d'un fils et de deux petites-filles. Bref, ces gens-là sont le sel de la terre. Mais, un jour, après m'avoir servi leur traditionnel café au lait accompagné de chocolats, Mavis et Gerald restent silencieux au lieu de papoter gaiement avec moi. Quelque chose les préoccupe, c'est évident. C'est Gerald qui se lance le premier :

—David, on a quelque chose à te dire.

—Quoi ?

Le café et les chocolats passent aussitôt au second plan. Je vois bien qu'il se passe quelque chose de grave ; ma tante d'ordinaire si joyeuse a l'air bouleversée.

—Ta grand-mère a renié Mavis.

—Qu'est-ce que tu veux dire ?

—Ta grand-mère nous a appelés. Elle est persuadée que Mavis n'est pas sa sœur. Elle nous a dit qu'elle ne voulait plus jamais entendre parler de nous.

Je suis abasourdi. Grand-mère pousse l'excentricité un peu trop loin ! Toute cette histoire est aussi absurde que ridicule. Mavis et Grand-mère sont septuagénaires et elles se ressemblent comme deux gouttes d'eau, c'est proprement sidérant ! Papa et son cousin germain Joshua ont grandi ensemble et chacun est allé au mariage de l'autre. Pour Mavis, la démarche de sa sœur n'a rien d'une plaisanterie, c'est un acte profondément blessant.

Ma tante est anéantie, mais elle n'a d'autre choix que de se plier au caprice de Grand-mère. Pour moi, ce jour-là marque un tournant. Ma grand-mère n'a pas qu'une conduite étrange, elle souffre clairement d'une maladie mentale, au point de renier sa propre sœur. Mais je ne suis qu'un enfant, spectateur passif des événements qui secouent mon entourage. J'ai de la peine pour Mavis, mais je n'aborde pas le sujet avec Grand-mère. En plus, il m'arrive à moi aussi de montrer les signes d'une attitude inquiétante.

J'aime jouer avec le feu, transgresser les règles, me rebeller contre l'autorité. Je tente de devenir réserviste de l'Armée de l'air, formation censée me donner un aperçu du quotidien de l'armée de métier. Je me fais renvoyer au bout de deux mois pour avoir cogné un sous-officier qui voulait me faire faire quelque chose contre mon gré.

Je continue de progresser en karaté. Après avoir été louveteau, puis scout, je deviens guide, et un soir, je fais une démonstration de karaté devant mon groupe. Je leur montre comment donner un coup de pied ou de poing dans les règles de l'art. Je vais ensuite au pub où j'expédie un coup de poing dans le mur des toilettes. Je ne sais pas ce qui m'a pris de faire ça, tout seul, sans public, mais je laisse l'empreinte de mes jointures dans le plâtre et me fais réprimander par le chef des guides. Quand le propriétaire du pub est venu se plaindre des dégâts, il a dû deviner que c'était moi.

Je me suis mis à boire, au début petit à petit, mais à présent je suis devenu un consommateur d'alcool régulier.

Tant que je n'ai pas dix-huit ans, Maman m'impose le couvre-feu à minuit. Comme c'est trop tôt quand je suis en soirée, je trouve un moyen pour contourner l'interdiction : je dors chez Simon, mon ami de Hunter & Maxwell. Ses parents lui laissent toute latitude : il peut rentrer à n'importe quelle heure. Et comme Maman l'aime bien et lui fait confiance, elle ne me pose jamais de questions.

Nous allons rarement en ville, mais ce n'est pas grave. La plupart des élèves de mon lycée étant issus de foyers aisés, ils donnent tous des soirées dès l'âge de seize ou dix-huit ans. Simon est très souvent invité et comme je le suis partout, j'en profite. Ces soirées se déroulent dans des salles louées pour l'occasion où l'on sert de l'alcool aux mineurs. Notre lieu de prédilection, c'est la maison de quartier, au cœur de la ville. Toutes ces soirées étant privées, personne ne peut voir ce que nous trafiquons.

Je ne bois que pour me soûler, fait inquiétant puisqu'en cela, j'imite ma mère. Elle boit toujours à la maison, jamais en société, et cherche à atteindre l'ivresse le plus vite possible. Moi, je bois en soirée, mais dans le même but, pénétrer dans l'univers alternatif de l'ébriété. Je n'aime même pas le goût de ce que je consomme. La bière blonde, la stout et les alcools forts, je n'y touche que si c'est le moins cher. J'ai horreur du brandy, car c'est ce que boit Maman. J'aime bien le cidre, le sherry et les liqueurs, parce que c'est sucré. Mais mon grand jeu, c'est de me soûler, et pour ça, je découvre une autre boisson très efficace : le vin d'orge Gold Label – 10,9° d'alcool.

Simon aime encore plus picoler que moi, surtout de la bière. Comme la plupart des jeunes de notre âge, notre seul objectif est de nous soûler. Cette succession de soirées me permet d'avoir une vie sociale plutôt agréable. Je joue des tours pendables aux taxis. Je demande au chauffeur de me déposer dans un cul-de-sac près de chez moi, en général près d'un mur donnant sur un champ. Au moment de payer ma course, je franchis le mur et m'enfuis à toutes jambes. Je suis jeune et bien entraîné : aucun chauffeur de taxi ne m'a jamais rattrapé.

Si je joue ce genre de tour aux taxis, c'est aussi parce que je n'ai pas les moyens de payer ma course. Et si je peux me permettre de sortir un peu, c'est parce que je continue de livrer les journaux autour de chez moi. Quand je travaillais pour le marchand, j'effectuais une tournée du matin « normale » – soit une heure et demie de travail, six jours sur sept – pour laquelle je touchais quatre livres sterling par semaine. Mais après le cambriolage, j'ai évidemment été mis à la porte.

Ma nouvelle tournée n'a rien à voir. D'abord, je ne livre que le dimanche matin, pendant trois heures. Ensuite, je suis à mon compte. J'ai racheté la tournée à quelqu'un pour la somme de soixante livres. En échange, j'ai reçu un petit écusson et une liste de clients qui m'achètent mes journaux quand je sonne chez eux. Je m'approvisionne dans une petite boutique de Mystendyke qui n'ouvre que le dimanche et à laquelle je retourne les invendus.

J'achète la marchandise pour un montant inférieur au prix de vente unitaire et j'empoche la différence. Par exemple, à cette époque, le *News of the World* se vend à vingt-huit pence l'exemplaire, mais je l'achète à vingt. Le *Sunday Times* est à cinquante pence, mais je l'achète à trente. Bref, cette tournée est une véritable mine d'or. Je gagne entre treize et quinze livres par semaine pour seulement trois heures de travail. Le seul inconvénient, c'est qu'il faut que je me lève à sept heures et demie le dimanche, alors qu'il m'arrive de rentrer d'une soirée aux aurores… Mais c'est un détail par rapport à un job aussi lucratif. C'est aussi l'occasion pour moi de découvrir que j'ai la fibre entrepreneuriale.

J'aime être mon propre patron, avoir ma propre tournée, acheter, vendre et dégager des bénéfices, collecter les sommes dues. Mon affaire est déjà plus rentable qu'elle ne l'était quand je l'ai rachetée, en septembre. Les deux frères qui me l'ont vendue m'avaient dit que pour les fêtes, je pourrais me faire environ quinze livres d'étrennes. Sur le moment, j'ai trouvé ça cool : une rentrée supplémentaire au moment de l'année où j'en ai le plus besoin.

Sauf que lorsque arrive Noël, il me vient une idée. J'achète pour trois livres sterling un gros paquet de cartes de vœux (les moins chères qui existent) et j'en rédige une à l'intention de chacun de mes cent clients. Quand je la leur donne en même temps que leur journal, l'effet est prodigieux ! Seuls deux de mes clients ne me donnent pas d'étrennes. Je récolte au final quatre-vingt-cinq livres – une somme énorme en 1986. J'exulte d'avoir reçu autant d'étrennes. Mais, ma plus grande satisfaction, c'est d'avoir eu l'idée d'acheter ces cartes, alors que les deux autres gars n'y avaient jamais pensé. Je me fais l'effet d'un redoutable businessman !

Dans ma famille proche, personne n'a le sens des affaires, à part bien sûr mon oncle Jim, le frère aîné de Maman. Je l'ai vu à l'enterrement de leur père, et il est aussi venu une fois à la maison, à l'improviste, au tout début de mon adolescence. Il n'avait même pas dit à Maman, sa sœur unique, qu'il s'était remarié, et bien sûr nous n'avions pas été invités à la noce.

Mais l'année de mes dix-sept ans, nous allons lui rendre visite dans le Kent. Comme à chaque fois que nous allons dans la famille, nous nous installons sur un terrain de camping non loin de là.

Mon oncle vit dans une belle maison, il roule dans une belle voiture. Avec sa famille, il mène une existence bien différente de la nôtre, à Halifax. Jim dirige et, je crois, possède en partie l'une des plus grandes carrières d'ardoise de toute l'Europe. Il nous la fait visiter. C'est vaste ! Moi qui adore les voitures et tous les véhicules à moteur, je reste sans voix devant ces énormes engins de terrassement. De toute évidence, Jim est un homme d'affaires d'envergure, qui gagne beaucoup d'argent.

Mon oncle en est à sa troisième femme ; elle a vingt ans de moins que lui. Ensemble, ils ont deux enfants et de son côté, il en a quatre de ses deux mariages précédents. Mais durant notre séjour dans le Kent, il ne passe presque pas de temps avec sa femme et ses enfants. Le soir, nous mangeons chez eux et dès la fin du repas, nous partons tous ensemble au pub, tandis que sa femme reste à la maison avec les enfants. Jim finit complètement bourré et nous repartons du pub bien après l'heure de fermeture légale.

À force de le fréquenter, je comprends qu'il ne doit pas être facile à vivre. Il est assez égoïste et aime bien semer la pagaille autour de lui. Toutefois, je ne réalise pas que, comme Maman, il est alcoolique.

Je ne le reverrai plus. Sa désinvolture et ses tendances autodestructrices auront raison de lui peu après notre séjour. Il meurt quelque temps après. Il n'avait pas cinquante ans.

Je fête mes dix-huit ans le 6 avril 1986, quelques mois avant de passer mon bac. Comme cadeau, je demande de l'argent : Maman me donne cent cinquante livres et Papa la même somme. Maman met toujours des sous de côté, c'est comme ça qu'elle peut acheter une voiture en liquide et partir en vacances chaque année, le tout sans avoir recours à un prêt bancaire ou à un crédit à la consommation. Je continue d'être en admiration devant tout ce qu'elle arrive à faire, même si, bien sûr, je ne suis pas au courant de sa situation financière.

Avec l'argent de mes dix-huit ans, je décide de m'offrir un voyage. En compagnie de Simon et trois autres garçons de notre âge, nous prenons quinze jours de vacances dans un camping du sud de la France ; nous voyagerons en car. J'ai beau haïr le camping, là ce n'est pas la même chose. L'idée de passer deux semaines en France à me bourrer la gueule et à coucher tous les soirs avec une fille différente a de quoi m'enthousiasmer. Or ça n'est possible qu'en faisant du camping, séjourner à l'hôtel nous coûterait le double.

Le voyage est mémorable, mais pas forcément pour de bonnes raisons. Je claque tout mon argent en bouteilles, ne m'alimentant que pour éponger un peu de ce que je bois en soirée. Mais, quel que soit mon degré d'alcoolisation, je ne perds jamais totalement le contrôle et je me souviens toujours de ce qui s'est passé la veille. Simon, lui, n'a pas cette chance.

Comme Maman, il boit trop et trop vite, perd tout contrôle et ses bêtises finissent parfois très mal. Un soir, il est tellement soûl que la situation vire au cauchemar. Nous avons tous picolé, mais il nous reste assez de lucidité pour nous rendre compte qu'il va trop loin.

Simon a toujours le vin mauvais. Dès qu'il boit, il cherche la bagarre et ce soir-là, il commence par s'en prendre à nous.

—J'vais vous casser la gueule ! braille-t-il sans s'adresser à l'un de nous en particulier.

Nous reculons tous, soucieux de ne pas le provoquer.

—Z'avez peur de moi, hein ? Bande de petits branleurs !

Alors qu'il continue à avancer, l'un de nous lui envoie son poing dans la figure. Simon s'écroule comme un sac de pommes de terre et son œil se met à saigner de vilaine manière. Nous voyons tous qu'il est salement amoché. Comme je suis le seul à savoir parler français, c'est à moi qu'il incombe de trouver un médecin. Je finis par en ramener un que je guide à travers le labyrinthe de tentes jusqu'à la nôtre. Simon est évacué vers l'hôpital le plus proche où on lui annonce qu'il a quasiment perdu la vue d'un côté. Cet événement plombe complètement l'ambiance de nos vacances. Aller voir Simon à l'hôpital, ce n'est pas très amusant, et puis ça nous coûte cher : vingt-cinq livres pour le médecin, ce à quoi il faut ajouter les trajets en train. Je décide de téléphoner à Maman. Elle m'envoie de l'argent qui, étonnamment, arrive à destination quelques jours plus tard dans ce camping du sud de la France peuplé de milliers de tentes.

La mésaventure de Simon ne peut que me rappeler les déboires de Maman. Il semble n'avoir aucun souvenir de l'accident. Au début, nous lui mentons un peu sur ce qui s'est vraiment passé, mais il accepte cette version sans broncher. Cette amnésie post-cuite répond à la question qui me ronge depuis des années. Je me suis souvent demandé si Maman se souvenait de ce qu'elle m'obligeait à faire quand elle avait bu. Du moment qu'elle n'en garde aucun souvenir, je peux mettre son comportement sur le compte de l'alcoolisme. Mais si elle se souvient de tout, elle ne peut ignorer les sévices sexuels qu'elle inflige à son fils. Et dans ce cas-là, ça change tout.

Quand il s'alcoolise, Simon se transforme en bête enragée. Mais le lendemain, c'est le trou noir, tout s'est effacé de son esprit. Je crois sincèrement qu'il en va de même pour Maman.

À mon retour de vacances, les résultats des examens sont affichés. Maman m'attend devant le lycée. Dans la cour, tous les élèves discutent en petits groupes : leur seul souci, c'est de savoir si leur mention leur permettra d'intégrer l'université de leur choix. Moi, j'espère juste avoir eu des notes passables.

Arrivé devant l'immense tableau, je balaie les listes du regard, à la recherche de mon nom, et mes craintes se confirment : je n'ai la moyenne que dans une seule matière. Je n'irai pas à l'université.

Je reviens vers la voiture, malheureux comme les pierres. Je montre mes résultats à Maman et elle éclate en sanglots. Je comprends qu'elle soit bouleversée, mais au final, elle réussit à renverser les rôles. C'est elle qui devrait rester forte et m'apporter son soutien moral. Au lieu de quoi, c'est moi qui me retrouve à la consoler, à lui dire que tout va s'arranger.

Rassérénée par mon calme apparent, elle attend de moi que je trouve une solution. Mais il n'y a pas de plan B. Il faut faire une croix sur les études universitaires. Il faut que je trouve du boulot. Maman me suggère l'école d'infirmières. D'emblée, je suis contre : c'est un métier de fille ! La preuve, ma mère a suivi une formation d'infirmière. Mais plus j'y réfléchis, plus l'idée me séduit. Finalement, j'envoie ma candidature et l'on me convoque pour un entretien dans la foulée. Je m'y rends, vêtu de mon plus beau costume.

Je suis à la fois excité et nerveux. Maintenant que je me suis fait à l'idée d'être infirmier, je donnerais tout pour être pris. J'aime l'idée d'aider les autres. Et puis il y a des tas de spécialités. C'est une carrière que je peux envisager sur le long terme. Après tout, on a toujours besoin d'infirmiers et d'infirmières. Je me rends au bureau du cadre de santé où j'attends en compagnie d'autres candidats aussi nerveux que moi. Enfin, mon tour arrive et l'on me fait entrer dans le bureau. La dame qui m'accueille a une vraie présence : elle a de l'autorité et affiche une parfaite maîtrise de la situation.

—Monsieur Thomas, asseyez-vous, je vous prie, me dit-elle d'un ton affairé.

J'obéis, tentant fiévreusement de me remémorer les réponses que j'ai préparées.

Elle me regarde et va droit au but.

—J'ai étudié votre dossier de candidature et je suis au regret de vous dire que nous ne pouvons pas vous prendre comme élève infirmier.

La foudre s'abat sur moi.

Je bredouille, la gorge nouée :

—Mais pourquoi ?

—Parce que vous avez un casier judiciaire.

Elle me regarde d'un air de dire « ça tombe sous le sens ». En effet, j'ai fait mention de mon casier dans mon dossier, ainsi que la loi m'y oblige. Ma mise à l'épreuve vient de s'achever, mais je dois encore le déclarer pendant une période donnée. Mais à aucun moment je n'ai pensé que cela m'empêcherait de devenir infirmier. Ma condamnation remonte à deux ans, pour moi c'est de l'histoire ancienne. Je rentre à la maison, K.-O. debout. Voilà deux ans que j'ai retrouvé le droit chemin, deux ans que je n'ai pas commis de vol, deux ans que l'idée d'en commettre un ne m'a même pas effleuré l'esprit. Mais mon passé de délinquant n'a pas fini d'avoir des répercussions sur mon avenir.

Ce refus m'atteint de plein fouet. Échaudé par ce premier échec, j'effectue quelques recherches et découvre que pour certains métiers, la loi m'oblige à indiquer ma condamnation, parfois même à très long terme. Par exemple, si je veux entrer dans la police, même dans vingt ans, je devrais déclarer que j'ai un casier. Mais il y a quand même une bonne nouvelle. Grâce à la loi de réhabilitation des délinquants de 1974, ma condamnation à du sursis sera considérée comme non avenue, c'est-à-dire qu'elle sera « effacée » de mon casier six mois après la fin de ma mise à l'épreuve. Et cette fois, c'est valable pour la plupart des métiers. Je n'ai donc plus qu'à attendre. En dépit de cet élément encourageant, je reste déçu et furieux contre moi-même. Sans perspective professionnelle immédiate, je me mets en quête d'un boulot alimentaire.

Je décroche deux entretiens et les deux fois on me propose le job. J'accepte donc un poste à la *Halifax First*, une compagnie d'assurances. Frileuse comme à son habitude, Maman m'a poussé à choisir celui-là en soulignant l'importance d'avoir un métier qui m'offre la sécurité de l'emploi et des perspectives.

Dès le premier jour, je prends mon travail en grippe. Tout me déplaît là-dedans. Pour commencer, je suis dans un bureau où il n'y a que quatre hommes pour vingt employés. Mal à l'aise dans mes rapports avec les femmes, je ne sais jamais quelle attitude adopter. Ensuite, je déteste les horaires imposés et le fait de rester enfermé de neuf heures à dix-sept heures. Enfin, ce boulot ne me rapporte que soixante-dix livres par semaine. Ça n'est pas assez. J'ai besoin d'un salaire plus élevé, pas pour m'acheter des fringues, une voiture ou sortir tous les soirs, mais parce que je veux partir de la maison.

J'ai enfin compris que Maman ne changera jamais et je suis à bout de patience. Cela fait presque dix-huit ans que j'endure son alcoolisme. À eux deux, Reg et Maman m'ont donné des coups de poing, des coups de pied, ils m'ont jeté des objets à la figure et m'ont fait vivre un calvaire entre les raclées sauvages de l'un et les exigences sexuelles de l'autre. Il est temps pour moi de quitter la maison. J'ai eu ma dose.

## Troisième partie

# UNE AUTRE FORME DE MÉMOIRE

# 13

# L'ÉPREUVE DU FEU

Mon salut se présente sous la forme d'une jeune fille de Blackholme prénommée Janice. Elle est plus âgée que moi et arbore une splendide chevelure, comme il sied à son métier de coiffeuse.

Nous aimerions acheter une maison, mais en raison de nos faibles revenus, nous décidons d'en louer une. J'ai beaucoup d'affection pour Janice, mais je ne l'aime pas. Je veux juste m'éloigner de Maman et pour ce faire, je suis prêt à suivre la première venue. Bêtement, nous nous installons dans une maison qui nous coûte cent quatre-vingts livres de loyer. Janice gagnant la même somme que moi, à savoir soixante-dix livres par semaine, il ne nous reste rien une fois que nous avons payé les courses, le loyer et les factures. Je sollicite l'aide financière de Papa : il m'envoie une ménagère par la poste – depuis les États-Unis.

Janice et moi tirons le diable par la queue et au bout de six mois, elle retourne vivre chez sa grand-mère tandis que j'annonce à Maman que je réintègre le foyer familial. Elle est folle de joie ; moi, c'est tout le contraire. Plus la date de rendre les clefs approche et plus ma panique augmente. Je ne veux pas rentrer à la maison. Pour y être allé manger le rôti du dimanche, je sais que ma mère boit toujours autant et je ne supporte pas l'idée de retourner dans cet enfer.

En cherchant dans les petites annonces, je trouve un logement abordable : une chambre meublée. Ça suffit largement à mon bonheur : plus besoin de retourner vivre chez Reg ! Mon salaire est toujours aussi bas, mais ça m'est égal. Mon meublé, bien que spartiate, est propre et idéalement situé : à quelques minutes à pied de mon bureau et du centre-ville d'Halifax. Très pratique pour faire mes courses, ça me fait économiser des frais de transport. Très pratique aussi pour sortir le soir.

Durant les huit années qui vont suivre, sortir sera mon unique priorité.

J'aime sortir seul, mais je préfère avoir un pote avec qui trinquer, et ce pote, c'est Tim. J'ai fait sa connaissance à Hunter & Maxwell où nous rentrions par le même bus. C'était un garçon plutôt timide en ce temps-là, mais je crois que son attitude masquait pas mal de problèmes personnels. C'est peut-être ce qui nous a rapprochés, tous les deux. Sur mon conseil, il arrête ses études et vient travailler avec moi chez *Halifax First*. À partir de là, nous devenons inséparables.

Nous faisons en sorte que nos soirées nous coûtent le moins cher possible. Nous allons en boîte à vingt et une heures trente, quand l'entrée n'est pas encore payante. Je pique même les consommations des autres clients. Peu importe ce qu'ils ont commandé : du moment que c'est gratuit, je le bois. Je mélange même les fonds de verre dans une chope de bière. Je sais, c'est dégoûtant, mais ça m'amuse. Je m'enorgueillis de ma frugalité : je suis capable de sortir dans Halifax, de me soûler et de faire la fête jusqu'à trois heures du matin, le tout sans dépenser un centime.

Ces sorties ont un effet galvanisant sur moi. J'adore la *dance music* et l'énergie qui se dégage des pubs et des clubs. C'est comme atterrir sur une autre planète où les règles traditionnelles ne s'appliquent pas. Je peux me permettre des comportements que l'on ne tolérerait nulle part ailleurs. Ce qui me plaît dans l'alcool, c'est qu'il m'ôte toute inhibition. En revanche, je n'aime pas les soirées au calme, tout seul dans mon petit meublé. Ce n'est pas le tête-à-tête avec moi-même qui me dérange, mais j'ai tendance à m'ennuyer très vite. Du coup, je me mets à boire aussi chez moi, pas vraiment pour fuir la réalité, mais plutôt pour faire passer la soirée plus vite.

Mon alcool de prédilection, c'est le Tía María, une liqueur de café. Mélangée à du Coca, je suis capable d'en boire une bouteille entière en une soirée. Je ne bois pas tous les soirs, mais de plus en plus souvent. J'ai beau avoir subi l'alcoolisme de Maman durant vingt ans, je tombe peu à peu dans la même dépendance qu'elle. Demeure néanmoins un problème crucial : je n'ai pas les moyens de picoler, ce qui va *de facto* enrayer ma dégringolade dans l'alcool. Lorsque j'ai fini de payer mes factures, il ne me reste que cent quatre-vingts livres par mois. Or une seule bouteille de Tía María en coûte dix. Je ne mange presque rien, me nourrissant d'alcool, mais ça ne suffit pas. Alors, je cesse de boire tout seul dans ma chambre. Pour moi, c'est un symbole qui a son importance : je ne veux pas devenir comme Maman.

Je trouve mon emploi dans les assurances de plus en plus pénible. Mon rendement est contrôlé, comme celui de tout le monde. J'en fais autant que les autres employés, mais c'est moi qui ai le plus de problèmes. Mes tâches sont abrutissantes, mais je sais travailler vite. J'arrive à boucler l'équivalent de toute une journée en une seule matinée. Le reste du temps, je tourne en rond en bavardant de temps à autre avec mes collègues. Ça me rend dingue.

Je voulais travailler dans un bureau pour avoir des horaires normaux, un beau costume et les mains propres, mais le bureau s'est transformé en prison. Je me remets donc à la recherche d'un emploi. J'achète tous les journaux de la région, et même le *Yorkshire Post*. Leurs annonces couvrant tout le pays, je ne pense pas y trouver un job qui me convienne – je n'ai pas de voiture et aucune intention d'en acheter une. Pour cela, il faudrait que l'on me propose une rémunération beaucoup plus intéressante, ce qui n'a guère de chances d'arriver vu mon absence de qualifications. Néanmoins, je continue à regarder dans le *Yorkshire Post*.

Et un jour, tandis que je parcours les petites annonces, un minuscule encart attire mon attention : les sapeurs-pompiers recrutent. Mes prières ont été exaucées.

Je suis tout de suite intéressé, mais pas pour les raisons classiques. La plupart des mecs veulent devenir pompiers pour le prestige – toutes ces femmes qui vont se pâmer devant eux… Moi, ce qui me plaît, c'est que le salaire de départ est deux fois plus élevé que celui que je touche chez *Halifax First* et qu'aucune qualification particulière n'est requise.

Le taux d'échec à l'entrée chez les pompiers est extrêmement élevé : seul un candidat sur quarante est retenu au terme du processus de sélection. C'est un point qui me fait réfléchir. Mais plus j'y pense et plus l'idée de postuler dans le corps des sapeurs-pompiers me séduit. Pour commencer, c'est aux antipodes de mon emploi actuel. On travaille en poste, et le week-end. C'est un métier manuel ; or je n'ai jamais rien fait de mes mains. Et la pression est immense même pour un débutant.

Mais surtout, je commence à imaginer l'effet que ça me fera de dire aux gens que je suis pompier : ça ne pourra que renforcer mon estime de moi-même. On me considérera avec respect. Très vite, mon envie d'entrer chez les pompiers devient une nécessité vitale. Il faut que je sois pris, un point c'est tout. Ça ne va pas être facile, mais je vais me défoncer et avec un peu de chance, je vais y arriver. Je dépose ma candidature en février et dans les neuf mois, j'entame le processus de sélection.

C'est très stressant. Le jour de l'épreuve physique, nous sommes vingt-quatre au départ. Tout au long de la journée, des officiers entrent dans la salle en appelant un numéro. Celui qui a ce numéro suit l'officier et on ne le revoit plus. Seuls six d'entre nous seront admis en formation, soit vingt-cinq pour cent à peine des candidats qui se sont présentés à huit heures. Mais c'est également une expérience profondément stimulante et gratifiante. Au fur et à mesure que je franchis les seuils de sélection, ma confiance en moi augmente. Et quand au final je suis pris, je ressens un bonheur indicible.

Le moment où je présente ma démission à *Halifax First* est le plus beau jour de ma vie. J'en ai tellement bavé pour entrer chez les pompiers ! Je me suis battu contre des milliers d'autres candidats pour décrocher l'une de ces places si convoitées en formation. Mais là, ça y est ! Je vais enfin faire quelque chose de ma vie, quelque chose qui a vraiment du sens. Mon orientation peut même satisfaire Maman. Bien sûr, elle s'inquiète des dangers auxquels je serai forcément confronté en tant que pompier, mais elle se réjouit que j'aie trouvé un métier qui m'offre un vrai plan de carrière.

Et puis sur un point au moins, elle a eu raison de me pousser : j'apprendrai plus tard que c'est parce que j'ai eu mon bac que j'ai franchi le premier niveau de la sélection et obtenu la possibilité de passer les épreuves écrites. En effet, si chaque pompier a la possibilité de s'élever dans la hiérarchie tout au long de sa carrière, la grande majorité de ceux qui s'engagent sont des cols bleus : des ouvriers qualifiés dans les domaines de la plomberie, de la construction et du transport routier.

Du coup, lors des sélections, les recruteurs recherchent en priorité les candidats qui ont poursuivi leurs études au-delà de seize ans. Ceux-ci sont très recherchés, parce qu'ils ont plus de chances de réussir les épreuves qui mènent aux postes les plus importants. J'ai beau avoir eu mon bac de justesse, le seul fait que je sois allé jusqu'en terminale me fait potentiellement entrer dans cette catégorie. C'est Maman qui m'a poussé à continuer ma scolarité et je lui en serai toujours reconnaissant.

Entrer chez les pompiers marque un tournant radical dans mon existence. Comme on dit, j'y suis entré adolescent et c'est là que je suis devenu un homme. J'apprends tellement sur les gens, sur les défis, sur la pression – et sur la vie. J'apprends à maîtriser des domaines dans lesquels je n'aurais jamais cru être compétent. Mais un détail me tracasse.

J'ai été accepté dans les rangs des pompiers malgré mon casier judiciaire. Après avoir bien étudié le formulaire de candidature, j'avais estimé qu'il n'était pas nécessaire que je mentionne ma condamnation. Hélas, je vais apprendre à mes dépens que ce n'est pas en ignorant une question sur un formulaire que l'on peut photoshoper son passé.

Et lorsque ma hiérarchie va découvrir mes antécédents de mineur délinquant, c'est tout mon avenir qui va se retrouver en péril.

Je quitte *Halifax First* en décembre 1988. Les assurances, ce n'était pas le bagne, loin de là, ce n'était pas fait pour moi, c'est tout. Tous ces employés mal payés asservis à des tâches fastidieuses... Ma direction voulait des automates et je n'en suis pas un. Elle ne savait pas comment valoriser ou étendre mes compétences. Mais tout ça m'est égal, à présent. La carrière que je suis sur le point d'embrasser va me pousser à dépasser mes limites.

En janvier 1989, je pars de mon meublé pour commencer mes quatorze semaines au centre de formation des sapeurs-pompiers du West Yorkshire, à Birkenshaw, près de Bradford. C'est à la fois intimidant et exaltant. Je suis convaincu d'avoir les capacités pour le job, ayant réussi là où 97,5 % des candidats ont échoué. Si l'on m'a choisi, c'est bien parce que l'on m'estime capable d'être pompier. En réalité, je ne sais pas du tout à quoi m'attendre. Je ne suis qu'un petit gratte-papier qui n'a jamais travaillé de ses mains, n'a jamais eu de figure paternelle et, pour couronner le tout, je n'ai que vingt ans. Tout ça pour dire que dès le début, j'ai du mal.

Le plus dur dans le métier de pompier, c'est le côté manuel. Manier les raccords de tuyau et les motopompes, c'est quelque chose qui m'est totalement étranger. Même l'utilisation de la caisse à outils de base me pose des problèmes. J'ai déjà du mal à retenir le nom des divers outils, alors m'en servir… À l'inverse, les apprenants-pompiers qui sont artisans, genre plombiers et électriciens, sont dans leur élément. Je m'émerveille de leur habileté pour toute la partie mécanique.

J'ai aussi beaucoup de mal avec les cris et la discipline. Ce n'est pas un refus d'obéir de ma part, je suis sorti de ma période rebelle. Du reste, ce n'est ni le moment ni l'endroit pour chercher à imposer ma loi. Je sais me taire, mais chaque fois que je commets une erreur, un instructeur me hurle dans le tympan d'une voix de stentor. Or c'est totalement contre-productif : ça me fait perdre tous mes moyens. J'imagine que c'est pour nous habituer à travailler sous pression, parce que c'est à ça que nous serons confrontés lors d'un incendie.

Le souci du détail est un autre aspect que je trouve épuisant, surtout en ce qui concerne la propreté et les uniformes. Nous avons quatre uniformes – tenue de travail, tenue d'intervention avec équipement de protection individuelle, tenue de sortie et tenue d'entraînement. Tous doivent être immaculés en permanence. Même nos combinaisons de travail doivent avoir le pli au pantalon. Je n'en vois pas l'intérêt, mais le lundi matin, nous devons nous présenter en tenue de travail devant notre commandant et si jamais l'un de nous n'est pas impeccable, il se fait rappeler à l'ordre. Comme je n'ai pas de voiture, je dois me lever à cinq heures du matin pour repasser ma tenue à la maison, puis la transporter en bus d'Halifax jusqu'à Bradford.

Le pire, c'est l'entretien des chaussures. Selon la règle, cirer ses chaussures pour qu'elles brillent ne suffit pas. On doit pouvoir se mirer dedans. Pour cela, il faut les nettoyer avec du coton imbibé d'eau en procédant par tout petits cercles, jusqu'à obtenir une brillance parfaite. Les gars qui ont fait l'armée savent comment s'y prendre, eux. Moi, en revanche, je n'arrive jamais à obtenir un résultat satisfaisant et je sue à grosses gouttes durant les deux passages en revue hebdomadaires.

Mais les efforts physiques, la discipline et la propreté ne sont rien comparés à mon inaptitude à rigoler avec les gars. Quand je travaillais dans les assurances, mes collègues s'exprimaient de façon relativement correcte, nous avions des relations courtoises et détendues. Au bureau, il n'y avait pas de mots malsonnants ni de blagues obscènes, pas de sous-entendus sexuels ni de chahut gueulard.

Au centre de formation, c'est tout le contraire. Tout le monde se fait chambrer, tout le monde se charrie et parfois, les moqueries prennent un tour personnel. Il faut avoir le cuir tanné pour affronter ça ; or, à vingt ans, je suis encore un peu tendre. L'âge moyen des apprenants-pompiers est de vingt-cinq ans. Certains gars sont déjà depuis quinze ans dans la vie active. À côté, je suis un gamin inexpérimenté qui a du mal à gérer les comportements machos. Ma réticence à me mêler aux autres, combinée à ma jeunesse, fait de moi une cible facile pour les plus forts en gueule. Sans être à proprement parler harcelé, je m'en prends quand même plein la figure.

Comme c'est l'usage chez les pompiers, tout le monde écope d'un sobriquet. Au bout de quelques semaines de formation, il est clair que je n'ai rien de la recrue du siècle. Je suis en difficulté dans tous les secteurs.

—Hé, Thomas ! lance un gars à l'autre bout d'une salle remplie d'élèves.

—Quoi ?

—Je t'ai trouvé un surnom.

Je me doute que ça ne va pas être flatteur, mais je suis bien obligé de répondre.

—Ah oui ? Et lequel ? dis-je en feignant l'indifférence.

—Thrombo. C'est le diminutif de thrombophlébite, comme quand un caillot de sang mou et visqueux bouche une veine.

Éclat de rire général. C'est bien vu : je suis un boulet, quoi. S'il s'agissait de quelqu'un d'autre, je partagerais sûrement leur hilarité.

—Ha, ha ! très drôle, dis-je en devenant tout rouge.

J'apprends que l'intégration chez les pompiers passe par la sélection naturelle, à la fois physique et morale. Il faut serrer les dents, tenir bon. Je ne serai jamais le meilleur pompier du monde, pourtant ce que je fais me plaît vraiment. J'apprends lentement, mais suffisamment pour mener ma formation à bien.

Du coup, même si je rencontre pas mal de problèmes, à aucun moment ne me vient l'idée d'abandonner. Ne serait-ce que pour les week-ends... Quand le samedi soir, je retrouve les gens qui me connaissaient sous le masque de David le Gratte-Papier. Désormais, je suis David le Pompier. On me regarde autrement, avec déférence et respect. Personne n'ignore ce que ça représente et tout le monde sait à quel point c'est dur de devenir pompier professionnel.

Au bout des quatorze semaines de formation, je participe au Défilé de Fin de Classes : l'occasion pour les nouvelles recrues de frimer devant leur public. Pour ma part, j'ai invité Maman, Reg et Janice qui sort avec moi depuis deux ans. Je suis très fier d'avoir atteint mon objectif, symbolisé par cette cérémonie impressionnante. Car au départ, ce n'était pas gagné ! J'ai accompli un exploit riche de sens et c'est une sensation merveilleuse.

Ma toute nouvelle confiance en moi déteint sur d'autres domaines. J'ai commencé à soulever de la fonte. J'adore aller à la salle de sport, m'imaginer en pompier au physique d'athlète. Je suis prêt à travailler dur pour avoir ce look-là. La discipline qui m'a été inculquée au centre de formation se concrétise à la salle de sport. Je m'y rends régulièrement et très vite, je prends du muscle. Je change de régime alimentaire : je mange maintenant du poulet, du riz, du thon et des boissons protéinées.

Je me transforme en pilier du sport en salle et j'adore ça. Le bodybuilding me convient en raison de mon travail en poste et il est également compatible avec mes soirées. Mais en dépit de mon entraînement forcené et de la joie que me procure ma transformation physique, je ne prends pas d'anabolisants. Autour de moi, des tas de mecs en prennent et je sais que si je voulais, je pourrais en avoir sans problème.

Pourtant, ça ne me traverse pas l'esprit.

Ce n'est pas une décision d'ordre moral. Je comprends très bien pourquoi certains gars prennent ces substances. Ils s'entraînent dur et mènent une existence de moine. Ils veulent maximiser leurs efforts et jamais je ne condamnerai cela. Mais moi, ça ne me dit rien. Des incidents se produisent, à la salle : un bodybuilder finit à l'hôpital, un lot de mauvaise came circule… Mais je me connais, j'ai un tempérament d'*addict*. Si je commence à prendre des anabolisants, je serai pris dans une spirale infernale. Il me faudra des drogues de plus en plus dures afin de devenir de plus en plus baraqué. C'est une voie dans laquelle je refuse de m'engager.

Je suis à présent dans une posture inédite : mon estime de moi crève le plafond, ma confiance en moi aussi. J'ai un salaire correct qui me permet de faire ce que je veux. Par exemple, j'emménage dans une autre chambre du même immeuble : le loyer est un tout petit peu plus élevé, mais c'est au rez-de-chaussée et je préfère.

Sortir le week-end reste vital pour moi. Du coup, je prends une décision en toute conscience : y consacrer l'intégralité de mes revenus. Je bois comme un trou, mais jamais au point de perdre totalement le contrôle, et je ne vais jamais non plus au pub du coin. Parler du temps qu'il fait, assis au bar avec les gars du quartier, ça n'est pas mon truc. Moi, j'aime passer mes soirées dans les clubs du centre-ville.

Je découvre l'importance des codes vestimentaires. Les filles apprécient les mecs élégants et soignés. Du coup, je claque beaucoup d'argent en vêtements de qualité et quand je sors, c'est toujours en costume-cravate. J'ai du style, un corps d'athlète et l'alcool me délie la langue. J'apprends très vite à dire à une femme ce qu'elle a envie d'entendre. Glisser dans la conversation que je suis pompier me confère un atout indéniable.

Je ne suis pas le plus beau mec du monde, mais j'ose aborder les femmes, ce qui a un effet très positif sur ma vie. Par la suite, ça me causera aussi de gros problèmes...

J'ai beaucoup moins de contacts avec Maman. Je lui téléphone parfois en milieu de semaine pour la prévenir de ma venue le week-end, pour le rôti dominical. Elle ne vient que rarement chez moi et comme je n'ai pas de téléphone, ni fixe ni mobile, le reste du temps je suis injoignable. C'est voulu. Quand je mange avec eux, Reg me confie que l'alcoolisme de Maman ne fait qu'empirer. Mais que puis-je y faire ? D'ailleurs, ça ne me préoccupe plus tellement. Je me suis construit une vie agréable, indépendante… pas question que Maman me la gâche.

Je mène désormais une existence dissolue : toujours partant pour de nouvelles expériences, et qu'importent les conséquences ! La vie m'a appris depuis tout petit à compartimenter mes sentiments et à porter de lourds secrets. Selon moi, c'est ce qui explique que je n'éprouve plus rien dès lors qu'une relation prend fin. Je vis exclusivement l'instant présent et avec ma personnalité addictive, ce n'est pas forcément une bonne chose.

Ma période d'essai comme pompier n'est pas évidente. Moi qui pensais que mon entrée à la caserne arrangerait tout, je me suis trompé. Le quotidien de la caserne n'a rien à voir avec celui du centre. La discipline y est très relâchée et certains pompiers, en particulier les plus anciens, ont une tenue assez dépenaillée. Mais ce mode de vie me plaît.

L'aspect manuel du métier continue à me poser de gros problèmes. Je comprends le fonctionnement de la mécanique, mais je ne suis pas naturellement doué pour l'appliquer dans l'action. Je commets des erreurs stupides qui sapent forcément ma confiance en moi. Je mène une existence à double face. Quand je sors avec des amis, j'en fais des tonnes devant un public acquis à ma cause et impressionné par mon métier de pompier. Mais à la caserne, je suis à la peine et chaque erreur de ma part érode ma confiance initiale.

En outre, mon supérieur ne me facilite pas la tâche, au contraire.

Douze mois après mes débuts à la caserne, il recommande mon renvoi pur et simple. Je suis sonné. J'ai travaillé dur pour en arriver là et je me suis habitué à l'idée d'être pompier. Même le travail en poste trouve grâce à mes yeux, ça me permet d'aller à la salle de sport dans la journée et de sortir en boîte le soir. Je ne veux pas perdre mon job ! À la suite de ce rapport, je suis convoqué pour un entretien au bureau de la caserne. L'officier qui me reçoit a une réputation de pitbull, de brute qui traite tous les pompiers avec dédain. Autant dire que ça ne va pas être une partie de rigolade.

—Votre supérieur recommande votre renvoi du corps des sapeurs-pompiers, lâche-t-il en me regardant comme si ma seule présence dans son bureau était une offense à sa vue.

—Oui, chef, je sais. Mais puis-je dire pour ma…

—Non, rien du tout. Votre chef est un professionnel chevronné qui a entraîné de nombreux apprenants-pompiers. C'est lui le mieux placé pour en juger.

D'accord. C'est encore pire que ce que je craignais. J'espérais au moins pouvoir donner ma version de l'affaire à un observateur neutre, mais visiblement, c'est mal parti.

—Mais, chef, j'aimerais vous…

—Vous continuerez à exercer au sein de la caserne, mais à partir de maintenant, vous ferez l'objet de rapports mensuels. Au premier rapport défavorable, vous serez renvoyé. Vous pouvez disposer.

Il n'a même pas levé les yeux au moment de me donner congé.

Je rentre chez moi, le cœur gros et le moral dans les chaussettes. Jamais mon chef ne me fera un rapport favorable. Encore un mois, et c'en sera fini de ma carrière chez les sapeurs-pompiers professionnels. Je me mets à chercher du travail dans les petites annonces. J'envisage même de téléphoner à *Halifax First* pour leur demander s'ils ont des postes à pourvoir.

Mais soudain, la colère prend le dessus. Je décide de me battre pour garder mon job. Le lendemain, je sollicite un entretien privé auprès de mon commandant de caserne. Nous entrons dans son bureau.

—Je voudrais changer d'équipe, chef.

C'est une requête de taille, du genre qui ne s'octroie pas à la légère. Et qui ne peut signifier qu'une chose : que je me sens mal sous la houlette de mon supérieur. Du coup, ma démarche risque de me retomber dessus. En effet, si jamais ma requête est refusée, mon supérieur considérera cette demande comme une attaque à son intégrité. Résultat, il n'hésitera pas à me saquer dans son rapport et je serai renvoyé. Oui, décidément, je joue mon va-tout.

—Je ne pense pas que ça soit possible, David, me répond le commandant.

Mon estomac se noue, mais je décide d'insister malgré tout.

—Écoutez, chef, je fais l'objet de rapports mensuels et nous savons tous les deux pourquoi. Il m'a pris en grippe et veut me mettre à la porte. Je sais bien que je ne suis pas le meilleur apprenant-pompier de la caserne, mais je trouverais juste qu'on me donne une seconde chance sous l'autorité de quelqu'un d'autre.

Le commandant me regarde d'un air pensif. J'enfonce le clou :

—Il y a un poste de libre à la Brigade verte. Je pourrais le prendre. Si je dois être viré, au moins laissez-moi voir si je peux mieux faire sous les ordres de quelqu'un d'autre.

Il réfléchit une seconde avant de répondre :

—Bon, je vous promets que je vais appeler le QG. Si l'officier des RH est d'accord, je ne m'y opposerai pas.

Mon cœur se serre. L'officier en question, c'est celui qui m'a reçu en entretien et soumis à un rapport mensuel de ma hiérarchie... Je passe plusieurs heures d'angoisse avant de recevoir la nouvelle tant espérée : j'ai obtenu mon transfert.

Ma situation s'améliore immédiatement. Le responsable de ma nouvelle équipe, la Brigade verte, n'est autre que mon ancien sous-officier. C'est un type formidable qui m'a aidé tout au long de ma période d'essai. L'essai est prolongé de trois mois, mais je l'achève avec succès. J'ai désormais le statut permanent de sapeur-pompier professionnel. Et, ça, personne ne peut me l'ôter.

Ma situation devenue plus confortable, je décide de passer des examens internes, histoire de grimper dans la hiérarchie. Je n'ai jamais eu de mal avec la partie théorique de la formation. La majorité des candidats étant artisans, les épreuves écrites ne peuvent pas être trop compliquées, sinon tout le monde échouerait. Avec mon niveau bac, je trouve ces examens tout à fait accessibles. Je bûche les manuels, mais j'essuie un échec cuisant à l'écrit. Effondré, je décide d'en parler à un officier.

—Écoute, fiston, me dit-il, de toute évidence, tu n'as pas le niveau. Alors, oublie la promotion et puis c'est tout.

Cette affirmation définitive, qui ne se base pourtant sur aucun élément tangible, est tout sauf motivante. Persuadé que cet officier sait ce qu'il dit, je suis son conseil : je renonce à toute idée de promotion. Néanmoins, je ne vais pas tarder à lui prouver qu'il a eu tort de me juger si vite – et de manière éclatante…

# 14

# BOURREAU DES CŒURS

Depuis que Papa est parti vivre aux États-Unis, j'avais onze ans à l'époque, il est quasiment, voire complètement, sorti de ma vie. De temps en temps, il m'envoie une lettre, mais il ne me téléphone que deux fois par an, pour Noël et pour mon anniversaire. En 1982, il est rentré passer des vacances en Angleterre, mais nous nous sommes à peine vus. À seize ans, quand j'ai eu mes démêlés avec la police, il est revenu quelque temps. Pour moi, c'était une joie de le revoir, même s'il ne m'a accordé qu'une seule journée de tout son séjour. C'est typique de Papa. Il ne m'avait pas vu depuis des années, mais il a estimé qu'une seule journée était suffisante.

Cette fois-là, au vu de mes problèmes, il avait bien tenté d'avoir une conversation père-fils avec moi, mais son message était très mal passé. Papa n'a aucun talent relationnel et il en aurait fallu pour avoir un impact sur moi, à cette époque. Au final, cela avait été un moment gênant pour lui comme pour moi. Mais à présent que j'ai une vingtaine d'années, il me semble que je pourrais renouer avec lui.

Je commence à lui écrire régulièrement. Je veux qu'il soit fier d'avoir un fils pompier. Je lui parle aussi de la musculation que je continue de pratiquer à haute dose en salle de sport. Je donne un ton personnel et animé à mes lettres. C'est ma façon de lui tendre la main, et j'ai désespérément besoin qu'il la saisisse. Mais décidément, ce n'est pas possible. Je reçois quelques réponses de sa part, toujours très brèves et détachées. Il me parle de la météo ou des travaux qu'il a faits sur la maison. Or ce n'est pas ça que je recherche. Mon père ne sait pas faire de compliments. Moi, j'ai l'impression d'avoir réussi un exploit en devenant pompier, surtout si l'on repense à la panade dans laquelle j'étais il y a encore quelques années. Ne serait-ce que pour ça, j'attends de sa part une certaine reconnaissance de mes efforts... Rien ne vient.

J'en conclus qu'il m'aime, mais qu'il ne s'intéresse pas à moi. Ou du moins, qu'il ne sait pas me montrer de l'intérêt. Pour ça, il faut avoir un minimum d'empathie, d'affection, et pouvoir échanger, soit en face à face, soit au téléphone. Il faut partager ses triomphes et ses chagrins. Papa est étranger à tout cela. Et de toute évidence, je suis trop éloigné de ses pensées pour qu'il fasse le moindre effort vers moi. Je cesse de lui écrire, son indifférence me fait trop de peine.

Malgré cela, en 1991, je vais passer presque un mois chez lui et Maureen, dans leur maison de Richmond, en Virginie. Ce séjour est un succès sur toute la ligne. Je pars en octobre et profite d'un temps magnifique. C'est la première fois que je vais aux États-Unis : je suis conquis. Papa et Maureen m'accueillent très chaleureusement et me laissent une totale liberté : Papa me prête même une voiture pour aller où je veux. Leur maison se situe sur un terrain de neuf hectares. C'est merveilleux de se réveiller et de sortir de bon matin dans le champ et les bois qui l'entourent.

Je connais un peu Maureen à qui j'ai quelquefois parlé au téléphone. C'est une femme formidable, aux antipodes de mon père : drôle, bavarde et originale. Je me prends tout de suite d'affection pour elle et je la suis partout comme un petit chien.

Durant mon séjour, Papa prend une semaine de congé afin que nous puissions prendre la route tous les deux. Nous passons de très bons moments ensemble, même si ce voyage met en lumière toutes les différences qui existent entre nous. En tout cas, Papa a beaucoup de patience et il accède à presque tous mes désirs. Un soir, alors que nous faisons étape à Gatlinburg, Tennessee, nous décidons de sortir. Après avoir pas mal picolé, nous nous séparons ; je reste en ville tandis que Papa rentre au motel. Rendez-vous est pris pour le lendemain, neuf heures.

Après son départ, j'applique ma stratégie coutumière, je cherche à engager la conversation avec une femme. Très vite, je repère une fille, blonde, pas très jolie et plutôt timide. Je la raccompagne à son motel pour un dernier verre dans sa chambre et bien sûr, je passe la nuit avec elle. Le lendemain matin, je me réveille trop tard. Je saute du lit et fonce vers mon propre motel. À mon arrivée, je trouve mon père assis sur la rambarde.

—Salut, Papa, dis-je, un peu embêté qu'il ait vu que j'avais découché.

Il me regarde de son air impassible.

—Bonjour, David.

Je me hâte de récupérer mes affaires et nous nous mettons en route pour Nashville. Nous roulons depuis une heure lorsque Papa se décide enfin à me poser une question.

—Dis-moi, David, quand je t'ai vu, ce matin, tu venais de rentrer ?

—Oui, Papa.

Il ne fera aucun commentaire. Je me doute de ce qu'il pense, mais il ne peut se résoudre à exprimer quoi que ce soit.

Ce voyage a beaucoup de côtés positifs. Je découvre par exemple que Papa a un sacré sens de l'humour.

—Quelle est la différence entre un rappeur et un campeur ?

—Je ne sais pas, Papa.

—Le rappeur nique ta mère et le campeur monte ta tente.

Il me sort ça comme ça, sans ciller, le visage parfaitement impassible, comme s'il racontait une histoire tout à fait correcte et non une blague salace. Il aurait fait un redoutable joueur de poker.

Papa me semble plus beau que lorsqu'il était jeune. Ses cheveux, quoique clairsemés et grisonnants, sont légèrement plus longs qu'avant et il porte barbe et moustache, ce qui lui donne un air beaucoup plus naturel que la grosse barbe noire qu'il arborait quand j'étais enfant et que l'on aurait dit collée à son menton, comme un postiche.

Papa me montre aussi qu'il peut faire un effort, quand il le veut. Mais le plus important, c'est que nous parvenons à tisser un lien, bien que ténu, entre nous. Je me prends à rêver que ce voyage à deux nous conduise vers une relation beaucoup plus forte. Maureen, consciente de mes espoirs, va me ramener gentiment sur terre. Tandis que nous faisons du shopping, elle et moi, je lui confie que durant cette merveilleuse semaine sur la route, j'ai l'impression d'avoir créé une vraie complicité avec Papa.

—Écoute, David, j'ai vu les lettres que tu as écrites à ton père, me dit-elle, et ça m'a fait de la peine pour toi. J'ai bien vu que tu essayais de communiquer avec lui.

Elle me regarde droit dans les yeux, avec gravité.

—Mais tu n'obtiendras jamais ce que tu espères. Il n'est pas en mesure de te le donner.

Elle m'explique alors pourquoi. Papa a tout juste la capacité d'entretenir une relation vraiment proche avec une autre personne, et cette autre personne c'est elle. À l'entendre, on pourrait la prendre pour une femme possessive, mais il ne s'agit pas de ça du tout. Je sais bien qu'elle a raison sur toute la ligne. Maureen, qui voit les choses avec beaucoup de lucidité, me présente simplement la réalité de façon succincte et bienveillante.

Je reprends l'avion, hanté par ces paroles, et la suite ne va pas tarder à me démontrer que l'analyse de Maureen était la bonne. Dès mon retour en Angleterre, les liens se distendent à nouveau avec mon père : j'ai passé un moment privilégié avec lui, mais en réalité, rien n'a changé.

Mes rapports avec ma grand-mère paternelle ont pris une tournure désastreuse. Depuis tout petit, j'ai beaucoup de tendresse pour Grand-mère dont j'aime l'excentricité et la bizarrerie. C'est une femme très amusante, adepte de l'humour noir – qualité qu'elle a transmise à Papa. C'est une femme intelligente, agréable, et qui a un point de vue original sur tout. Avec moi, elle a toujours été aimante, attentionnée et affectueuse, comme Maman pouvait l'être aussi, mais les fureurs d'ivrogne en moins. Voilà pourquoi je tiens à préserver le lien avec Grand-mère que je m'oblige à aller voir régulièrement. Malheureusement, ça ne suffit pas.

J'ai vingt-trois ans lorsque je vais lui rendre visite, le jour de la fête des Mères. Je vais aussi aller voir Maman, bien sûr, mais je trouve gentil de passer chez Grand-mère en premier. Je lui achète des fleurs et prends le bus jusque chez elle. La suite est extraordinaire, même quand on connaît Grand-mère. Comme d'habitude, je frappe à sa porte. Je n'ai pas son numéro de téléphone (elle refuse de me le donner), mais je l'avais prévenue lors de ma précédente visite que je passerais la voir aujourd'hui. Pas de réponse. Je frappe de nouveau. Rien.

—Coucou, Grand-mère ! dis-je d'une voix forte. C'est moi, David !

Toujours rien. Je me baisse pour regarder par la fente de la boîte aux lettres et j'aperçois du mouvement à l'intérieur. Grand-mère, qui écoutait derrière la porte, file se cacher au salon.

—Coucou, Grand-mère, dis-je par la fente de la boîte à lettres, c'est moi, David. Je t'apporte un bouquet.

Pas de réponse. Je me redresse. Ce faisant, je tourne la tête à gauche, vers le miroir qu'elle a accroché à sa fenêtre pour lui permettre de voir qui se présente chez elle. Je suis donc en train de la regarder en train de me regarder. C'est surréaliste. Je m'avance vers la fenêtre, jette un coup d'œil à l'intérieur et là, surprise ! Derrière la vitre, son regard croise le mien le temps d'une seconde. Mais avant que je n'aie pu lui faire un signe de la main ou un sourire pour l'amadouer, elle grimpe l'escalier à toute vitesse. J'attends encore quelques minutes, puis je renonce : elle ne va pas me laisser entrer. Je dépose donc les fleurs devant sa porte et, muni d'un second bouquet, je me rends chez Maman.

Par la suite, j'essaierai à diverses reprises d'entrer chez Grand-mère, sans succès. Je ne sais pas pourquoi elle refuse de me voir. Je dois avoir fait ou dit quelque chose qui lui a déplu. Mais il n'y a qu'elle qui connaît la réponse. Pourtant, son attitude ne devrait pas me surprendre outre mesure. Après tout, elle a renié sa propre sœur de la même façon.

Depuis ma rupture avec Janice, j'ai fait pas mal de conquêtes. Moi qui ai passé la majeure partie de mon adolescence à me sentir rejeté par les filles, à présent, je chope tout ce que je veux et j'en profite un maximum. Je suis devenu accro à la drague, mais tout ce qui m'intéresse, c'est le sexe, mon but ultime étant de coucher avec le plus de femmes possible. Mentir, tromper, être infidèle m'est tout naturel du moment qu'il s'agit d'allonger mon tableau de chasse. Quand j'ai bu, je drague tous azimuts, indépendamment du physique, de l'âge ou de la situation de famille. Je m'en fous. Je baratine la fille jusqu'à ce qu'elle m'invite dans son lit. Ensuite, je m'invente une ex-copine enceinte dont je me sers pour couper court à toute relation durable.

Cette vie-là ne me satisfait pas, j'en suis bien conscient, mais même si j'en avais la volonté, je n'arriverais pas à me sortir de ce cercle vicieux. Plus je suis malheureux, plus je noie mon mal-être dans l'alcool et le sexe. Au fond de moi, j'éprouve un vague dégoût, le même peut-être qu'éprouve ma mère envers elle-même. Mais je ne m'autorise pas à pousser plus loin l'introspection.

Mon terrain de chasse de prédilection, c'est une boîte d'Halifax, l'*Acapulco*, un club génial avec du gros son, surtout de la *dance*, et une foule de femmes libérées. À l'*Acapulco*, on aborde le sexe de manière très décomplexée, de part et d'autre. Je couche une semaine avec une fille, et la suivante avec sa sœur. Pas forcément dans cet ordre-là. En tout cas, je me donne comme seule mission de rentrer avec une femme. Sinon, la soirée est un échec. En fait, si je sors, ce n'est pas pour picoler ni m'amuser : où que je sois, je suis tout le temps en quête d'une fille. Comme mon travail en poste me laisse pas mal de loisirs, je traîne en ville et je drague tout ce qui bouge. Toutes mes rencontres se terminent au lit.

Je suis vaguement conscient de reproduire le schéma de ma mère envers moi, mais c'est compulsif. Je ne peux ni ne veux me retenir. À ce stade de mon existence, je suis complètement hors du champ des contraintes morales.

Mon appétit sexuel me met souvent dans le pétrin. À trois heures du matin, il m'arrive d'être au lit avec une fille au moment où l'autre toque à ma vitre. J'explique alors qu'il s'agit d'une ex très instable, qui risque de faire un esclandre. La première fille sort de mon lit et s'éclipse par la porte de derrière pendant que l'autre passe par la porte d'entrée. Ma vie sexuelle perturbe aussi ma vie professionnelle. Certaines fois, je rentre au petit matin ; j'ai à peine le temps de prendre une douche avant de partir pour la caserne. Là-bas, j'effectue mon service au sein de la brigade, puis je rentre chez moi et ressors comme la veille.

Je vis en mode pilotage automatique, comme le ressort d'une pièce d'horlogerie que l'on a comprimé trop fort et trop longtemps, et qui ne peut plus se détendre que de façon mécanique. Je n'éprouve absolument rien pour les femmes avec lesquelles je couche, de la même manière que je n'étais qu'un objet, qu'un jouet humain pour ma mère, durant les interminables nuits d'horreur de mon enfance.

À cette période de ma vie, je me dis que j'aurai tout le temps de dormir quand je serai mort. Ma conception d'une soirée réussie se résume à picoler un maximum et à coucher avec le plus de filles possible. En boîte, je ne cherche pas la bagarre. Si quelqu'un me bouscule, je m'excuse toujours avant que le gars ne se retourne, même si ce n'est pas de ma faute. Et si par inadvertance je renverse le verre d'un mec, je lui en offre tout de suite un autre.

J'adore cette existence. J'adore le contrôle que me procure un métier prestigieux et bien payé. Je jouis du surplus de confiance en moi que m'apportent mes conquêtes féminines. J'aime ne plus dépendre de Maman pour quoi que ce soit, j'aime qu'elle ne joue plus qu'un rôle marginal dans ma vie. Néanmoins, même en retrait, elle est toujours là.

Je continue d'aller la voir tous les dimanches, pour le traditionnel repas de famille. La plupart du temps, Maman est parfaite. Mais il lui arrive parfois de boire, ce qui provoque comme toujours d'énormes problèmes et des disputes homériques. Le scénario est toujours le même. Elle déambule dans toute la maison, à moitié nue, en hurlant des obscénités tandis que Reg et moi mangeons le rôti, constamment interrompus par les vociférations de Maman.

Désormais, Reg me parle franchement de l'alcoolisme de Maman. Depuis que je suis parti de la maison, il est seul à en porter le fardeau : c'est son tour d'endurer les torrents d'injures et les coups. Car elle le frappe, ce que j'avais deviné avant qu'il ne me le dise : il a les mains couvertes d'ecchymoses et de griffures – ce sont typiquement des blessures défensives.

Ironie du sort : quand j'étais petit, c'était Reg qui me mettait des raclées, avec le consentement tacite de Maman. Aujourd'hui, c'est lui qui écope du même traitement, mais de sa part à elle. La situation lui échappe totalement et tout cela le bouleverse. À quatre-vingt-trois ans, il est trop faible et trop vulnérable pour affronter Maman. Arrivé au crépuscule de sa vie, il devrait pouvoir se détendre et profiter du temps qu'il lui reste. Au lieu de quoi, il doit se défendre contre une épouse alcoolique et violente. Pour moi, c'est clair, ça ne peut plus durer. Il faut agir.

Car la situation n'est pas sans danger. Je sais à quel point Maman peut être mauvaise. Je me souviens de sa détermination quand elle voulait que je la caresse et qu'elle tentait de me violer alors que j'étais à moitié endormi. Je me souviens des coups de poing au visage, des coups de pied dans le corps et des yeux au beurre noir. Si elle inflige à Reg ne serait-ce que la moitié de ce qu'elle m'a fait subir, nous allons au-devant de gros problèmes. Un matin, elle risque de trouver Reg étendu sans vie quelque part dans la maison. Oui, il faut agir, et de façon radicale. Je décide d'exposer mon projet à Reg. Il va devoir quitter la maison et prendre une location sans donner son adresse à Maman.

Ensuite, j'irai la trouver et je la mettrai face à un choix très simple : soit elle se fait soigner, soit elle ne reverra plus jamais Reg.

Reg accepte ma proposition sans hésiter. De toute façon, dans son état d'épuisement, il dirait oui à n'importe quoi. Il veut juste que ça s'arrête... l'alcool, la violence, les nuits sans sommeil. Je téléphone à une maison de repos du coin pour savoir s'il y aurait une place pour lui, de façon temporaire ou définitive. Le directeur, qui connaît Reg, me répond qu'il l'accueillera avec plaisir. J'appelle ensuite les services sociaux pour avoir une liste de centres de désintoxication. Maman a déjà fait une cure de ce genre, ce qui me fait espérer que le choc ne sera pas trop grand pour elle. Une fois toutes ces questions réglées, je mets mon projet en œuvre.

Je raconte à Maman que j'emmène Reg quelque part. Elle gobe mon histoire et je le conduis à la maison de repos. Ce n'est qu'à cinq kilomètres de la maison, mais jamais Maman n'aura l'idée d'aller le chercher là-bas. Je reste avec Reg le temps qu'il prenne possession de sa chambre et je veille à ce qu'il soit confortablement installé avant de partir.

—À demain, lui dis-je.

—Ça marche, mon gars.

Reg n'est pas du genre à dire merci, mais je sais qu'il m'est reconnaissant de ce que je fais pour lui.

J'appréhende maintenant de parler à ma mère. Quelle va être sa réaction ? En arrivant à la maison, je la trouve postée à la fenêtre. Elle voit tout de suite que Reg n'est pas avec moi. En entrant dans la salle à manger, je la trouve assise à la table, l'air pensif.

—Où est Reg ? me demande-t-elle à mi-voix, comme si elle connaissait déjà la réponse, mais qu'elle se devait de poser la question malgré tout.

—Je l'ai conduit quelque part où il sera en sécurité, dis-je avec calme, car je sais que cette annonce peut la rendre hystérique. Sache que j'ai agi à sa demande. Ça fait déjà quelque temps qu'il se sent en danger quand tu bois. Tu as forcément remarqué les marques qu'il a aux mains, c'est toi qui les lui fais quand tu es ivre.

Elle reste assise, complètement impassible. Elle refuse d'admettre quoi que ce soit.

—Et maintenant, que va-t-il se passer ? me demande-t-elle, toujours aussi calme.

Pour le moment, tout se déroule mieux que ce à quoi je m'attendais. Je pensais qu'elle allait au minimum se mettre à vociférer, à m'accuser d'avoir franchi les bornes et à exiger que je lui dise où est Reg. Mais non, rien de tout cela.

—Eh bien, on espère que tu voudras bien entrer en cure de désintoxication. On veut que tu arrêtes de boire.

Elle s'abîme dans la contemplation de ses mains, avant de relever la tête.

—Bon, d'accord. Où vais-je aller ?

Ça alors !

Je n'en crois pas mes oreilles. Après tout ce temps, j'ai réussi à faire sortir Maman du déni ! Je l'ai mise face à ses responsabilités.

Ce jour-là marque un tournant dans mon existence. Ça fait vingt ans que je regarde ma mère se détruire et démolir son entourage de façon systématique. Et voilà qu'à la suite de ma démarche, elle va enfin s'attaquer à l'origine du mal ! Elle fait sa valise et part en cure de désintoxication. La clinique étant assez éloignée, Maman ne pourra pas rentrer avant la fin de son séjour. Pour ma part, je préfère. Au moins, elle pourra se concentrer entièrement sur son sevrage alcoolique.

Le lendemain, je retourne voir Reg pour lui annoncer la bonne nouvelle. Il est bien sûr ravi, car il souhaite tout autant que moi que Maman cesse de boire. Pendant qu'elle suit sa cure de désintoxication, il reste comme prévu en maison de repos où tout le monde est aux petits soins pour lui. Je lui rends visite tous les deux jours.

La durée minimale d'une cure de sevrage est de cinq semaines. Et au bout de cinq semaines pile, Maman m'appelle pour m'annoncer qu'elle rentre à la maison. Je suis là pour l'accueillir.

—Alors, comment ça s'est passé ? dis-je avec anxiété.

C'est un moment très angoissant pour moi. J'espère tellement que le traitement ait réussi…

—Très bien, réplique-t-elle en souriant.

Je lui souris à mon tour, submergé par le soulagement. Je ressens une immense libération, comme si toutes ces années de colère et de souffrance s'évacuaient par tous mes pores. C'est encore mieux que de toucher le jackpot.

Je m'organise pour aller voir Reg ; il faut que l'on discute de ce qu'il souhaite faire, à présent. Je le trouve installé dans son fauteuil préféré, dans le grand salon de la maison de repos.

—Salut, Reg, comment ça va ?

—Bah, très bien, mon gars ! réplique-t-il, l'air tout content de me voir. Et comment va Carol ?

—Eh bien, écoute, bonne nouvelle ! Elle est rentrée à la maison et d'après elle, le traitement a été très efficace.

—Tant mieux !

Il a l'air aussi soulagé et aussi heureux que je l'ai été moi-même en l'apprenant de la bouche de Maman.

—Mais je te rappelle, Reg, que tu n'es pas obligé de revenir à la maison si tu n'en as pas envie. Maman a déjà fait une cure de désintoxication, et tu sais bien que la dernière fois ça n'avait pas marché.

Il réfléchit longuement.

—Tu as tout à fait le droit de vouloir te reposer encore quelques semaines de plus, Reg, le temps que je voie comment ça se passe avec Maman et que je sois sûr qu'elle ne boit plus.

Il relève la tête et je comprends tout de suite que sa décision est prise.

—Je veux rentrer à la maison. Récupère mes affaires et ramène-moi là-bas !

—Pas de problème.

À la maison, les retrouvailles sont mouillées de larmes de joie. Leur mariage a beau rester une énigme pour la majorité de leurs proches, leur amour est solide comme le roc et rien ne pourra jamais les séparer.

Pourtant, je ne suis pas au bout de mes problèmes. Certes, je me doutais bien que tout ne se réglerait pas d'un coup de baguette magique, mais j'étais encore loin du compte…

À aucun moment de ma scolarité, je n'ai réellement cru en mes capacités : j'avais des résultats médiocres et j'ai toujours eu mes examens de justesse. Il se peut que Maman ait joué un rôle là-dedans. En dépit de tout ce qui se passait sous notre toit, elle prenait une part active à mes études et surveillait mes devoirs de très près. Cependant, elle avait un principe : on naît avec un certain niveau d'intelligence et on y reste toute sa vie. Maman m'a bien sûr inculqué cette vision fataliste de la condition humaine qui exclut toute possibilité de progresser.

À onze ans, après avoir vu *Superman* avec Sally, je m'étais pris à rêver d'être moi aussi un héros super musclé et super intelligent, doté en prime d'une mémoire hors du commun. Depuis, j'ai beaucoup travaillé mon physique, au point d'arborer une musculature impressionnante, mais je reste persuadé que, question neurones, les jeux sont faits dès la naissance. Déjà, je n'ai pas une bonne mémoire – mes résultats en ont toujours pâti, surtout lors des examens – et il n'y a aucune raison pour que cela change.

Comme le dit Maman, je resterai bloqué au niveau qui était le mien à la naissance.

Un jour, pourtant, une question surgit dans mon esprit. Et si c'était à cause de ce raisonnement fataliste que Maman ne parvenait pas à s'arrêter de boire ? Au bout de ses cinq semaines de sevrage, elle est rentrée à la maison en affirmant qu'elle était guérie. En fait, c'est tout le contraire. Maman est ressortie du centre de désintoxication, persuadée que son état n'était pas si grave que ça. En entendant d'autres alcooliques raconter leur parcours dans des groupes de parole, elle a tout de suite estimé qu'elle n'était pas à sa place parmi ces gens. Elle s'est convaincue, à tort bien sûr, que sa dépendance à l'alcool était moins grave que ce que tout le monde s'imaginait et que, surtout, elle allait toujours en rester au même stade. Le problème, c'est le trou noir qui accompagne ses cuites. Si seulement elle se souvenait de ce qu'elle fait quand elle boit, elle s'impliquerait peut-être davantage dans son traitement. Moi, en tout cas, j'aurais pu lui montrer son alcoolisme sous un angle bien particulier...

Quelques semaines à peine après sa sortie de cure, elle a recommencé à boire. Et comme à chaque fois qu'elle replonge, c'est pire qu'avant. Sa tendance à insulter les gens au téléphone ne m'a jamais dérangé personnellement, car jusqu'à maintenant, je n'avais ni fixe ni portable. Ça me plaisait d'être injoignable. Mais maintenant que je vis dans une maison équipée d'un téléphone, Maman peut me joindre vingt-quatre heures sur vingt-quatre, sept jours sur sept. À partir de là, elle se met à m'appeler régulièrement, pour prendre de mes nouvelles et bavarder, mais très vite ses appels se multiplient et le plus souvent, elle est ivre. Elle tente aussi de me joindre à la caserne, mais comme elle est soûle, elle est incapable de se souvenir de mon emploi du temps. Du coup, certains jours elle tombe sur moi, mais la plupart du temps, je ne suis pas de service. Elle engage alors la conversation avec la personne qui lui répond en révélant tout un tas d'éléments personnels sur moi. Je le sais parce que ces jours-là, j'ai droit à des remarques narquoises quand j'arrive à la caserne. J'essaie d'en discuter avec elle, mais à chaque fois, elle élude la question d'un geste brusque. N'empêche que ça commence à m'énerver sérieusement.

Je reçois aussi des appels de Reg. Lorsque Maman a bu, il me téléphone pour que je vienne m'occuper d'elle. Je me retrouve alors face à un dilemme. Je voudrais m'assurer qu'elle va bien – j'ai tellement veillé sur elle pendant mon enfance que c'est devenu un réflexe. En même temps, je sais que si j'y vais, ça risque de durer des heures, bien au-delà de minuit, avant que je ne parvienne à la mettre au lit. À chaque fois, je suis confronté à un cas de conscience. Parfois, j'y vais, mais si j'estime que la situation ne l'exige pas, je refuse. Il arrive aussi que ça soit plus grave qu'une simple cuite. Un incident en particulier va terriblement me marquer.

Je m'apprête à me rendre à une soirée de Noël lorsque je reçois un appel affolé de Reg : il y a un départ de feu à la maison, pourrais-je venir tout de suite ? Un départ de feu, ça peut être tout et n'importe quoi. Mais en tant que pompier, je sais qu'une situation en apparence sans gravité peut très vite se transformer en brasier. Le fait est qu'entre l'âge de Reg et l'état d'ébriété de Maman, le pire est toujours à craindre. Mais ce que je découvre en arrivant chez eux me glace le sang.

*Pour une raison que j'ignore, Maman a été récupérer une lampe à gaz dans notre matériel de camping. Le problème, c'est qu'elle a mal engagé la cartouche de gaz dans le pas de vis, tout en réussissant à la percer. Du coup, quand elle a craqué une allumette, une boule de feu a jailli du gicleur de la lampe, enflammant sa chemise de nuit. Elle est parvenue à se l'ôter d'une main, mais quand je découvre la scène, je suis saisi d'horreur.*

*Il ne reste de la chemise de nuit qu'une masse de nylon fondu, de la taille d'une balle de tennis. Maman est allée se chercher d'autres vêtements en laissant la cartouche de gaz en plan. Inutile d'être pompier pour se rendre compte de la chance qu'elle a eue de s'en sortir indemne. Car elle n'a qu'une large brûlure à la jambe. Mais cette fois, on a frôlé la catastrophe. Je sors un paquet de légumes surgelés afin d'apaiser sa brûlure. Elle s'est couchée sur un canapé, mais reste très agitée.*

*—Maman, arrête de bouger. J'essaie de te soigner...*

*—Ne me touche pas ! hurle-t-elle en tentant de m'écarter de la main.*

*Je la rallonge avec douceur et j'applique le sac glacé sur sa brûlure. Au bout d'un moment, douleur et rougeur s'estompent, et elle s'endort. Comme je ne veux pas qu'elle passe la nuit en bas, je l'accompagne jusqu'à sa chambre et la mets au lit, en la bordant bien comme il faut. Ce faisant, je l'entends gémir.*

*—Qu'est-ce qu'il y a, Maman ? dis-je en m'approchant d'elle.*

*À nouveau, elle marmonne des paroles indistinctes.*

*—Je n'entends pas ce que tu dis, Maman.*

*Elle élève un peu la voix et prononce trois mots que je croyais ne plus jamais devoir entendre.*

*—Baise-moi, David.*

# 15

# LE CHEMIN DES SOUVENIRS

Horrifié, j'ai un mouvement de recul. Je n'en crois pas mes oreilles.

Elle répète :

—Baise-moi, David.

Mais cette fois, je sais comment réagir : je sors immédiatement de sa chambre. Une fois en bas, je rassure Reg et lui recommande de me rappeler en cas de problème. Encore sous le choc, j'ai du mal à m'exprimer.

Ces trois mots tournent en boucle dans ma tête, laissant dans leur sillage un ouragan d'émotions. Je suis à la fois bouleversé et furieux que Maman ait recommencé à me demander de coucher avec elle. Et cela m'oblige une fois de plus à m'interroger. Même ivre morte, elle a attendu que nous soyons seuls dans sa chambre pour s'adresser à moi.

Comment pouvait-elle savoir qu'il n'y avait que moi dans la chambre ?

Et si elle a pu s'en rendre compte dans l'état où elle était, avait-elle conscience de ses actes quand elle venait me trouver dans ma chambre ?

Je laisse Maman et Reg pour me rendre à la soirée de Noël où je suis attendu. Mais pour moi, la fête est sinistre ; mon esprit se repasse la scène en boucle. Ce soir, Maman l'a échappé belle, mais elle n'aura peut-être pas autant de chance la prochaine fois. Elle a recommencé à beaucoup boire et de toute évidence, elle représente un danger pour Reg et pour elle-même. Aujourd'hui, la vie me sourit et j'ai réussi à surmonter mes traumatismes d'enfance sans jamais en parler à personne – je n'en vois pas la nécessité. Mais ce soir, en réveillant mes pires souvenirs, Maman est parvenue à me déstabiliser et à ranimer toute la négativité et la vulnérabilité que je pensais définitivement derrière moi.

Les jours suivants, je repense à Maman et à l'influence destructrice qu'elle a toujours eue sur mon existence. Ça ne peut plus durer ! Conscient qu'elle ne changera jamais, je me vois contraint de prendre la plus grande décision de ma vie.

Je me rends à Ludden Vale.

Maman vient m'ouvrir et à l'expression qui se peint sur son visage, je vois qu'elle comprend tout de suite qu'il ne s'agit pas d'une visite de courtoisie. Pourtant, elle ne me pose aucune question.

—Asseyons-nous, Maman. J'ai quelque chose de très important à te dire.

Une fois installé, je lui annonce qu'elle ne me reverra plus et qu'elle n'entendra plus jamais parler de moi. Elle m'écoute sans m'interrompre.

—Tout ça dure depuis trop longtemps, Maman. Je n'en peux plus. C'est trop dur pour moi. Ça me bouffe la vie depuis des années, mais ce qui s'est passé la semaine dernière, c'est la goutte d'eau qui a fait déborder le vase. Est-ce que tu te rends compte que tu as failli mettre le feu à la maison et finir brûlée vive ? J'en ai assez, Maman.

Je poursuis en lui expliquant que je ne peux plus gérer son alcoolisme qui me détruit depuis ma naissance – malgré tout, je reste incapable de lui parler de ce qu'elle m'a longtemps fait faire, la nuit, quand elle était soûle.

Maman continue à m'écouter en silence. Elle semble envisager la situation avec un calme olympien.

Enfin, elle prend la parole.

—D'accord, David. J'entends bien ce que tu me dis. Fais ce que tu as à faire. Et si jamais tu changes d'avis, eh bien, tu sais où me trouver.

Je l'embrasse de toutes mes forces et je m'en vais.

C'est un déchirement atroce. Je me retourne une dernière fois pour la regarder droit dans les yeux. Je me dégoûte. Je viens de faire quelque chose d'inconcevable : j'ai banni ma propre mère de mon existence. Néanmoins, je suis persuadé qu'elle ne pourra pas garder ses distances, malgré tous mes discours. Elle va sûrement continuer à m'appeler quand elle aura trop bu… Cependant, à ma grande surprise, elle n'en fait rien. Je lui ai déclaré que je ne voulais plus rien à voir à faire avec elle et, aussi incroyable que ça puisse paraître, elle respecte ma volonté et agit en conséquence. Fini les appels intempestifs chez moi ou à la caserne.

Au début, je trouve ça à la fois inquiétant et étrange. Maman a toujours fait partie de ma vie, d'une manière ou d'une autre. Dans les premiers souvenirs que j'ai d'elle, elle me force à des attouchements sexuels. Dans l'un des derniers, elle me demande de la baiser. Entre les deux, nous avons vécu des moments de vrai bonheur et je lui en garde une immense reconnaissance. Mais nous avons aussi connu des moments de détresse absolue, et ça, je ne pourrai jamais le lui pardonner. Aujourd'hui, pour la première fois de ma vie, je suis totalement libre. C'est une sensation étrange, mais d'instinct, je sais que j'ai fait ce qu'il fallait.

Cette décision, je ne l'ai pas prise de gaieté de cœur. C'est impossible. Il s'agit de ma mère, et en dépit de tout, je n'ai jamais cessé de l'aimer. Elle me manque, mais je ne pourrai jamais retourner la voir. C'est ma mère, mais elle ne peut pas faire partie de ma vie. Un coup de téléphone, un soir, me confirme que j'ai fait le bon choix.

Maman a toujours été très sociable, mais toutes ses amitiés se sont très mal terminées, de façon abrupte et définitive. Certaines de ces personnes occupaient pourtant une place importante dans notre entourage, comme Pauline, la fille de Reg, ou mon grand-père paternel. Mais quand on connaît Maman, une fois que le lien est rompu, il n'est jamais renoué. Et cela va une fois de plus se vérifier avec la secrétaire du vétérinaire.

Maman a toujours vécu entourée d'animaux : à cette période, elle a encore deux chiens, trois chats et une tortue qu'elle a eue toute petite. Du coup, elle se rend très souvent à la clinique vétérinaire. Elle connaît tout le monde, là-bas, et s'entend particulièrement bien avec la secrétaire. Comme à son habitude, elle a réussi à lui soutirer son numéro de téléphone personnel et s'est mise à l'appeler chez elle. Ivre, bien entendu. Un soir, à bout de nerfs, la pauvre femme finit par me téléphoner.

—Bonsoir, je suis la secrétaire de la clinique vétérinaire de Ludden Bridge. Vous êtes bien le fils de Carol Brownstone ?

—Oui, c'est moi. Que puis-je faire pour vous ?

—Voilà… Votre mère n'arrête pas de m'appeler au téléphone, ça devient pénible. Je me demandais si vous pourriez m'aider.

C'est une requête inhabituelle, mais qui, compte tenu des circonstances, ne me surprend pas outre mesure.

—Écoutez, ce serait avec plaisir, mais malheureusement,

je ne suis plus en contact avec ma mère. Nous avons coupé les ponts.

L'anxiété est palpable dans les paroles de la secrétaire, mais hélas, je ne peux rien pour elle.

—Ah… C'est dommage, parce que je vous avoue que je n'en peux plus. J'envisage même de prévenir la police…

Dans sa voix, l'anxiété a cédé la place au désespoir.

—Pour être tout à fait franc avec vous, il faudra peut-être vous y résoudre, dis-je. À part ça, je ne vois pas comment l'empêcher de continuer à vous harceler.

Depuis le temps, j'avais enfermé tous ces souvenirs à double tour dans un recoin de mon esprit, mais apprendre ce que ma mère fait subir à cette pauvre femme me les renvoie en pleine figure. Je n'entends plus jamais parler de la secrétaire de la clinique vétérinaire – elle a dû réussir à régler le problème. Mais c'est trop tard : Maman a refait irruption dans mes pensées quotidiennes. Je meurs d'envie d'aller la voir, pourtant je sais que je dois continuer à garder mes distances avec elle.

Tourner le dos à Maman a été la décision la plus difficile de toute ma vie, et la moins naturelle. Depuis tout petit, j'avais appris à la satisfaire pour composer avec ses exigences. Mais le choix qu'elle m'a poussé à faire a peut-être brisé sa vie.

Élever son fils seule dans des conditions précaires, c'était déjà bien assez difficile. Mais le voir entrer dans l'âge adulte, embrasser une carrière brillante et se faire du jour au lendemain exclure de sa vie doit avoir été une épreuve dévastatrice pour Maman. Tous les jours, je pense au chagrin que je lui cause et je suis à deux doigts de l'appeler. Reg aussi a cessé de me téléphoner. Ça me rassure, mais je sais qu'il se retrouve tout seul face à Maman. Bien que je n'éprouve plus qu'indifférence à son égard, je crains pour sa sécurité maintenant que je le sais privé de tout soutien extérieur.

J'attends le jour où j'apprendrai par le journal qu'un grave incendie s'est produit chez eux et que Reg n'a pas survécu à ses blessures. Ce n'est pas pour faire du mélo : j'ai été témoin d'incidents graves quand Maman était ivre, et mon expérience de pompier m'a fait toucher du doigt la fragilité de la vie humaine. Mon inquiétude me semble donc justifiée.

En plus du souci que je me fais pour Maman et Reg, je suis assez déprimé par la tournure que prend ma vie. Un soir, je touche le fond du désespoir. Je n'ai envie de voir personne et, malgré mon dégoût pour la pratique qui consiste à picoler pour oublier, j'entre dans un pub où en temps normal je n'aurais jamais mis les pieds, je m'installe dans un coin sombre et j'écluse des Cocas/Tía María à la chaîne.

Je ne trouve plus aucun sens à ma vie. Je suis au fond du trou, paumé, abandonné, à la dérive. J'ai coupé les ponts avec les deux personnes qui m'étaient les plus proches, ma mère et mon meilleur ami, et maintenant, je n'ai plus personne à qui me confier, plus personne sur qui compter, plus personne pour m'aimer et me soutenir. Mes relations féminines ne mènent à rien : soit ce sont des aventures d'un soir, soit elles tournent court.

J'ai l'impression que ma vie aussi va tourner court. Quand je me penche sur mon passé, je ne vois que maltraitance, chaos, violence. Quand je me penche sur mon présent, je ne vois qu'un morne train-train, professionnel et sentimental. Je n'ai aucun talent particulier en dehors de mes compétences de pompier. Je ne serai jamais quelqu'un d'exceptionnel. Pour ça, il faut avoir quelque chose en plus – des capacités intellectuelles ou physiques qui vous font sortir du lot, et je n'en ai aucune.

Si mes histoires de cœur paraissent vouées à l'échec, c'est peut-être parce qu'au fond de moi, je ne me sens pas digne d'être aimé, désiré. La seule personne qui semblait m'aimer vraiment, c'était Maman, mais son amour pour moi était tellement déviant que, quand j'y pense, je ressens toujours la même honte et la même humiliation que lorsque je me faisais harceler par la petite Karen, en maternelle.

Quand j'essaie de me projeter dans l'avenir, tout ce que je vois, c'est une succession d'échecs et un surplus de désespoir. Comment puis-je devenir quelqu'un, et pas juste un pompier lambda qui, dans le meilleur des cas, touchera une retraite quand il sera trop amoché pour faire son job ? Comment trouver une femme que je puisse aimer et qui puisse m'aimer en retour ? Ne parlons même pas d'avoir des enfants avec qui j'aurais envie de jouer, des enfants pour lesquels je pourrais être un véritable père.

J'ai grandi sans modèle paternel. Je reste, au plus profond de moi, un enfant abîmé, dénué d'estime de soi, et qui n'espère pas aller mieux, faire mieux, être mieux. Au point où j'en suis, je ne sais plus pourquoi je suis encore en vie ni pourquoi je continue à vivre.

Dans cet état de profonde dépression, je rentre chez moi juste avant la fermeture du pub, je me fais réchauffer un plat industriel au micro-ondes et m'avachis devant une émission tire-larmes de fin de soirée que je ne regarde que d'un œil. Je suis sur le point d'éteindre la télé et d'aller me coucher quand je vois un homme mémoriser un paquet de cartes à jouer en trois minutes. Plus sidérant encore, il est aussi capable de donner l'emplacement exact de chaque carte !

En un instant, mon humeur change. J'ai tout oublié de ma dépression et de mes chagrins. Je trouve ça hyper cool, ce serait vraiment chouette d'apprendre ce genre de truc. Le processus m'intrigue… Comment fait-il ? Ça n'est pas de la magie, donc il doit forcément s'agir d'une sorte de technique mentale. De toute façon, ce mec est un savant, un individu doué d'un talent unique.

Or ce n'est pas mon cas. Comme le dirait Maman, je suis bloqué à mon niveau.

N'empêche, je commence à me poser des questions. Et si le raisonnement de Maman était faux ? Après tout, j'ai bien modifié mon physique quand j'ai commencé à faire du karaté, puis quand je me suis mis à la course de fond et enfin à la musculation... Je pourrais peut-être aussi modifier mes capacités intellectuelles de la même manière ? Ma mémoire n'est peut-être pas si mauvaise que ça, finalement... Étrangement heureux, je garde toutes ces pensées dans un coin de ma tête et vais me coucher.

Quelques mois plus tard, je tombe sur un article du *Sunday Times* consacré à l'homme que j'ai vu à la télé. J'apprends qu'il s'appelle Dominic O'Brien, qu'il est entièrement autodidacte et qu'il revient d'un tournoi de blackjack dans le nord de la France où il a mis à profit ses techniques de mémorisation. L'article précise également qu'il a écrit un livre sur le sujet. Peu de temps après, en entrant dans une librairie de Leeds, je vois sur un stand d'exposition tout un tas de livres consacrés à la mémoire. Le premier de la pile est signé Dominic O'Brien. Je l'achète et, à peine rentré chez moi, je commence à le lire.

Dès les premières pages, je découvre une technique qui me permet de réciter par cœur une liste de dix objets dans un sens et dans l'autre. Je n'en reviens pas. C'est fantastique ! Décidément, ce livre m'impressionne, mais je ne lui vois aucun intérêt pratique. Du coup, je le range au fond d'un placard. Il s'y languit depuis quelques semaines lorsque l'envie me prend de continuer ma lecture. Ce qui suit est proprement ahurissant. J'assimile une à une toutes les techniques de mémorisation qu'il contient et je commence à m'entraîner. Très vite, je m'aperçois que je n'ai aucun mal à les mettre en pratique. J'apprends à mémoriser un paquet de cartes à jouer, comme j'ai vu Dominic le faire à la télévision, chose que je n'aurais jamais crue faisable.

J'apprends ensuite à mémoriser les chiffres et en un rien de temps, je suis capable de retenir un nombre de cent chiffres sans aucune difficulté. Je m'attelle après à mémoriser toutes les capitales du monde : bientôt, je suis capable de toutes les réciter. Ça commence à me faire peur. J'applique des méthodes qui défient la logique et l'entendement. Au fur et à mesure que j'avance dans le livre, j'assimile de nouvelles techniques qui me permettent d'améliorer encore mes capacités de mémoire.

Et tout cela ne se fait pas lentement, comme quand on s'entraîne pour un marathon, mais au contraire très rapidement ! La première semaine, je réussis à mémoriser un paquet de cartes en dix minutes. Deux semaines après, j'y arrive en moins de cinq !

L'idée d'avoir un talent exceptionnel me ravit. À la caserne, je fais mon petit numéro devant mes collègues qui me regardent, mi-perplexes, mi-admiratifs, mémoriser un paquet de cinquante-deux cartes en un clin d'œil. Certains veulent connaître le truc, mais aucun ne m'arrive à la cheville quand il s'agit d'intégrer et de mettre en œuvre les techniques de mémorisation. Je réalise peu à peu que j'ai un véritable don, pas juste un petit talent pour briller en société. J'en parle à certains collègues, mais je ne le crie pas non plus sur les toits : les pompiers sont toujours partants pour se payer la tête des leurs et je vais en faire les frais.

Un soir, alors que tous les gars regardent la télé à l'étage, je m'amuse à mémoriser des cartes, en bas. Je les ai toutes étalées sur la table et j'essaie de me souvenir de l'emplacement de chacune. L'un des gars vient prendre quelque chose à la cuisine. En passant derrière moi, il regarde pardessus mon épaule et ricane :

—Ça te mènera jamais nulle part, ce genre de conneries.

Je poursuis mon exercice sans broncher, mais sous mon apparente indifférence, je suis contrarié. C'est ça, les pompiers. Si l'on ne comprend pas quelque chose, on le dénigre. C'est ce genre de commentaire qui me pousse à leur prouver le contraire.

Car il y a un domaine dans lequel je peux appliquer mes toutes nouvelles compétences : les examens de promotion interne. Et si je les repassais, mais armé cette fois de mes techniques de mémorisation ? Je mets en pratique la technique de mémorisation des listes que j'adapte au programme des examens. Je retiens tout. Je crains de ne pas pouvoir les appliquer le jour de l'examen, mais plus la date approche et plus je prends confiance en moi. Devant la salle d'examen, je suis d'un calme olympien, contrairement à la première fois. Au lieu de me demander si je vais réussir, je me demande dans quelle mesure je vais briller.

L'examen se passe, je réponds sans aucun mal à la plupart des questions et je suis reçu haut la main. Mon cerveau évolue à la vitesse de la lumière. J'améliore ce don extraordinaire que j'ignorais posséder, je le mets en pratique et j'obtiens des résultats significatifs. En outre, je gagne en confiance et en estime de moi.

Je continue à m'entraîner à plusieurs processus mentaux que je pioche dans divers manuels et j'élargis mes connaissances en abordant de nouvelles techniques complémentaires, telles que la lecture rapide et la carte mentale.

J'avance à grands pas, je commence même à obtenir des résultats qui pourraient me permettre de participer à des concours de mémoire. J'ai lu dans plusieurs ouvrages qu'il existe des Championnats du monde de la mémoire. Je me débrouille pour obtenir les résultats des années passées et à ma grande surprise, je découvre que je n'ai pas à rougir des scores auxquels j'arrive tout seul chez moi : j'ai un niveau de compétition !

Je décide de préparer les Championnats du monde de la mémoire qui se tiendront à Londres en 1996. Je réserve un billet de train et une chambre dans l'hôtel le plus modeste du Strand, et en août, je me rends à Londres. Je ne le sais pas encore, mais cette expérience va changer le cours de ma vie. Le concours se déroule au *Simpson's-in-the-Strand*, un vénérable restaurant londonien chargé d'histoire. Dans les années 1900, c'est là que se tenaient les Championnats du monde de jeux d'échecs. Durant tout le week-end, je participe aux Championnats du monde de la mémoire. Ils se composent de onze disciplines individuelles, comme les épreuves de rapidité où l'on doit mémoriser un paquet de cartes entier ou le plus long nombre binaire possible en une demi-heure. Je termine troisième dans quatre épreuves et même deuxième dans la cinquième. À la fin du premier jour de compétition, je suis troisième au classement général. Je suis euphorique.

J'attaque le deuxième jour de compétition en grande confiance. Je conserve ma position de troisième toute la journée, jusqu'à la toute dernière épreuve où je commets une erreur qui me fait chuter à la quatrième place. Je suis dégoûté. Si, avant le début de la compétition, on m'avait dit que je finirais quatrième, j'aurais été fou de joie, mais maintenant que j'ai concouru face aux autres candidats, je redécouvre un des traits marquants de mon caractère : je suis un compétiteur féroce et j'adore gagner.

Il se produit un autre événement, ce week-end. Au terme d'à peine huit mois d'entraînement, j'accède au rang de Grand Maître international de la mémoire.

À cette époque, seules trois personnes ont obtenu le titre de Grand Maître international de la mémoire en compétition. Avant de m'inscrire, mon ambition secrète était d'arriver dans les six ou sept premiers, mais jamais je n'aurais imaginé finir quatrième. Après tout, ce sont des Championnats du monde, dans un domaine que j'ai découvert par hasard il y a moins d'un an. J'ai du mal à réaliser ce qui m'arrive.

Toute ma vie, j'ai voulu me fondre dans le décor, passer inaperçu. En effet, quand je me faisais remarquer, c'était souvent pour de mauvaises raisons : mes cheveux roux, mes démêlés avec la police, mes piètres performances d'apprenant-pompier. Parfois, c'était plus positif, comme lorsque j'ai remporté le cross de l'école, mais ça restait l'exception. Aujourd'hui, c'est différent. De mon propre chef, j'ai atteint un niveau d'excellence en me formant tout seul, en autodidacte. En découvrant les vertus de la ténacité et de la volonté, je me suis propulsé sur la scène mondiale.

J'ai aussi appris à capitaliser mes succès et à promouvoir mon image dans les médias : je contacte le *Halifax Evening Courier*, le journal du coin, qui me consacre une interview. Je fais même la une avec une photo où je pose avec toutes mes médailles et mes trophées. Je contacte ensuite Calendar Television, l'antenne régionale de la chaîne ITV qui accepte que j'apparaisse dans leur émission. J'obtiens un passage en *prime time*, six minutes durant lesquelles je retrace mon parcours en exposant les différentes techniques de mémorisation dont je me sers. Les journalistes me font passer un test : je réponds à toutes les questions sans faire d'erreur et l'équipe de production a l'air sincèrement ravie.

Quels que soient mes futurs accomplissements, ce premier succès est spectaculaire. Néanmoins, une chose ne cesse de me tourmenter : Maman. Avant notre rupture, je l'avais mise au courant de ma nouvelle passion qu'elle considérait comme une parfaite perte de temps et d'énergie. Sur le moment, sa réaction m'avait surpris, vu que son propre père avait été en son temps un joueur d'échecs respecté. Ce que j'accomplissais dans le domaine de la mémoire était un exercice cérébral assez peu éloigné du jeu d'échecs.

Les médias se sont beaucoup intéressés à ma place de quatrième aux Championnats du monde ; or Maman regarde beaucoup la télévision. De plus, elle est abonnée au *Halifax Courier*. Elle a donc forcément vu des articles sur moi. Je meurs d'envie de lui téléphoner pour savoir ce qu'elle pense de mes exploits. J'ai besoin de l'entendre m'exprimer sa fierté, j'ai envie qu'elle valide ma réussite. Depuis que je suis né, je recherche son approbation.

Pourtant, je ne l'appelle pas. Cela m'attriste, mais je dois rester fort.

Lentement, mais sûrement, je me suis fait au quotidien de la caserne et je vole à présent de mes propres ailes. Je suis désormais pompier professionnel, dans tous les sens du terme. Je ne serai jamais promu Pompier de l'Année, mais je maîtrise à présent tous les compartiments de mon métier, et j'excelle même dans certains. En exerçant dans une caserne de pompiers toujours en ébullition, je découvre ma capacité à gérer des situations de stress extrême. Cela m'est d'une aide précieuse pour les concours de mémoire. C'est aussi un sujet d'étonnement pour moi, puisque je me situe à l'opposé de Maman qui s'est toujours noyée dans un verre d'eau.

Grâce à mes diverses formations, j'ai acquis le goût de l'effort et transmis à mon tour certaines de mes connaissances aux pompiers de la caserne. J'aime transmettre, enseigner. Mon commandant de caserne s'appelle John

Winton. Je ne le connais pas personnellement, tout ce que je sais, c'est que c'est le grand chef. Il a la réputation d'être sévère mais juste, préférant toujours accorder le bénéfice du doute à ses gars en cas de conflits et de problèmes. C'est un supérieur aimé par ses subordonnés et les quelques contacts que j'ai eus avec lui ont toujours été très positifs.

Après les Championnats du monde, il me prend à l'écart, moi, le pompier de base, pour me demander un service. C'est une démarche assez inhabituelle de la part d'un officier de son rang. Mais Johnny est au-dessus des mesquineries hiérarchiques. Il m'explique qu'il voudrait réussir un examen interne de Santé & Sécurité où le taux d'échec est de cinquante pour cent. Pourrais-je l'aider à mémoriser l'énorme volume de données au programme ?

Il me montre les textes et je l'aide à établir la carte mentale de la première page. Puis, j'emporte le manuel chez moi et je lui concocte vingt cartes mentales dans la soirée. Le lendemain matin, je lui montre ce que j'ai fait afin qu'il applique cette méthode à l'intégralité du manuel. Impressionné, il suit mes conseils à la lettre et réussit son examen haut la main.

Cette expérience marque un tournant dans ma vie. Johnny m'a prouvé que mes connaissances étaient utiles, que l'on pouvait s'en servir concrètement dans la vie de tous les jours. Ce sentiment exaltant va peu à peu m'orienter dans une autre direction.

Je fais la connaissance d'Alison un soir, dans un pub. Élancée, vive, drôle et franche, elle est mère de deux enfants. Entre elle et moi, le courant passe tout de suite et au bout d'une semaine, elle emménage chez moi.

Ces événements se passent une semaine avant Noël 1996. J'aide Ally à emballer les cadeaux destinés à Corinne, treize ans, et Matthew, cinq ans, et au matin de Noël, nous les ouvrons tous au pied du sapin. C'est la première fois que je côtoie des enfants. Jusqu'ici, je les avais consciencieusement évités. Je ne me sens pas dans mon élément avec Cori et Matt, mais eux m'acceptent très vite. En revanche, j'ai envie de vivre avec Ally et ce Noël me montre ce que peut être une famille heureuse.

En 1997, j'arrive troisième au classement général des Championnats de la mémoire et, en avril 1998, je réussis l'impensable : je récite sans me tromper les 22 500 décimales du nombre Pi, ce qui me fait entrer au *Livre Guinness des records*. Pourtant, une question continue de m'agiter.

Maman est-elle au courant de ma nouvelle réussite ? Parce que moi, j'ai besoin de la partager avec elle. Je prends alors la seconde grande décision de ma vie.

# 16

# DES ÉTINCELLES ET DES BRAISES

Au début de l'année 1999, ma vie a pris un tournant que jamais je n'aurais pu imaginer à l'époque où je me lamentais sur mon sort en éclusant des Cocas/Tía María au pub du coin.

Mon nom figure aujourd'hui au *Livre Guinness des records* dans la catégorie « mémoire », je suis médaillé des Championnats du monde et je porte le titre de Grand Maître. Les médias continuent à s'intéresser à moi et j'enchaîne les interviews pour la radio, la télévision, les journaux et les magazines. Je forme également les officiers de la caserne aux techniques de mémorisation. Enfin, parallèlement à mon activité de pompier, j'ai embrassé une carrière de coach de vie et de conférencier.

Entre Ally et moi, l'entente est idyllique et elle me soutient énormément dans mes nouvelles activités. Cela fait maintenant deux ans que nous vivons ensemble. Cori vient d'avoir quinze ans et c'est une adolescente adorable : calme, réservée, sérieuse et très jolie. Nous avons tissé un véritable lien fait de confiance et de respect mutuels.

D'un autre côté, elle continue à voir son père régulièrement, ce qui est une chance à son âge. Elle m'appelle David et me traite comme son beau-père.

Avec Matt, j'ai aussi de très bons rapports, quoique très différents. Matt est à l'opposé de sa sœur, très satisfait de sa petite personne avec son sourire effronté et sa coupe courte. La dernière fois qu'il a vu son père, il avait deux ans et il vient d'en avoir sept. Il nous faut un moment avant de réaliser que j'ai envie d'être son père et qu'il a envie d'être mon fils. Mais quand nous le comprenons, nos rapports prennent une dimension magique. Matt et moi avons bâti une véritable relation père-fils, lentement mais sûrement. Nous nous aimons comme si nous nous connaissions depuis toujours. Je suis dingue de ce gamin. C'est le garçon que j'ai toujours voulu être : hypersociable, populaire, curieux de tout et doué d'un humour ravageur. Je lui voue une admiration sans bornes.

J'ai fini par comprendre qu'être un père pour Cori et Matt représente un véritable cadeau. C'est la chose la plus merveilleuse du monde. Je me rends compte maintenant que Maman a sûrement beaucoup souffert de devoir de m'élever pratiquement seule. Ses démons personnels l'ont amenée à commettre l'indicible, pourtant je persiste à croire qu'elle ne se souvenait de rien le lendemain matin.

Je parle de Maman à Ally, mais en omettant volontairement les sévices sexuels. Je lui raconte les terribles répercussions de son alcoolisme sur mon quotidien d'enfant : mes nuits blanches, la violence… Je lui énumère toutes les raisons qui m'ont poussé à couper les ponts avec elle. Pour finir, je lui confie que Maman me manque énormément et que je donnerais tout pour savoir qu'elle va bien. Ally, navrée de voir à quel point cette situation me mine, me suggère alors de reprendre contact avec ma mère.

Je réfléchis longuement avant de m'y résoudre. Et une fois ma décision prise, je laisse encore passer quelque temps avant de décrocher le téléphone. Le jour venu, Ally est à côté de moi.

—Ça va ? me demande-t-elle en me tenant la main.

—Très bien.

Elle me tend le téléphone et je compose le numéro de la maison.

C'est ma mère qui répond.

—Allô ?

—Coucou, Maman, c'est David, dis-je d'une voix calme.

Silence à l'autre bout du fil.

—Je me demandais si je pouvais passer te voir ?

Maman continue de se taire. C'est la première fois qu'elle reste aussi silencieuse. Je m'attends presque à ce qu'elle lâche le combiné. Pour le coup, ce serait notre conversation la plus brève de tous les temps ! Mais enfin, elle me répond.

—Oui, bien sûr. Tu pensais venir quand ?

Nous nous accordons sur un jour et raccrochons. Je suis K.-O. debout.

Il n'y a pas eu de crise d'hystérie, de pleurs, de cris ou de reproches. Au contraire, notre conversation s'est déroulée de façon tout à fait courtoise. Nous avons décidé de la date de nos retrouvailles de façon simple et rationnelle. C'est très agréable, mais aussi un peu étrange.

Quelques jours après, je me rends chez ma mère.

C'est elle qui vient m'ouvrir. Comme moi, elle semble hésiter sur l'attitude à adopter. Sans m'embarrasser d'effusions, je me dirige droit vers la pièce du milieu.

En apercevant Reg assis dans son fauteuil, je reste saisi. Pas par sa présence, mais par son apparence physique. Il a maintenant quatre-vingt-neuf ans et ça se voit. Les yeux enfoncés dans les orbites, il affiche la maigreur du grand âge. Il y a encore cinq ans, il était tout à fait gaillard, mais à présent, c'est un très vieux monsieur.

—Salut, Reg, dis-je, un peu hésitant.

Il lève les yeux sur moi comme s'il me découvrait.

—Tiens ! Bonjour, David.

Je m'assieds à la table de la salle à manger avec Maman et nous commençons à bavarder. Je lui raconte tout : les Championnats du monde de mémoire, les conférences que je donne, Ally, les enfants et la caserne de pompiers.

Elle m'écoute avec attention et je vois bien que ça lui demande un gros effort de concentration. Maman a toujours eu du mal à écouter les autres, parfois même elle est incapable de témoigner le moindre intérêt à son interlocuteur. Mais à cet instant, elle veut tout savoir. Je lui demande comment ils vont, Reg et elle. Elle me répond que rien n'a changé, ce que je constate par moi-même. La maison n'a pas bougé ; Maman a toujours les mêmes animaux. Elle envisage avec plaisir de venir chez moi afin de faire la connaissance d'Ally et des enfants. Je repars avec la sensation d'avoir pris la bonne décision. Seul le temps me dira si j'ai eu raison ou si les démons de ma mère vont revenir me hanter.

Une fois rentré, je raconte nos retrouvailles à Ally et aux enfants. Très vite, nous allons tous rendre visite à Maman et Reg. Tout se passe très bien, Maman semble transformée. À compter de ce jour, nous restons en contact régulièrement. Entre chacune de mes visites, elle ne téléphone jamais à la maison. Je ne le tolérerais pas. Je tremble à l'idée qu'elle recommence son harcèlement d'ivrogne et que ce soit Matt qui décroche. Mais elle a cessé de téléphoner lorsqu'elle a bu. Définitivement.

Comme toujours, nous n'évoquons jamais sa dépendance à l'alcool. J'ignore si elle continue de boire, et le cas échéant à quel rythme et dans quelles quantités. Son alcoolisme a toujours été un sujet tabou entre nous et le temps n'a rien changé à l'affaire. Mais nous savons, tous les deux. Elle sait que c'est l'alcool qui nous a séparés. Et je sais qu'elle veut gérer le problème à sa manière, sans que je puisse intervenir. Il y a une règle tacite entre nous : je ne lui pose pas de questions sur l'alcool et elle ne me téléphone pas quand elle a bu. Et cette fois, elle s'y tient.

Et puis, le 16 février 1999, deux mois après nos retrouvailles, il se produit un événement qui va compromettre son équilibre fragile.

Reg meurt.

Son décès n'a aucun rapport avec l'alcoolisme de Maman, il est mort de vieillesse. Cela faisait quelque temps qu'il était très faible. Comme il fallait s'y attendre, Maman est terrassée par le chagrin. Anéantie, littéralement. La mort de Reg laissera dans son cœur un vide qui ne pourra jamais être comblé.

Après le décès de Reg, Maman n'est plus la même. Elle semble ne plus trouver de sens à sa vie, elle a perdu la flamme. Je comprends que je dois veiller sur elle et lui faire sentir qu'elle fait partie de ma famille. Maman a besoin de rester en lien avec le monde extérieur. Je prends de ses nouvelles tous les jours. Elle n'a pas grand-chose à raconter, mais elle aime que je lui parle de ma vie trépidante : les enfants, la caserne, la mémoire… Au moins une fois par semaine, je l'emmène faire un tour, parfois avec Ally et les enfants. Nous visitons le port de Liverpool pour qu'elle profite de l'air de la mer et fasse un peu d'exercice.

Un jour, je l'emmène au marché couvert d'Halifax. Comme elle m'a dit qu'elle avait besoin d'une nouvelle veste, je lui en achète une. Elle n'est pas très chère, mais de bonne qualité. Lorsque je la lui offre, elle éclate en sanglots en plein marché. Elle a tellement l'habitude de s'habiller en friperie… Je ne me souviens pas l'avoir jamais vue porter des vêtements neufs. Je suis profondément heureux de pouvoir la gâter un peu, l'emmener au restaurant et lui faire des cadeaux.

Au cours du second semestre de 1999, je me rapproche vraiment d'elle. Nous discutons de tout, sauf bien sûr de sa dépendance à l'alcool. Comme elle s'intéresse beaucoup à mes techniques de mémorisation, je lui fais encadrer une copie de mon certificat paru au *Livre Guinness des records*. Il trône désormais au-dessus de la cheminée, dans la pièce du milieu.

Maman est amie avec une certaine Laura, une dame qui a deux fils de mon âge. Ensemble, elles vont au théâtre d'Halifax et Maman me raconte leurs sorties en termes plus qu'affectueux. Elle a passé un pacte avec Laura qui, bien qu'au courant de son alcoolisme, refuse, à juste titre, que ce soit un souci quand elles vont au spectacle. Du coup, Maman ne boit jamais quand elles sortent. Elle qui a brisé tant d'amitiés dans sa vie respecte le souhait de Laura et honore sa promesse.

Maman a aussi un ami qui s'appelle Ted. Je ne sais pas dans quelles circonstances ils se sont rencontrés, mais lui aussi est informé de ses problèmes. Maman l'aime bien et ensemble, ils font pas mal d'activités. Entre eux, il ne s'agit pas du tout d'amour ; ils s'épaulent mutuellement. Je me réjouis qu'elle fréquente des gens, qu'elle ait une vie sociale en dehors de mes visites. Contre toute attente, il semblerait que Maman ait changé, à un âge où ça paraissait pourtant peu probable.

Mais un soir qu'Ally et moi sommes sortis boire un verre, nous commençons à nous disputer. Notre couple traverse une mauvaise passe et Ally me pousse à vider mon sac. Elle veut que je lui livre mes problèmes intimes.

Alors je lui déballe tout.

—Ma mère a abusé de moi sexuellement.

Ally me dévisage avec stupeur.

Je commence à lui raconter les sévices que j'ai subis dans mon enfance, mais très vite je me referme comme une huître. Sous l'influence de l'alcool, j'ai réussi à lui révéler le secret que je portais en moi depuis vingt-six ans, mais je ne peux me résoudre à aller plus loin dans les confidences. Comme nous avons tous les deux un peu trop bu et que je ne suis plus d'humeur à me livrer, la conversation ne tarde pas à dériver vers un autre sujet.

Le lendemain matin, l'esprit plus clair, nous en reparlons. Mais mon naturel revient au galop, et je refuse d'en dire davantage. J'ai l'impression d'avoir laissé échapper des paroles qui n'auraient jamais dû franchir mes lèvres. C'est mon secret, à moi et à moi seul. J'ai toujours été fier de ma capacité à le gérer à ma façon. Car je demeure convaincu, encore aujourd'hui, que Maman a toujours ignoré la torture qu'elle m'avait infligée durant toute mon enfance. Oui, c'est mon secret, un secret dont personne ne doit soupçonner l'existence.

Sauf que maintenant, quelqu'un d'autre sait.

Ally m'explique alors que, indépendamment de mon calvaire et de la cicatrice qu'il m'a laissée, son souci immédiat, c'est Matt. D'un commun accord, nous décidons de ne jamais le laisser seul avec ma mère.

Je tremble que Maman découvre la vérité. Nous avons réussi à renouer une relation stable et satisfaisante pour nous deux, mais cet équilibre reste fragile. Il suffirait qu'elle apprenne la vérité, même par inadvertance, pour que tout s'écroule à nouveau. Depuis le temps, je suis passé maître dans l'art de garder ce secret effroyable : voilà presque trente ans que je le porte en moi. Ally ne dira jamais rien à ma mère, mais je crains toujours que l'un de nous deux vende la mèche, par accident. Je n'ose même pas imaginer les ravages que cela aurait sur le psychisme de Maman.

Un mois avant Noël, je reçois l'appel d'un confrère champion qui souhaite créer une boîte de formation en ligne dans le domaine de la mémoire. Son patron et lui apporteraient le capital de départ tandis que je me chargerais de recruter le personnel, de trouver un créateur de site et de tout mettre en œuvre. À la clef, un poste de gérant du site, à temps complet.

Après les avoir rencontrés et en avoir longuement discuté avec Ally, je décide d'accepter le job. Je demande une année sabbatique à la caserne. Accordé. Quelques semaines plus tard, juste avant Noël, je quitte les rangs des pompiers, après onze ans de bons et loyaux services. Depuis mes débuts, j'ai intégré sept brigades différentes et travaillé au total dans cinq casernes avec une centaine d'hommes. J'étais tout jeune quand j'ai rejoint le corps des sapeurs-pompiers, je ne savais même pas ce que je voulais faire de ma vie. J'en pars aujourd'hui en homme sûr de lui, bien dans sa peau et fort de multiples expériences.

Au cours de ces onze années, j'ai aussi appris à être tiré du sommeil par une vive lumière, ce qui m'a permis de transformer en positif le conditionnement traumatique qui avait gâché mon enfance.

C'est vraiment la fin d'une époque.

Noël se déroule dans la joie. Nous préparons un festin pour toute une tablée, car cette année, nous avons invité Johnny, mon ancien commandant de caserne qui est devenu un de nos proches, mais aussi la meilleure amie d'Ally. Et Maman.

Entouré de toute ma famille, je suis au comble du bonheur. Matt est désormais mon fils dans tous les sens du terme et j'aime Cori comme ma fille. Mon couple se porte bien et mon nouvel emploi m'offre un bon salaire et de formidables perspectives. L'état de Maman est stable et nous avons renoué des liens basés sur la confiance et le respect. Pour la première fois de ma vie, je suis heureux, détendu et satisfait de moi-même.

En l'an 2000, je suis devenu directeur général d'une société en ligne qui exploite des domaines me passionnant : la formation et la mémoire. Maman et moi nous voyons régulièrement et je lui téléphone tous les jours. Parfois elle est d'humeur loquace, parfois elle préfère écouter ce que j'ai à lui dire. Je m'adapte. Mais le plus important, c'est qu'elle semble avoir retrouvé un certain équilibre de vie. Je n'entends plus parler d'incidents dus à l'alcool, ce qui pour moi est un grand soulagement.

Un samedi, le 18 mars 2000, je prends quatre billets pour un concert à Bradford. Dans la foulée, j'appelle Maman, mais elle ne répond pas au téléphone. Le lendemain, nous avons prévu de passer la journée à Blackpool et nous souhaitons que Maman soit de la partie. Mais je n'arrive toujours pas à la joindre. Elle doit être un peu patraque. Le soir venu, toujours sans nouvelles d'elle, je décide d'aller la voir.

Ally m'a accompagné. En approchant de la maison, je remarque qu'il y a de la lumière. Tout est normal et mon moral remonte aussitôt.

—Regarde, Ally, les lumières sont allumées. Ça veut dire qu'elle a picolé. Elle doit être quelque part à l'intérieur.

Je frappe. Pas de réponse. J'actionne la poignée et la porte s'ouvre – elle n'était pas fermée à clef. J'avance lentement dans le vestibule en appelant plusieurs fois :

—Maman ! Maman ?

Seul le silence me répond.

Nous entrons dans la pièce du milieu. Il y a là Timmy, le chien, et les chats. Timmy est tout content de me voir. Il me fait toujours la fête parce que je vais souvent le promener quand je viens.

J'emboîte le pas à Ally qui est entrée dans la cuisine. Là aussi tout est normal. Je suis sûr à présent que Maman dort, écroulée sur son lit, complètement ivre. Nous vérifions la gazinière. J'ai toujours peur qu'elle oublie de fermer le gaz et fasse sauter toute la maison. Nous montons à l'étage. Ally entre dans la pièce du milieu. Le lit n'y est plus, mais Maman pourrait s'être effondrée quelque part. Du temps où je vivais encore ici, ça lui arrivait dans toute la maison.

Elle n'est pas dans cette pièce-là non plus. Je vais voir dans mon ancienne chambre. Dès que j'ouvre la porte, les souvenirs m'assaillent. Le lit et les couvertures sont les mêmes qu'il y a quinze ans. Je me souviens des cris, de la violence, de ma mère qui essaie de me violer, de moi qui tremble dans un coin de la pièce tandis qu'elle me supplie de coucher avec elle.

Je me ressaisis.

Ally à mes côtés, je traverse le petit palier pour aller dans la dernière chambre. La porte est ouverte. Nous entrons.

Ma mère est allongée sur le lit. À moitié nue, vêtue d'un pull usé jusqu'à la trame, les jambes couvertes de bleus – sûrement à cause des marches de l'escalier en pierre. Elle a une main passée sous le pull, comme si elle s'agrippait le cœur.

Je m'apprête à la réveiller quand je réalise que c'est inutile. Elle est partie.

# Épilogue

*Juste avant les obsèques, j'ai demandé à ce que le cercueil ouvert soit exposé dans un salon funéraire. Je propose à Cori et à Matt, qui ont tenu à assister au service, d'aller se recueillir sur la dépouille de Maman s'ils le souhaitent. J'invite tout le monde à le faire.*

*Je m'y rends enfin à mon tour, seul. Quand je songe à l'état effroyable dans lequel je l'ai trouvée, elle me paraît sereine, en paix.*

*Je ne pleure pas, en dépit de l'incroyable palette d'émotions qui m'habite.*

*L'amertume, qu'elle ait été arrachée à mon affection alors que nous nous étions retrouvés à peine quinze mois plus tôt.*

*La culpabilité de m'être éclaté à un concert pendant que ma mère mourait seule ; d'avoir passé une journée à la mer pendant que son corps commençait à se décomposer sur le lit.*

*La gratitude qu'elle soit partie de cette façon. J'avais toujours redouté qu'elle meure d'un cancer, car il y avait des antécédents dans sa famille. Une mort soudaine et rapide, sans déclin ni longue agonie, est une bénédiction. Cela aurait pu être bien pire.*

*Mais j'éprouve aussi un trouble immense.*

*Pourquoi est-ce moi qui l'ai trouvée sans vie, alors que c'est moi que ce décès allait le plus affecter ? Si j'avais été en vacances ou en déplacement professionnel, je ne l'aurais pas vue dans un état aussi pitoyable.*

*Tous ces sentiments me donnent l'impression de marcher sur une corde raide. Je me sens bien, et l'instant d'après, je ne sais plus où j'en suis. À force de s'approcher de l'abîme, ma mère a fini par s'y précipiter.*

*J'ai l'impression d'être enchaîné à elle, j'ai l'impression qu'elle va m'entraîner dans sa chute. Mais c'est impossible, parce que je ne la laisserai pas faire.*

*Ma mère avait une personnalité addictive. Sa faiblesse, c'était l'alcool. Moi aussi, j'ai une personnalité addictive, mais c'est moi qui décide de ce que j'en fais. J'ai découvert une manière positive de canaliser mes compulsions et je jouis d'une qualité de vie dont j'ignorais l'existence il y a encore cinq ans. C'est un bien trop précieux pour le laisser périr. Ma mère s'est peut-être précipitée dans le gouffre, mais je refuse de la suivre.*

*J'éprouve aussi un soulagement terrible à l'idée qu'elle soit partie. C'est un sentiment déstabilisant, perturbant, mais depuis le décès de Reg, Maman n'était plus que l'ombre d'elle-même. Elle souffrait d'un manque qu'elle n'arrivait pas à combler. J'ai fait de mon mieux, mais ça n'était pas suffisant. Dans la mort, elle a fini par trouver la paix qu'elle n'a jamais connue de son vivant. Néanmoins, les questions continuent de résonner dans mon esprit.*

*Pourquoi, Maman ? Dis-moi pourquoi. Pourquoi m'as-tu fait subir toutes ces horreurs ? Pourquoi faisais-tu comme s'il ne s'était rien passé, le lendemain matin ? Quand tu venais me trouver la nuit, avais-tu la moindre conscience de ce que tu faisais ? Et pourquoi moi, pourquoi pas Reg ? Pourquoi as-tu laissé toutes ces questions s'amonceler en moi, sans jamais me fournir de réponses ?*

*J'avais toujours espéré qu'un jour j'aurais des réponses, mais je sais à présent qu'elles ne viendront jamais. Je dois en faire le deuil, lâcher prise, tourner la page. En regardant ma mère dans son cercueil, un sentiment de paix m'envahit pour la première fois de ma vie. Je n'ai plus besoin de savoir ni de comprendre les raisons de mon calvaire. Cela appartient au passé, maintenant, comme ma mère. C'est fini. On ne peut pas modifier le passé, mais on peut le laisser s'éteindre tout seul, comme un incendie maîtrisé par les pompiers et dont les braises vont peu à peu se réduire en un tas de cendres. En regardant ma mère pour la dernière fois, je nous libère tous les deux de l'emprise du passé.*

*L'étau se desserre en moi, en douceur, comme les boulons de la moto de Papa, ceux qu'il ne fallait pas serrer trop fort, me disait-il, mais juste assez pour pouvoir les desserrer de nouveau, en cas de besoin ; comme les freins du vélo que Reg m'avait appris à lâcher, à l'époque où il était encore gentil avec moi ; comme les petits pois quand je les écossais avec ma mère, il y a bien longtemps, avant que je ne la laisse toute seule, dans son jardin.*

*Le passé pleure doucement en moi et toutes mes souffrances, tous mes chagrins s'effritent dans mon cœur, libérant toutes mes questions à jamais sans réponse.*

*Je contemple ma mère jusqu'au moment ultime, et me penche sur elle pour lui murmurer :*

*— Au revoir, Maman.*

*Je tourne les talons, je sors de ce salon. Je ne reverrai plus jamais ma mère.*

# Remerciements

Je voudrais remercier les personnes qui ont permis à ce livre de voir le jour : Richard McCann, Sally Potter, Angela McCulloch, Julie Holdsworth, Elizabeth Salmon, Rema et David Sim, Paul McGee, Marc Woods, James Snowdon et Elizabeth Clark. Enfin, je tiens à adresser des remerciements tout particuliers à Martin Noble pour la formidable qualité de ses corrections et de ses contributions qui ont permis de donner vie à mon histoire.

## À propos de l'auteur

*Dis-moi pourquoi, maman* est une histoire vraie – c'est mon histoire. Tous les faits et personnages de ce livre sont réels. Cependant, afin de préserver l'intimité de ma famille et des autres protagonistes, tous les noms ont été changés, à l'exception du mien. Aucun personnage n'est issu de mon imagination : tous se basent sur des personnes réelles, vivantes ou disparues. De même, si les noms des localités sont de pures inventions de ma part, leur description s'inspire de lieux réels.

Évidemment, Halifax existe bel et bien, c'est une ville du West Yorkshire et c'est là que je réside.

*David Thomas, Halifax, mai 2007*

Achevé d'imprimer en décembre 2019
sur les presses de la Nouvelle Imprimerie Laballery
58500 Clamecy
Numéro d'impression : 912476

*Imprimé en France*

La Nouvelle Imprimerie Laballery est titulaire de la marque Imprim'Vert®